中国医药产业国际化蓝皮书
（2023）

中国医药保健品进出口商会

联合国工业发展组织
投资和技术促进办公室（中国·北京）　编著

中国药品监督管理研究会

中国商务出版社
·北京·

图书在版编目（CIP）数据

中国医药产业国际化蓝皮书. 2023／中国医药保健
品进出口商会，联合国工业发展组织投资和技术促进办公
室（中国·北京），中国药品监督管理研究会编著. —北
京：中国商务出版社，2023.11

ISBN 978-7-5103-4912-6

Ⅰ.①中⋯　Ⅱ.①中⋯②联⋯③中⋯　Ⅲ.①制药工
业—国际化—研究报告—中国—2023　Ⅳ.①F426.7

中国国家版本馆 CIP 数据核字（2023）第 220861 号

中国医药产业国际化蓝皮书（2023）

ZHONGGUO YIYAO CHANYE GUOJIHUA LANPISHU（2023）

中国医药保健品进出口商会
联合国工业发展组织
投资和技术促进办公室（中国·北京）　编著
中国药品监督管理研究会

出　　　版：中国商务出版社
地　　　址：北京市东城区安外东后巷 28 号　　　邮　　编：100710
责任部门：融媒事业部（010-64515164）
责任编辑：张永生
直销客服：010-64515164
总 发 行：中国商务出版社发行部（010-64208388　64515150）
网购零售：中国商务出版社淘宝店（010-64286917）
网　　　址：http://www.cctpress.com
网　　　店：https://shop595663922.taobao.com
邮　　　箱：631229517@qq.com
排　　　版：北京天逸合文化有限公司
印　　　刷：宝蕾元仁浩（天津）印刷有限公司
开　　　本：710 毫米×1000 毫米　1/16
印　　　张：18　　　　　　　　　　　　字　　数：261 千字
版　　　次：2023 年 11 月第 1 版　　　　印　　次：2023 年 11 月第 1 次印刷
书　　　号：ISBN 978-7-5103-4912-6
定　　　价：128.00 元

编委会

序　一

近年来，我国医药产业发展政策环境和内外部条件都发生了深刻变化，进入了加快创新驱动、推动产业链现代化、更高水平融入全球产业体系的高质量发展阶段。

我国医药外贸多年来持续平稳向好发展，尽管受到新冠疫情影响，2019—2022年传统医药产品出口额复合增长率仍达到8.5%。在药物临床试验方面，中国药企加快了全球化步伐，陆续开始全球布局。自2020年起，超过130家药企在海外开展临床试验，2021年布局海外临床试验的数量较2018年约增长一倍。我国药企通过产品授权或转让、与境外企业成立合资公司、在境外设立研发中心等方式开放合作，融入全球创新药发展浪潮中。2016—2022年间，中国药企累计有160项海外授权转让交易，尤其在2020年开始迅速升温；在全球抗疫进程中，我国企业充分发挥产业链、供应链优势，生产的各类防疫医疗产品为全球抗击新冠疫情贡献了中国力量。

国际化是中国医药产业高质量发展的应有之义，也是必然发展之路。作为药品进出口大国和生产大国，只有瞄准国际先进水平，加强国际合作，加快自身改革和发展，主动适应全球化的挑战，才能更好地维护国家利益，保护公众健康权益。

同时，医药经济全球化发展必然要求中国药品监管实现国际化和现代化。我国药品监管部门一贯高度重视药品监管领域的国际交流与合作，各国之间也都在相互学习、彼此借鉴先进监管经验和监管模式并逐渐走向趋同，直至相互信赖。2017年国家药监局加入国际人用药品注册技术协调会（ICH）并成为管委会会员，2021年国家药监局再度当选管委会成员。同年9月又启动了药品检查合作计划（PIC/S）预加入申请工作，稳步推进监管国际化步伐。2022年8月，世界卫生组织（WHO）宣布中国第三次通过疫苗国家监管体系

（NRA）评估。我国第一次通过评估是在 2011 年，疫苗国家监管体系（NRA）评估是疫苗认证工作的重要组成部分，是对国家监管能力评估的关键手段。这就意味着我国拥有稳定、运行良好且完整统一的监管体系，能确保在中国生产、进口或流通的疫苗质量可控、安全、有效，同时也是我国疫苗出口的重要基础。总之，不断推进监管与国际接轨，为产业高质量发展营造良好国际化环境是中国药监重要的职责和使命之一。

要尽快实现药品安全和质量保障整体接近国际先进水平的目标，关键是要筑牢药品监管工作的科学基础，大力践行科学监管理念，充分运用现代科技手段，构建符合中国国情、顺应监管国际化发展趋势的监管科学体系。近几年来，中国药品监督管理研究会组织社会各界力量聚焦监管历史、监管科学和监管政策法规及制度开展学术研究，紧紧围绕新时代药品监管改革创新，动员更多社会力量参与科学监管和监管科学的研究，较好地发挥了专家智库、桥梁纽带和交流平台的作用。

国际化不是一蹴而就的，需要企业、行业、政府层面一起努力，共同推动中国医药产业国际化行稳致远。希望《中国医药产业国际化蓝皮书》能更好地梳理国际化发展脉络，提出更多建设性建议，成为我国医药产业国际化发展的"指南"。

原国家食品药品监督管理局局长
中国药品监督管理研究会创会会长

序 二

一年一度的《中国医药产业国际化蓝皮书》又要和读者们见面了。

当前，"国际化"一词在我国医药行业不断升温，热点不减，企业、行业及政府层面都非常重视。近年来，我国医药产业国际化加速发展、方兴未艾，无论是"出海"产品、方式还是市场都变得更加多元化。

一方面，从产品看，从中间体、原料药出口，向特色原料药、高端仿制药转型，再到创新药国际化，"出海"产品不断升级；从方式看，由最早的进出口贸易逐渐到全方面、多层次地参与国际分工合作，体现在新药注册、全球研发、多中心临床、海外并购、本地化生产、商业化布局等各个方面；从市场看，目前中国医药产品出口到全球 200 多个国家和地区，无论是欧美日等地区的发达市场，还是以"一带一路"沿线为代表的新兴市场，中国药企都有所布局。

另一方面，在国际化发展的过程中，困难和挑战是必然存在的。新冠肺炎疫情发生以来，各国愈加重视医药工业的战略地位，人才、技术等方面国际竞争日趋激烈；同时，经济全球化遭遇逆流，产业链供应链加快重塑，对我国传统优势产品出口和向更高价值链延伸带来了挑战。

在此背景下，更需要我们对产业国际化发展的现状及未来作出整理与思考。《中国医药产业国际化蓝皮书（2023）》继续肩负自身行业使命，从监管政策、行业发展、对外贸易、国际注册、区域发展、多边合作、国别市场、国际采购、企业案例等 9 个方面全面梳理我国医药产业国际化发展脉络，总结优秀发展经验，对未来发展提出建议。

今年，《中国医药产业国际化蓝皮书》由中国医药保健品进出口商会、联合国工业发展组织投资和技术促进办公室（中国·北京）、中国药品监督管理研究会联合编著。同时，特别邀请了国家药品监督管理局科技和国际合作司、

ICH 工作办公室领导撰写监管政策篇主题文章，在新增的"国际采购"篇中，特邀联合国儿童基金会（UNICEF）提供专稿。

IQVIA 艾昆纬、Pharmaprojects、Intertek 天祥集团、浙江省药品监督管理与产业发展研究会、深圳市生命科学与生物技术协会、艾社康（上海）健康咨询有限公司等国内外研究机构、行业组织均从各自角度撰写专稿，华海药业、三生制药、科兴制药、科伦药业、传奇生物、九洲药业、联影医疗、振德医疗等国际化领先企业分享发展经验。在此，一并表示衷心感谢。

中国医保商会将继续秉承"服务产业链，助力国际化"宗旨，与业内人士共同推进医药产业国际化更好更快发展。囿于编者水平及所获资料范围，书中难免有纰漏之处，恳请批评、指正。

中国医药保健品进出口商会会长

周惠

序　三

2023 年，联合国引领推进后疫情时代全民健康覆盖，保护世界各地人民免受大流行病等健康威胁。中国一直致力于推动医药健康领域的国际交流与合作，将共同促进全球卫生、构建人类卫生健康共同体设立为战略目标，将加强全球卫生伙伴关系与加强全球卫生合作和治理能力列为优先事项，以推动国际社会更好地预防和应对全球卫生危机，共同建设更具韧性和可持续性的全球卫生体系。

后疫情时代，全球仍然面临着经济不确定性、医疗技术资源分布不均等风险，医药产业的恢复和发展在发达国家和发展中国家之间依然存在差距。联合国工业发展组织积极开展南南合作与三方合作，通过孵化创业项目、提供培训机会及促进产业集聚等方式，促进发展中国家医疗技术的创新和药品质量规范的普及，确保全球医疗和健康产业的包容与可持续发展。

2023 年，我们见证了科技领域的重大变革，第四次工业革命中涌现出来的新技术和新应用正深刻影响着全球医药产业。为促进全球医药产业和健康领域的可持续发展，联合国工发组织全球投资和技术促进网络为全球南方国家提供知识分享、能力建设咨询顾问和投资对接等服务，促进医药领域的国际合作和技术转移。联合国工发组织投资和技术促进办公室（中国·北京，UNIDO ITPO Beijing）多次举办全球论坛，围绕医药产业可持续供应链和可持续投资、AI 等第四次工业革命先进数字制造技术在大健康领域应用等前沿议题开展交流对话，推动产业化、基础设施和创新，为全球医药产业的绿色和数字化转型创造有利条件。

《2023 年全球可持续发展报告》中指出，在迈向 2030 年目标的中期，可持续发展目标受到多重危机的影响，偏离了既定轨道。中国在第 78 届联合国大会中强调了"全球发展倡议"，表示将紧密结合国家中长期发展战略，通过实际行动积极支持全球南方国家，为如期实现可持续发展目标、构建全球发展共同体做出积极贡献。医药产业链的韧性和可持续发展与人类的健康和命运紧密相连，需要整个国际社会通力协作。中国医药产业国际化水平的提升有助于维护全球医药产业链供应链稳定和韧性，带动全球医药产业的创新和技术升级，促进全球医药产业的可持续发展。未来，UNIDO ITPO Beijing 将继续与全球伙伴一道，积极推进投资引领与技术创新，为中国及全球医药健康产业可持续发展贡献力量。

联合国工业发展组织
投资和技术促进办公室（中国·北京）

武雅斌

摘　要

《中国医药产业国际化蓝皮书（2023）》共分九篇，分别为监管政策、行业发展、对外贸易、国际注册、区域发展、多边合作、国别市场、国际采购、企业案例。

监管政策篇全面介绍了中国药品监管国际化最新进展和动向，国家药监局不断开创药品监管国际合作工作新局面，中国药品监管的国际化水平和国际影响力不断提升；总结了国家药监局加入 ICH 以来取得的成绩和最新进展。

行业发展篇对 2023 年全球药品支出作了回顾和展望，包括 COVID-19 对药物使用的影响，药品使用前景和历史驱动因素，主要国家和地区的支出和增长，关键治疗领域等；对 2023 年初的全球医药研发趋势进行了分析，通过公司、治疗领域、疾病、目标和药物类型等多个方面来审查研发生产系统，进而评估行业趋势。

对外贸易篇全面总结了 2022 年医药健康产品及细分中药、西药、医疗器械、膳食营养补充剂的进出口情况及国际化发展趋势，分析了 2022 年医药行业贸易摩擦形势。

国际注册篇回顾了欧美药监法规、指南和 ICH 指南更新情况、欧美药品注册情况，并提出建议。

区域发展篇总结了浙江省医药产业国际化发展情况，以及面临的问题和困难；介绍了深圳市医药产业国际化发展现状，以及为生物医药产业国际化发展创造的良好生态环境。

多边合作篇介绍了联合国通过完善大流行病防范、健全数字卫生保健机制、与中国深化合作等方式推动全民健康覆盖；联合国工业发展组织如何助力发展中国家医药产业创新，以及联合国工业发展组织投资和技术促进网络促进医药产业链发展相关措施。

　　国别市场篇梳理了近十年中国医药健康企业在东盟、中东、中东欧、非洲、拉美等"一带一路"沿线重点区域市场"走出去"取得的成绩，并对未来进行展望，对非洲、东南亚市场进行了深度分析。

　　国际采购篇介绍了联合国儿童基金会开展的商品和服务采购活动，分享了关于联合国儿童基金会药品采购工作的细节；全面分析了 2022 年联合国采购情况。

　　企业案例篇分享了华海药业、三生制药、科兴制药、科伦药业、传奇生物、九洲药业、联影医疗、振德医疗等国际化领先企业的发展经验。

ABSTRACT

The *Blue Book on the Internationalization of China's Pharmaceutical Industry* (2023) is divided into nine chapters: Regulatory Policy, Industry Development, Foreign Trade, International Registration, Regional Development, Multilateral Cooperation, Country Market, International Procurement, and Enterprise Case Studies.

The chapter on Regulatory Policy presents the latest progress and trends in the internationalization of China's drug regulation. China's National Medical Products Administration (NMPA) continuously strengthens international cooperation in the area of drug regulation. The internationalization level and international influence of China's drug regulation have been unceasingly improved. Latest achievements made by NMPA since joining ICH were introduced in the first chapter as well.

The chapter on Development of healthcare industry provides both a review and an outlook of global expenditure on medicines in 2023. Main elements include impact of drug use during COVID−19, previous driving factors and prospects of drug use, expenditure and growth in main countries and regions, and key therapeutic areas. The second chapter also explores the global trends in pharmaceutical R&D in early 2023 and reviews R&D and production systems by companies, therapeutic areas, diseases, targets, and drug categories.

The chapter on Foreign Trade explores the import−export and global development trend of medical and health products in 2022, including traditional Chinese medicine, pharmaceuticals, medical devices, as well as nutraceuticals. The issue of trade frictions in healthcare industry in 2022 is also discussed in this chapter.

The chapter on International Registration offers a review of European and American drug regulations and guidelines. It provides information of ICH guidelines updates and drug registration in the EU and the US. Relevant suggestions are subsequently put forward.

The chapter on Regional Development presents the internationalization of healthcare industry in Zhejiang Province, and the challenges and difficulties it faces. The international development of healthcare industry in Shenzhen City, which is also discussed in this chapter, contributes to a favorable environment for the internationalization of Shenzhen's healthcare industry.

The chapter on Multilateral Cooperation summarizes the United Nations' efforts to advance universal healthcoverage (UHC) through a comprehensive approach including refining pandemic prevention, fortifying digital healthcare system, and fostering deeper collaboration with China. Furthermore, this chapter exhibits how the United Nations Industrial Development Organization (UNIDO) is facilitating pharmaceutical industry innovation within developing countries, and outlines the specific measures undertaken by UNIDO ITP Network aimed at propelling the growth of the pharmaceutical industry supply chain.

The chapter on Country Market reviews the achievements made in the past decade by Chinese healthcare enterprises in entering key regional markets around the globe under the frame of "Belt and Road Initiative", such as the ASEAN, the Middle East, Central and Eastern Europe, Africa, Latin America, etc. It also provides an in-depth analysis of markets in Africa and Southeast Asia. Prospects for future development are discussed in this chapter.

The chapter on International Procurement deals with the procurement of goods and services carried out by UNICEF and examines in detail UNICEF's drug procurement procedures. The analysis of UN procurement in 2022 is given in an inclusive way.

The chapter on Enterprise Case Studies shares the internationalization experience of Chinese leading enterprises, including Huahai Pharmaceutical, 3SBio Group, Kexing Biopharm, Kelun Industry Group, Legend Biotech, Jiuzhou Pharmaceutical, Shanghai United Imaging Healthcare Co., Ltd. and Zhende Medical, etc.

目 录
CONTENTS

第八篇　国际采购

第九篇　企业案例

第一篇

监管政策

中国药品监管国际化最新进展和动向

国家药品监督管理局科技和国际合作司　秦晓岑

自 2018 年组建以来，国家药品监督管理局（以下简称国家药监局）坚持以习近平新时代中国特色社会主义思想为指导，深入学习贯彻党的十九大、二十大及十九届历次全会精神，坚持保安全守底线，促发展追高线，药品安全监管全面加强，重点改革不断深化，监管能力持续提升，人民群众用药安全得到有力保障。

在药品监管国际合作领域，国家药监局始终服务国家外交大局，坚决落实习近平总书记关于"加强国际抗疫合作""构建人类卫生健康共同体"的重要指示精神，围绕药品监管中心任务，不断开创药品监管国际合作工作新局面，中国药品监管的国际化水平和国际影响力不断提升。

一、抗疫国际合作成果丰硕

新冠疫情期间，国家药监局深入贯彻落实习近平总书记"坚持疫苗作为全球公共产品的属性，确保疫苗在发展中国家的可及性和可负担性"的重要指示精神，积极协调世界卫生组织（WHO），推动国药中生北京公司新冠灭活疫苗、北京科兴中维公司新冠灭活疫苗、康希诺生物股份公司重组新型冠状病毒疫苗（5 型腺病毒载体）分别于 2021 年 5 月 7 日、2021 年 6 月 1 日和 2022 年 5 月 19 日列入世界卫生组织紧急使用清单。同时，按照国家疫苗国际合作总体安排，协调配合世界卫生组织专家对中国疫苗生产企业开展现场检查。就疫苗监管合作与世界卫生组织疫苗预认证团队达成一致，全面参与相关技术指南的规则制定，派出专家参加世界卫生组织新冠疫情相关药品、疫苗、器械的全球专家工作组工作。

2022 年，国家药监局向 WHO 总部药物警戒部门选派高级别官员负责药品、疫苗等不良反应监测国际合作，向全球疫苗免疫联盟（GAVI）派员，支持其开展"新冠肺炎疫苗实施计划"，助力中国疫苗列入联合国系统采购计划。围绕疫苗国际合作工作大局，在国务院疫情防控机制的统一部署下，重点开展了与阿联酋、印尼、墨西哥、巴西、新加坡等国家涉及新冠疫苗的合作，2020 年至 2021 年，国家药监局与印尼食品药品管理局、新加坡卫生科学局、墨西哥联邦卫生风险保护局、巴西国家卫生监督管理局、欧洲药品管理局分别签署合作文件，开展疫苗监管信息的交流与分享，为国产疫苗在这些国家开展临床试验、申请注册上市等提供助力，帮助我国疫苗"走出去"。

二、中国药品监管国际化水平显著提升

2022 年 8 月 23 日，WHO 宣布中国通过疫苗国家监管体系（NRA）评估。这是继 2011 年、2014 年中国疫苗监管体系两次通过评估后，第三次获得 WHO 的充分肯定。本次评估标准升级，评估指标大幅增加、内容更加全面、标准更加严格。再次通过评估，不仅意味着中国拥有稳定、运行良好且完整统一的监管体系，而且能确保在中国生产、进口或流通的疫苗质量可控、安全、有效，也是中国疫苗出口全球的重要基础，意味着中国可在全球疫苗供应中扮演更加积极的角色。截至 2023 年 6 月，中国已有 9 个疫苗，55 个化学药品，57 个原料药通过 WHO 预认证，为促进全球药物可及性和可负担性作出了积极贡献。2018 年 9 月，国家药监局加入 WHO 国际贸易药品认证计划（COPP），这对于为世界提供更多可负担的、高质量药品具有重要意义，同时也为国内企业的国际化提供了制度保障，有利于促进药品产业的创新发展。

我们积极参与全球药品监管治理，在国际人用药品注册技术协调会（ICH）、国际医疗器械监管机构论坛（IMDRF）、全球医疗器械法规协调会（GHWP）、国际药品监管机构联盟（ICMRA）等多边药品监管协调机制中积极作为，全面参与国际药品监管规则制定并进行转化实施。

ICH 是药品监管机构和医药产业界关于药品注册领域技术标准层面的国

际合作机制。2017 年，经过长期的努力，中国药监机构正式成为 ICH 成员。自加入 ICH 以来，国家药品监督管理局积极参与 ICH 指导原则的制修订工作，共向 ICH 40 个议题工作组选派了 70 名专家，并已采纳实施全部 ICH 指导原则。

ICMRA 是全球药品监管机构开展国际性战略对话的核心机制，中国药品监管部门自 2015 年即成为其成员。目前，国家药监局全面参与 ICMRA 工作组的工作，就监管灵活性、GMP 及 GCP 检查和临床试验的数字化转型、危机管理、监管信赖、疫苗信心、抗生素耐药性、创新网络、药物警戒、供应链完整性、交流工作等议题进行研究。

IMDRF 是医疗器械监管国际规则制定机制，中国药品监管机构于 2013 年加入，截至目前，在已发布的 38 份 IMDRF 技术文件中，已全面或部分实施 35 份技术文件，在医疗器械注册审评技术标准领域全面与世界接轨；2019 年 9 月，国家药品监督管理局加入 IMDRF 国家监管机构报告信息交换机制，确保我国能够及时了解其他成员国的医疗器械不良事件信息，从而保护公众健康。

药品检查合作计划（PIC/S）是药品领域重要的国际组织，PIC/S 通过制定国际通行的药品 GMP 指南，协调统一各国的药品 GMP 检查标准，来促进各国药品监管机构之间的合作互信。多年以来，中国药品监管部门积极参与 PIC/S 相关活动，参考和借鉴相关质量管理规范。2021 年 9 月，国家药品监督管理局启动 PIC/S 预加入申请工作，目前，各项工作都在稳步推进中。申请启动 PIC/S 预加入程序，体现了国家药监局进一步加大监管国际化步伐，积极推进参与监管国际协调，以监管国际化推进监管现代化的坚强决心。

三、中国药品监管国际影响力日益增强

GHWP 是由监管部门和业界代表共同参与的国际医疗器械法规、技术交流平台，成员覆盖 33 个国家和地区，涉及国家和地区的人口数量占全球一半以上，其中近 80% 的国家和地区位于"一带一路"沿线。2023 年 2 月，经与

会代表投票，国家药监局徐景和副局长成功当选第 27 届 GHWP 主席，这标志着中国系统完善的医疗器械监管体系和卓有成效的监管工作得到了国际同行的广泛、高度认可。

自中国在 2017 年正式加入 ICH 后，国家药监局于 2018 年和 2021 年先后两次当选 ICH 管理委员会成员，这是 ICH 及其成员对中国药监机构积极贡献的充分肯定。

作为 IMDRF 管理委员会的成员，国家药监局于 2018 年首次作为轮值主席成功举办第 13、14 次 IMDRF 管理委员会会议。经过努力，国家药监局提出的两个医疗器械新项目通过立项，并以此为新起点，进一步深入参与 IMDRF 会议及相关工作组工作。2021 年 5 月，由国家药品监督管理局牵头的工作组延续项目"上市后临床随访研究"成果文件正式发布，中国药监部门为推进全球医疗器械监管法规的优化和完善贡献了中国智慧和中国力量。

新冠疫情期间，随着中国新冠疫苗、防护服等抗疫医药产品走出国门，许多此前未建立工作联系的药品监管机构，尤其是发展中国家、"一带一路"共建国家的药品监管机构主动与我们沟通，分享监管信息，建立机制性合作。截至目前，国家药监局已与 47 个国际组织、60 余个国家和地区的药监机构建立了工作联系，并与其中 26 个国家和地区的药监机构签署了 31 份合作文件。

四、工作展望

在现有工作成绩的基础上，国家药监局将继续以习近平新时代中国特色社会主义思想和习近平外交思想为引领，以高站位服务国家外交大局，积极参与药品、医疗器械和化妆品监管领域的全球治理，深化与重点国家和地区药监机构的合作，加强与"一带一路"共建国家和地区监管机构的对话，广泛拓展伙伴关系，以国际化推进药品监管工作的现代化。

一是进一步提升国际协调水平，加大参与国际监管治理力度。持续推进药品检查合作计划（PIC/S）加入工作；着力开展与 GHWP 合作，履行好作为 GHWP 轮值主席的义务；继续在 ICH 管委会中发挥重要作用，提高相关技术指南转化实施的质量；积极参与 IMDRF、国际化妆品监管联盟（ICCR）工作；深化与金砖国家、上合组织国家药监机构的合作关系；积极参与 CPTPP 涉及药品监管的工作协调。

二是持续扩大双边交流与合作，提升合作质量和范围。在现有的合作文件框架下，稳步推动国家药监局与美欧日等发达国家药监机构的机制性合作。积极推动与非洲国家、东盟国家药监机构的交流。在现有协议框架下，不断拓展与"一带一路"共建国家药监机构交流合作的深度和广度。

三是大力开展传统药国际合作，推动传统药在技术标准领域的交流。我们要利用中医药发展的历史机遇期，积极参与世界卫生组织国际草药监管合作组织（WHO-IRCH）、西太区草药监管协调论坛（FHH）等监管多边合作和协调机制工作。依托中国—东盟药品合作发展高峰论坛，持续深化与东盟国家在药品产业和药品监管领域的合作。与印尼、日本等周边国家探寻在中药材领域、传统药领域合作发展的新途径。不断增强中国在国际传统药、草药注册管理中的主导地位，提高中药监管在国际社会的话语权。

加入 ICH 6 年：推动注册研发全球化，
助推药品监管再升级

国家药品监督管理局 ICH 工作办公室

国际人用药品注册技术协调会（The International Council for Harmonization of Technical Requirements for Pharmaceuticals for Human Use，以下简称 ICH）成立于 1990 年，其宗旨是通过在国际层面上协调技术要求，加快引进新药并保证已批准药物能够持续对患者可及，避免在人体上重复开展临床试验，以经济有效的方式研发、注册和生产具有安全、有效且高质量的药物，并在不影响安全性和有效性的前提下最大限度地减少动物实验，从而推动公众健康。ICH 自成立以来，搭建了一个监管机构与工业界共同讨论药品注册科学和技术问题的国际平台，致力于在全球范围内推动药品注册技术要求的协调一致。经过 30 多年的发展，ICH 指导原则已经被全球主要国家药品监管机构接受和认可，成为药品研发与注册领域的核心国际规则。

国家药品监督管理局（NMPA）于 2017 年 6 月加入 ICH，2018 年 6 月当选为 ICH 管委会监管机构成员，2021 年 6 月再次连任 ICH 管委会成员。这意味着中国监管部门、制药产业和研究机构积极参与药品注册领域国际最高规则和标准的制修订过程，推动了中国药品审评审批制度改革的进程，加快了医药产业高质量发展。

通过全面实施 ICH 指导原则技术要求，积极参与新兴技术领域议题的国际协调，NMPA 吸纳借鉴国际先进的监管理念，加快实现药品注册技术要求与国际接轨，推进监管科学研究新工具、新标准、新方法的转化应用，不但有效提升了药品监管体系和监管能力的现代化水平，也为国内外企业在药品研发和注册申请的国际化道路上带来了诸多机遇，使得全球同步研发、同步注册成为可能。

一、着力做好 ICH 指导原则实施工作，推动药品注册技术要求与国际接轨

（一）基本采纳实施全部 67 个 ICH 指导原则

2017 年 6 月 NMPA 加入 ICH 前，ICH 共发布了 57 个指导原则，除《Q4B：药典》和《Q6B：质量标准——生物技术产品及生物制品的检查方法及可接受标准》2 个 ICH 指导原则将在 2025 年版《中国药典》中逐步实施外，其余 55 个 ICH 指导原则均以发布适用公告、接受并翻译指导原则原文的形式实现充分实施。加入 ICH 之后至 2023 年 9 月，NMPA 参与了对旧版 ICH 指导原则的修订或增补共计 11 个，以及新制定的指导原则 10 个。除近期刚结束协调的《M7（R2）：评估和控制药物中的 DNA 活性（致突变）杂质以限制潜在的致癌风险》和《Q13：原料药和制剂的连续制造》2 个指导原则外，其他均已原文采纳、发布公告充分实施。

因此，截至当前，NMPA 已基本完成了全部 67 个 ICH 指导原则在我国的落地实施，在短短几年时间内全面引入了国际通行的药品研发与注册技术要求，基本实现了药品注册技术要求与国际接轨。

（二）内外并重助推 ICH 指导原则实施

深度参与全球监管规则的制定，实现与国际通行规则的协调统一，既需要持续深化审评审批制度改革的政策支持，也离不开内部工作程序的配合支撑。

2015 年 8 月，国务院印发《关于改革药品医疗器械审评审批制度的意见》（以下简称《意见》），拉开我国药品审评审批制度改革的序幕。《意见》提出了要加快法律法规修订、改进药品临床试验审批、加快创新药审评审批等主要任务。通过加入并成为 ICH 管委会成员，积极吸纳、转化国际先进的监管理念，不断加强药品监管法规制度体系建设。2019 年 6 月，中国立法机

关公布了世界首部综合性的《疫苗管理法》；2019 年 8 月，又公布了新修订的《药品管理法》；2020 年 1 月，出台了新修订的《药品注册管理办法》《药品生产管理办法》两部核心规章；目前，《药品管理法实施条例》也进入了修订审查阶段。新法律规章的制定，坚持目标引领、坚持问题导向、坚持国际视野、坚持改革创新，注重参考 ICH 指导原则的相关要求和理念，增加了临床试验 60 天默示许可制度、临床急需药品接受境外临床试验数据、鼓励境内外同步开展临床试验同步申报上市等诸多新制度。

此外，自加入 ICH 6 年以来，从专家选派到议题协调处理程序、从工作组组建到职责分工，NMPA 不断完善优化内部程序，规范专家和相关人员在参与 ICH 活动中的行为，提升 ICH 议题协调的效率。这主要体现在：一是提高内部工作效率，与 ICH 工作程序保持一致，在早期同步开展 ICH 指导原则后续实施时间表和路线图的研究，提前研究解决实施可能将与已发布法规、国内指南相冲突的问题，以加快 ICH 指导原则在我国平稳落地实施；二是在参与议题协调的各个阶段，及时加强与工业界、学术界的紧密合作，充分听取各方意见，确保意见的广泛性和一致性。

（三）实施 ICH 助力实现全球同步注册、同步研发

加入 ICH 后，NMPA 以公告方式采纳国际通行的药品研发与注册技术要求。《M4：人用药物注册通用技术文档的（CTD）》的实施，推动了中国注册的申报资料与国际通行的药品注册申报资料要求一致；《E5（R1）：接受国外临床试验数据的种族因素》和《E17：多区域临床试验计划与设计的一般原则》的实施，使得在中国开展早期的药物临床研究能够形成一个国际研发策略，为同步研发、同步注册提供路径和原则；ICH E2 系列指导原则的实施，提供了控制药品安全风险的规范，采纳了国际通行的药物警戒数据标准，促进了我国药物警戒的发展。随着 ICH 指导原则的实施，NMPA 和欧美日等发达国家药监机构的技术要求趋向一致，在法规和技术要求层面，更加有利于进口药品在中国和境外的同步研发申报，加快了进口药品在中国的上市速度，同时也助力本土企业积极部署国际化战略，为国产新药走向国际化提供了支持。

二、全面参与 ICH 指导原则国际协调，加快药品研发技术指导原则体系建设

随着近年来科学技术进步和全球产业发展，ICH 不断更新原有指导原则，并提出了众多涉及新理念、新方法、新工具和新标准的协调议题。截至 2023 年 9 月，ICH 处在活跃的协调议题共有 32 个，其中涉及有效性（Efficacy）指导原则 8 个，质量（Quality）指导原则 9 个，安全性（Safety）指导原则 2 个，多学科（Multidiscipline）指导原则 10 个，另有 3 个讨论组。

自 2017 年加入 ICH 以来，NMPA 共选派 72 名专家前后参与了 ICH 41 个议题协调专家工作组的工作，其中有 31 个议题正在 ICH 协调过程中（见表 1），覆盖了《药物临床试验质量管理规范（GCP）》、质量风险管理、人用药品注册通用技术文档（CTD）药学资料等议题修订，以及模型引导的药物开发、真实世界数据、细胞和基因治疗等新兴领域。ICH 议题协调专家工作组每月定期召开电话会议，就议题内容进行技术交流与探讨，推进指导原则制修订进展。自加入 ICH 6 年以来，NMPA 专家累计参加了 2000 余场工作组电话会议，平均每年 300 余场，并在 ICH 指导原则的起草方向、具体内容制定，以及指导原则的普适性方面适时补充、分享了我国国情及监管经验，与其他监管机构和行业成员专家代表逐步形成共识。

表 1　NMPA 参与的 ICH 活跃议题

序号	ICH 协调议题名称
1	E2B（R3）：临床安全数据的管理：个例安全报告传输的数据元素
2	E2D（R1）：上市后安全性数据的管理：快速报告的定义和标准
3	E6（R3）：药物临床试验质量管理规范（GCP）
4	E11A：儿科外推
5	E14/S7B：致 QT/QTc 间期延长及潜在致心律失常作用的临床与非临床评价问答
6	E20：适应性临床试验
7	E21：临床试验纳入孕期和哺乳期妇女

续　表

序号	ICH 协调议题名称
8	M1：监管活动医学词典
9	M2 及 M8 亚组：监管信息电子传输标准
10	M4Q（R2）：人用药品注册通用技术文档：质量
11	M7：评估和控制药物中的 DNA 活性（致突变）杂质以限制潜在的致癌风险
12	M11：临床电子结构化协调方案（CeSHarP）
13	M10：生物分析方法验证及样品分析
14	M12：药物相互作用研究
15	M13：口服固体速释制剂的生物等效性
16	M14：使用真实世界数据进行药品安全性评估的药物流行病学研究：规划和设计指导原则
17	M15：模型引导的药物开发
18	Q1/Q5C：稳定性系列指导原则修订
19	Q2（R2）/Q14：分析过程开发和 Q2（R1）分析方法验证的修订
20	Q3E：杂质：对药品和生物制品的可提取物和可浸出物的评估和控制
21	Q3C（R9）：杂质：残留溶剂的指导原则
22	Q3D（R3）：元素杂质指导原则
23	Q5A（R2）：来源于人或动物细胞系生物技术产品的病毒安全性评价
24	Q9（R1）：质量风险管理
25	Q12：药品生命周期管理的技术与法规考虑
26	Q13：原料药和制剂的连续制造
27	S1B（R1）：致癌性研究
28	S5（R4）：人用药物生殖毒性检测
29	GDG：正式仿制药讨论组
30	QDG：正式质量讨论组
31	CGTDG：ICH 细胞与基因治疗讨论组

NMPA 专家深入参与 ICH 议题协调既有挑战，又有机遇。面对 ICH 不断涌现的先进制造、纳米药物、人工智能等新兴技术，专家参与议题需要不断拓宽新知识学习的深度和广度，紧跟前沿领域开展监管科学研究，推进了"细胞和基因治疗产品技术评价与监管体系研究""纳米类药物质量控制及安全性评价技术研究""药品安全评价与警戒关键技术及工具研究"等监管科学研究课题，积极主动与行业、院校、科研机构等专家交流合作，将 ICH 议题

协调过程中产生的新思路、新理念应用于实际工作，结合国内药品监管和注册现状，努力通过监管工具、标准、方法等创新，解决影响和制约药品创新、质量、效率的突出性问题。

通过参与 ICH 议题国际协调，NMPA 主动对标 ICH 技术指导原则和国际先进标准，加快推进国内药品注册技术标准体系建设。截至 2023 年 9 月，药审中心累计发布国内指导原则 468 个。近年来，对于 ICH 正在协调的前沿领域议题，药审中心注重与国际同步，甚至更早地开展前沿领域议题的研究，积极探索建立国内相关标准，完善国内指导原则体系建设。目前药审中心已发布了 25 个与 ICH 协调议题相关的国内指导原则（见表 2），这些指南首先应确保不能与 ICH 指导原则理念相冲突，其次是在充分借鉴欧美日等发达监管机构的指导原则基础之上形成的，最后是通过发布国内指导原则，积累国内实践经验，为中国后续参与相关领域的国际协调提供必要的支持。

表2　ICH 相关国内指导原则发布情况

ICH 指导原则	国内指导原则起草情况
E20：适应性临床试验	药物临床试验适应性设计指导原则（试行）
ICH 建议书：推进以患者为中心的药物开发的 ICH 指导原则工作（PFDD）	以临床价值为导向的抗肿瘤药物临床研发指导原则
	患者报告结局在药物临床研究中应用的指导原则
	组织患者参与药物研发的一般考虑指导原则
	以患者为中心的药物获益—风险评估技术指导原则
	以患者为中心的药物临床试验设计技术指导原则
	以患者为中心的药物临床试验实施技术指导原则
ICH 建议书：下一步协调仿制药标准的建议书 M13：普通口服固体制剂的生物等效性	生物等效性研究的统计学指导原则
	高变异药物生物等效性研究技术指导原则
	窄治疗指数药物生物等效性研究技术指导原则
	经口吸入制剂仿制药生物等效性研究指导原则
	对我国《以药动学参数为终点评价指标的化学药物仿制药人体生物等效性研究技术指导原则》关于多规格豁免 BE 药学评价标准"处方比例相似性"相关问题的问答（试行）

续 表

ICH 指导原则	国内指导原则起草情况
ICH 建议书：对提交给监管机构的药物流行病学研究的技术科学要求进行国际协调采用战略性方法，以促进真实世界数据更有效的利用（PEpi） M14：使用真实世界数据进行药品安全性评估的药物流行病学研究：规划和设计指导原则	真实世界证据支持药物研发与审评的指导原则（试行）
	用于产生真实世界证据的真实世界数据指导原则（试行）
	真实世界证据支持药物注册申请的沟通交流指导原则
	药物真实世界研究设计与方案框架指导原则（试行）
	真实世界证据支持儿童药物研发与审评的技术指导原则（试行）
	罕见疾病药物临床研究统计学指导原则（试行）
	基于人用经验的中药复方制剂新药临床研发指导原则（试行）
	患者报告结局在药物临床研究中应用的指导原则（试行）
M15：模型引导的药物开发	模型引导的药物研发技术指导原则
细胞与基因治疗讨论组（CGTDG） S12：基因治疗产品非临床生物分布的考虑	基因治疗产品非临床研究与评价技术指导原则（试行）
	基因治疗产品长期随访临床研究技术指导原则（试行）
	体内基因治疗产品药学研究与评价技术指导原则（试行）
	基因治疗血友病临床试验设计技术指导原则

三、重点推进 ICH 指导原则交流研讨，促进监管机构与行业构筑共识

加入 ICH 6 年以来，NMPA 已从一个新的成员快速成长为国际规则的制定者和参与者，这也意味着中国药监部门承诺实施并遵循 ICH 指导原则以促进全球药品注册技术要求协调一致。在全面发布公告、充分实施 ICH 指导原则后，如何在药品监管和注册实践中准确理解和运用 ICH 指导原则的理念和技术要求，成为摆在监管机构和工业界的一个现实问题。

（一）密集开展 ICH 指导原则培训，实现人员、技术指南全覆盖

为进一步提升国内监管机构、工业界和学术界对 ICH 指导原则的理解与掌握，解决日益增长的培训需求，国家药品监督管理局 ICH 工作办公室及成

员单位每年围绕重点及热点议题组织开展培训活动。自 2018 年以来，国家药品监督管理局 ICH 工作办公室协调药典委、药审中心、核查中心、评价中心、国际交流中心、中国药学会等直属单位，在 MedDRA 维护与支持服务组织（MSSO）、美国药品研究与制造商协会（PhRMA）、中国外商投资企业协会药品研制和开发工作委员会（RDPAC）、药物信息协会（DIA）、北京大学、清华大学、中国药科大学、美国东北大学等机构的支持下，组织开展了近百场 ICH 线上线下的培训宣贯活动。培训邀请国内外具有丰富实践经验的专家进行 ICH 指导原则内容解析和案例分享，不仅普及且加深了监管机构以及申请人对 ICH 指导原则的学习和理解，也为推动 ICH 指导原则在中国的实施进程营造了良好的氛围。ICH 培训活动受到了社会各界的广泛关注，线上线下参与人员累计达几十万人次，促进了国内外监管机构和工业界在技术领域的沟通交流。

（二）定期研讨交流形成共识，切实在监管和研发实践中遵循 ICH 指导原则

ICH 指导原则通常是就某一特定领域提供基本原则或一般性考虑，而在实际的审评工作和注册申请实践中，监管机构与工业界对关键技术问题处理方式的认识存在差异，还需基于具体问题加强进一步的沟通交流，共同解决分歧形成共识，达到协调一致的目的。为此，药审中心建立了监管机构与工业界定期沟通交流的工作机制。

2023 年上半年，药审中心主动走访中国外商投资企业协会药品研制和开发行业委员会（RDPAC）、中国医药创新促进会两大行业协会，其中重点调研了业界对于当前国内实施和遵循 ICH 指导原则进展的相关感受和意见建议，并就与现行法规存在差异的 ICH 指导原则进行梳理，为后续召开专题研讨会提供方向。自 2022 年 9 月至今，药审中心与行业协会已召开 4 次实施讨论会，围绕前期收集分析企业在申报过程中面临的有关实施和遵循 ICH 指导原则的挑战、分歧点等，结合审评实际，与业界代表就 ICH 指导原则的精准解读、最新进展、申报过程中可能存在的问题、其他监管机构最佳实践经验等进行

交流。

通过围绕 ICH《E17：多区域临床试验计划与设计的一般原则》《Q1：稳定性》《Q5E：生物技术产品/生物制品在生产工艺变更前后的可比性》等指导原则的交流可以看出，监管机构与工业界都完全认可、接受并遵循 ICH 指导原则的相关要求，但 ICH 指导原则的实施和遵循不是一蹴而就的，需不断讨论交流促进双方认知的一致。在 ICH 指导原则进入实施阶段后，对于出现的问题和分歧，监管机构和业界应该在实践中通过讨论会、案例分享等形式加强彼此的沟通交流，秉持具体问题具体分析的原则，共同解决分歧、形成共识，最终实现与指导原则和全球最佳实践保持一致。

四、积极履行 ICH 成员义务，在国际视野下参与监管规则的制定

（一）按时参会，认真准备，积极参与

ICH 每年 3 月召开 1 场管委会中期会议，并于每年 6 月、11 月举办 2 场管委会、大会、协调员全体成员会议；除此之外，ICH 管委会日常工作电话会议、新议题分委会、培训分委会电话会议等，每年平均共计 20 场。

NMPA ICH 代表、协调员以及相关人员高度重视做好每场 ICH 会议的准备工作，会前积极组织研究会议议程文件和背景材料，评估相关议题后续可能对我国产生的影响，会后及时整理、跟进各事项的进展情况，并围绕会议讨论和决定成果开展各项工作。

（二）保持沟通，密切交流，及时跟进

电子邮件是 ICH 工作的主要方式。遵照国际工作惯例，国家药品监督管理局也通过接发邮件的方式积极参与 ICH 相关工作，并与 ICH 秘书处、其他成员之间保持顺畅沟通与交流。每年平均处理往来邮件 550 封，涉及 ICH 议题阶段性批准、各议题专家工作组协调进展通报、各监管机构成员更新 ICH

指导原则实施情况、ICH 年度工作计划和战略讨论、专家代表的选派和变更等内容。

此外，NMPA 还注重加强双多边国际合作。2021 年 6 月，中国国家药品监督管理局与日本厚生劳动省、日本药品及医疗器械管理局和日本制药工业协会共同召开了中日 ICH 区域性联合公开会议，中日药监局、中日行业代表首次在线上齐聚一堂，及时分享了当时刚刚结束的 ICH 仁川会议的讨论内容，互相介绍和交流彼此的监管、技术和经验，加深各方对中日两国情况的理解，促进 ICH 指导原则在两国的实施，共同致力于满足两国的需求。

2021 年 4 月和 2023 年 9 月，NMPA 成功召开了两场 ICH 中国进程与展望座谈会，均邀请了在我国的跨国企业和七大国际行业协会代表参加。会议介绍了 2015 年实施药品审评审批制度改革以来，中国 ICH 工作和制药行业发展取得的阶段性成效；国际协会分享了 ICH 相关国际经验以及对中国 ICH 工作的支持和建议，并表达了后续加强合作与交流的意愿。与会各方围绕去中心化临床试验和质量相关指导原则的相关问题开展了深入的探讨，监管机构的积极反馈也得到了业界的高度认可和评价。

五、后续 ICH 工作发展方向

中国 ICH 工作将继续坚持科学化、法治化、国际化、现代化的发展方向，持续推动审评标准与国际接轨，加速中国药品监管国际化进程，后续将着力开展以下几方面工作：一是持续参与 ICH 议题国际协调和国际标准规则的制修订，借鉴欧美日等发达监管机构的审评实践经验，加快 ICH 指导原则的落地实施；二是发挥好 ICH 平台作用，多途径多形式开展监管机构与工业界的沟通交流，促进准确理解和遵循 ICH 指导原则要求，积极与国际同行互鉴、互享监管经验与创新成果；三是紧跟 ICH 前沿动态，加强对监管新理念、新方法、新工具、新标准的研究和应用，积累国内经验，完善我国药品技术指导原则体系建设。

第二篇

行业发展

2023 年全球药品支出回顾和展望

IQVIA　艾昆纬

COVID-19 疫情已进入第四个年头，成为几十年来影响最大的全球公共卫生危机，但疫情也证明了全球卫生系统的恢复能力可以随时适应需求高峰，并以超常速度开发出具有显著疗效、安全性的新型疫苗和治疗方法。各国医药行业实施的全球疫苗接种计划，其速度之快和覆盖范围之广都是前所未有的，甚至囊括了诸多之前无法覆盖的低收入国家。然而控制疫情进入流行期方面仍然存在挑战，并且其他健康问题也重新成为人们关注的焦点。总体而言，全球药品的使用和支出预计将在 2024 年恢复到疫情前的增长率，尽管未来两年不乏与病毒变种、COVID-19 疫苗接种推广、加强针使用不足有关的重要不确定性，以及与全球通货膨胀、地缘政治冲突和气候变化有关的经济不确定性。

一、COVID-19对药物使用的影响

2020—2027 年的全球药品支出总额预计将比疫情前的预测高出 4970 亿美元，这主要是由于在 COVID-19 疫苗和新疗法上的新增支出以及 COVID-19 疫情对其他治疗领域的影响。尽管存在逐年波动和地域差异，预计全球市场增长将在 2024 年恢复到疫情前的水平。

世界各地的第一波 COVID-19 疫苗接种率都超过了此前预测的水平，到 2023 年底，预计接种人数将比最初预测的多 5.3 亿人。大多中高收入和中低收入国家都超额完成了疫苗接种，全球有 44 亿人接种了疫苗，比先前估计的多 4.9 亿人。由于通过 COVID-19 感染或疫苗接种获得的免疫力在一年后可能会减弱，因此有必要每年接种加强针，包括针对新出现病毒变体的新型疫

苗；然而，接种加强针的人口通常不到接受第一波疫苗接种人口的一半，且在低收入国家尤为明显。持续接种加强针的情况可能会增加，尤其是在出现新病毒变体冲击的情况下，而这些模式符合流行期的预期。

COVID-19治疗药物将继续被广泛使用，到2027年，八年内的累计支出将达到1200亿美元。在疫情期间，众多治疗领域的其他药品使用都受到了影响，有些与新冠的症状特征有关，另一些则与慢性病的管理中断有关。目前，人们对几乎所有器官系统中COVID-19感染的持续并发症（称为"新冠后遗症"）有了更好的了解，10%～20%的感染患者出现持续症状，通常需要持续治疗并使用成熟的仿制药。

二、药品使用前景和历史驱动因素

2021年，随着医药市场从疫情中复苏，全球药品使用量大幅反弹，并于2022年趋于平稳。在亚太地区、印度、拉丁美洲、非洲和中东以及中国市场的推动下，预计到2027年，全球总销量的CAGR将增长1.6%（以治疗天数为单位），而上述国家和地区的销量增长都将超过全球销量的增长率。到2027年，西欧、北美、日本和东欧的高收入国家预计将以0.1%～0.4%的速度缓慢增长，一部分原因是这些地区的人均用药量已经较高，而持续的乌克兰冲突造成的干扰也阻碍了东欧的销量增长。

人均用药量因GDP而异，高收入国家的用药量通常高于低收入国家。按WHO定义的日剂量计算，日本和西欧等国家的用药量是其他大多数国家和地区的两倍以上。在驱动大部分药物使用量的治疗领域方面，各国的差异很大，这与它们所承受的疾病负担以及影响卫生系统结构和功能的因素有关。

尽管在过去的十年中，全球药品市场总销量CAGR以2%的速度增长，但肿瘤领域的销量仍以每年15%的较高速度增长，这得益于全球新疗法的显著进步和癌症治疗渠道的改善。

三、主要国家和地区的药品支出和增长

支出和增长在不同地区呈现不同趋势，较大的成熟市场增长较慢，而东欧、亚洲和拉丁美洲的成长型市场在销量和支出方面都有所增长。

按净价计算，预计未来五年美国市场的 CAGR 将从过去五年的 4% 降至-1%~2%。按照之前预测，按净价计算的 CAGR 为 0%~3%。包括《通胀削减法案》在内的预期影响，最新的预测范围下降了 1%。新立法的规定预计将降低患者成本，通过通胀惩罚和价格谈判来降低药品价格同时推动增量。其他法律也将影响利益相关方的行为，转移政府、支付方和制药商等各方之间的成本。

到 2027 年，欧洲的支出预计将增加 590 亿美元，主要来自仿制药和生物类似药。新药面临着更多价值阐述和谈判价格相关的压力。疫情对亚太国家的影响差异很大，但预计 2021 年后将恢复稳定增长。到 2027 年，日本药品支出增长预计为-1%~2%，主要由于强劲的品牌药增长被年度降价和非专利药的使用所抵消。预计中国市场的药品支出增长将放缓，原因是新原研药的使用所推动的支出增长被非专利和仿制药价格竞争所抵消。

发达经济体继续以相对稳定的速度增长，新产品带来的增长被专利到期影响所抵消。预计拉丁美洲、东欧和亚洲部分地区将因采用新药和销量的影响而强劲增长。

（一）全球药品市场未来 5 年预计增长

根据药品出厂价格，到 2027 年，全球药品支出预计以每年 3%~6% 的速度增长，将达到 1.9 万亿美元（见图 1）。这一预测不包括单独模型分析的 COVID-19 疫苗和疗法支出的影响。在 2020—2022 年的疫情影响之后，全球药品市场总体增长趋势预计将放缓。

COVID-19 疫情对各国不同程度的影响预计也将影响到 2023 年药品市场的增长，各国预计在 2024 年恢复到历史上的增长模式。驱动预测期内增长的

图1　2013—2027年全球医药市场规模和增长

资料来源：IQVIA Market Prognosis，2022年9月；IQVIA Institute，2022年11月。

主要因素包括：新药物的贡献、专利到期的影响以及生物类似药日益增长的影响。受疫情管理成本的部分影响，预计发达市场的支付机构将面临预算压力，并采取行动遏制药物支出增长。

（二）美国药品市场未来5年增长预测

美国药品市场的净支出预计将以−1%~2%的速度增长，这是由于《通胀削减法案》（IRA）可能会使得药品出厂折扣和药品流通环节中的退费有所提升。总体来说，这些折扣和退费将导致药品支出比2022年的出厂价格低36%，且预计比2027年的出厂价格低45%。而在《通胀削减法案》通过之前，预测显示2026年毛额与净价差仅为39%（低于法案通过后2027年的45%），并且平均增长率为0%~3%，比法案通过后的预测高出1%。除了折扣和退费的影响外，新治疗手段的采用、专利到期的影响以及仿制药或生物类似药竞争都将导致美国未来5年的药品市场增速发生历史性放缓（见图2）。

（三）疫情对亚太药品市场的影响

在亚太地区的一些市场中，疫情对药品支出增长的影响很大，但这些影响在未来几年将有所缓和，预计到2027年恢复到5.5%~8.5%的增长率。扣除折扣和回扣后，韩国的增长率为4.5%~7.5%，澳大利亚的增长率为

图2 2013—2027年美国药品支出和增长（按出厂价格净额差）

资料来源：IQVIA Institute，2022年11月。

2%～5%（见图3）。

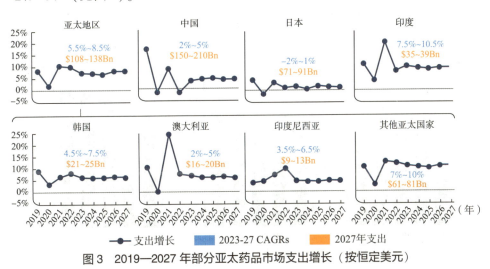

图3 2019—2027年部分亚太药品市场支出增长（按恒定美元）

近年来，中国市场药品支出增长有所波动，但预计到2027年将稳定在2%～5%。印度市场继续保持药品销量增长，而成本保持在较低水平，药品侧重于仿制药；到2027年，支出将增长7.5%～10.5%，达到350亿美元至390亿美元。由于控制支出增长的政策仍然是卫生部门的重点，预计到2027年日本的药品支出增长率为-2%～1%，市场规模将从亚太地区第三位下降到第四位。

注：包括2019年，以显示疫情对支出增长的影响。亚太地区不包括单独显示的中国、印度和日本。

（四）受原研药驱动，中国药品市场增长将逐步复苏

中国药品支出从 2013 年的 930 亿美元上涨到 2022 年的 1660 亿美元。过去五年，原研药的年复合增长率高达 10.1%，成为推动药品支出增长的主要驱动因素。2022 年原研药占药品总支出的 28%，高于 5 年前的 22%。未来五年，预计国家医保药品目录的更新将有助于推动更多新上市的原研药纳入医保，并促进更高的支出规模。

预计未来五年原研药的年复合增长率将超过 5%，而其他类型药品的年复合增长率则不超过 4%，这使得总增长率将放缓至 2%~5%。非原研品牌药是中国药品支出的第二大组成部分，由于医院渠道的控费，预计这些药物支出每年的增长率不到 1%。中国药品支出预计在未来五年内增加约 300 亿美元，到 2027 年将超过 1940 亿美元（见图 4）。

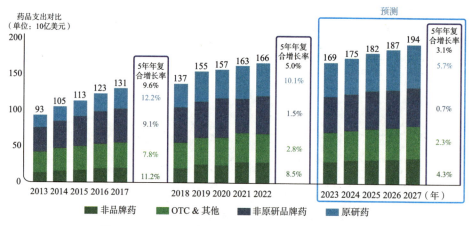

图 4　2013—2027 年按产品类型划分的中国药品支出

资料来源：IQVIA Market Prognosis，2022 年 9 月；IQVIA Institute，2022 年 11 月。

四、关键治疗领域

未来五年的关键增长领域是生物药，它将占到全球支出的 35%。此外，到 2027 年，全球生物类似药的累计支出将超过 2900 亿美元，缓解了支付方

对整体支出的预算压力。到 2027 年，特药将占全球支出的 43%，并占发达市场总支出的 55% 以上。

到 2027 年，全球两大治疗领域：抗肿瘤和免疫系统药品的 CAGR 将分别增长 13%~16% 和 3%~6%，这反映出不同的趋势，抗肿瘤领域仍受新药驱动，而免疫系统领域则面临生物类似药的竞争。未来五年内，预计抗肿瘤领域将增加 100 种新疗法，使支出增加 1840 亿美元，到 2027 年的总支出将超过 3700 亿美元，并且面临少数新的独占权丧失。到 2027 年，全球自身免疫性疾病的治疗预计将达到 1770 亿美元，这得益于接受治疗的患者和新产品数量的稳步增长，而这种增长将在 2023 年后半部分因生物类似药而抵消。

在大多数发达市场，糖尿病支出增长正在放缓至较低的个位数水平，而且在某些市场中，扣除回扣后的支出增长正在下降。新疗法推动了神经领域市场的增长，包括新型偏头痛疗法、罕见病潜在疗法以及阿尔茨海默病和帕金森病潜在疗法的更多使用。

细胞、基因和 RNA 疗法等下一代生物疗法的临床和商业前景尚不确定，预计其支出将从 2022 年的 80 亿美元增长到 2027 年的 270 亿美元。

（一）生物药增长仍保持强劲

图 5　2012—2027 年全球生物药支出和增长

资料来源：IQVIA Institute，2022 年 11 月。

预计到 2027 年，全球生物药支出将超过 6600 亿美元，约占全球药物支出的 35%。生物药技术包括：传统疗法（如胰岛素类似药）以及更复杂的特药等一系列疗法。目前，与细胞和基因疗法相关的生物药支出约为 40 亿美元，预计到 2027 年，随着使用范围的扩大将增长至 140 亿~170 亿美元，而发达市场将引领这一增长趋势。

尽管未来五年内，由于生物类似药造成的全球品牌药损失到 2027 年预计达到 650 亿美元，但整体生物药支出仍将持续增长。受主要生物类似药的影响，预计未来五年的支出增长将大幅放缓，尤其是在发达市场更为显著。但是，得益于新药持续进入市场的影响，支出增长将仍然保持强劲。全球生物药预计在未来五年内将以 7.5%~10.5% 的增长率累计增长约 54%，预计到 2027 年全球生物药支出将增长 2350 亿美元。

（二）特药使用比例在中高收入国家持续走高

到 2027 年，预计特药将约占全球药品总支出的 43%，占发达市场总支出的 56%。在高收入国家和中高收入国家中，特药在药品总支出中的份额持续增加，2022 年，这一比例分别达到 49% 和 39%，高于 10 年前的 28% 和 27%。新兴医药市场的特药比例在很大程度上由于高成本问题而滞后，2022 年特药支出占 16%，预计到 2027 年这一比例将保持不变（见图 6）。

图6　2012—2027 年特药占全球药品总支出的份额

资料来源：IQVIA Institute，2022 年 11 月。

到 2027 年，特药支出将占全球药品总支出的 43%，其中一半以上的支出来自主要发达市场。特药通常需要特殊的管理以及配送流程，其最大的特征是与其他传统药物相比价格更高。特药只能治疗 2%～3% 的患者，虽然只有少数患者的需求得到了满足，但另一方面，其他接受传统治疗的患者的费用则在下降。

（三）肿瘤和肥胖症治疗增速较快

肿瘤、免疫和糖尿病药物预计是 2027 年支出最高的治疗领域，其次是心血管系统。随着癌症新疗法的不断上市，预计到 2027 年，肿瘤领域的 CAGR 将达到 13%～16%。由于生物类似药的推出，免疫系统领域有望在 3%～6% 的范围内缓慢增长；虽然一些生物类似药已经在欧洲上市，导致免疫学领域增长缓慢，但预计 2023 年阿达木单抗生物类似药在美国的上市将进一步影响增长（见图 7）。

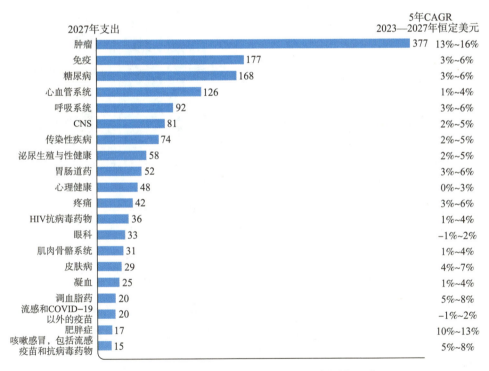

图 7　2027 年全球支出排名前 20 的治疗领域预测

资料来源：IQVIA Forecast Link，IQVIA Institute，2022 年 11 月。

到 2027 年，糖尿病领域支出将达到近 1680 亿美元，有望成为全球第三大治疗领域，未来五年的增长率将达到 3%～6%。预计到 2027 年，除肥胖症外的大多数其他治疗领域将以中低个位数的速度增长。随着更多有效治疗的出现，肥胖症支出预计将从 10% 增长至 13%，并有望在众多国家获得更广泛的使用。

（四）肿瘤药物支出仍将引领药物增长

到 2027 年，全球肿瘤药物支出将达到 3700 亿美元。由于新药带来的增长会被更多专利到期的影响所抵消，全球肿瘤药物支出增速较前几年放缓，但仍达到 13%～16%（见图 8）。

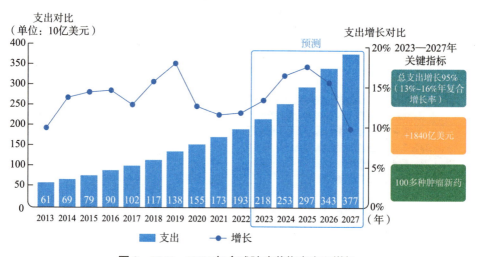

图 8 2013—2027 年全球肿瘤药物支出和增长

资料来源：IQVIA Forecast Link，IQVIA Institute，2022 年 11 月。

未来五年，预计肿瘤药支出总计将增长 95%，到 2027 年共增加 1840 亿美元。肿瘤药物支出的增加将受到以下因素的推动：患者的早期诊断、新药的陆续上市以及在发达国家以外的更多国家用上带来生存获益的新型癌症药物。

从肿瘤产品管线来看，预计未来五年将增加 100 多种肿瘤新药，其中包括细胞疗法、RNA 疗法和免疫疗法等创新治疗途径。运用精准药物来治疗癌症被更多采纳，包括一系列通过生物标志物测试或下一代测序确定的疗法，以及个体化治疗的 CAR-T 细胞疗法。

过去五年，贝伐珠单抗、曲妥珠单抗、利妥昔单抗生物类似药在主要医药市场的上市直接导致了 2020 年和 2021 年肿瘤药物支出的放缓，但对 2022 年市场的影响较小。预计到 2027 年以前，肿瘤领域的生物类似药上市数量相对较少，但是可以期待 2027 年 Palbociclib（Lbrance）帕博西尼和其他肿瘤药物可能为市场带来变数。

（五）新疗法有望推动神经学支出增长

在过去五年中的新一波罕见病的神经系统治疗方法（包括几十种孤儿药）已经获得批准上市；其他人口较多的疾病，如偏头痛、抑郁症和焦虑症，也有一系列新的疗法推出。心理健康领域的预期支出增长通常低于神经病学治疗，但两者都反映了针对这些疾病未满足的创新需求。新的心理健康治疗通常侧重于特定的患者亚群，而大多数患者则继续使用较早的既定疗法。随着 CGRP 抑制剂的引入，偏头痛治疗出现了显著变化，预计这些药物将在预测期内继续推动增长（见图 9）。

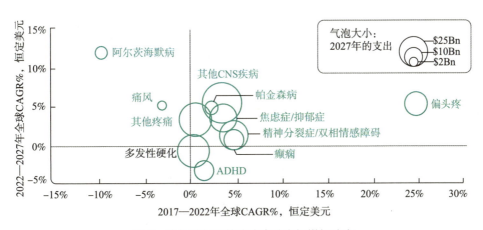

图 9 中枢神经系统疾病全球市场增长动态

资料来源：IQVIA Forecast Link，IQVIA Institute，2022 年 11 月。

阿尔茨海默病和帕金森病历来缺乏改善病情的治疗方法。随着新药的批准，包括 2021 年上市的阿达木单抗（Adalimumab）和可能在 2023 年获得批准的仑卡奈单抗，这种情况将开始得到缓解。基因组学、生物标志物、诊断和影像学检查技术以及再生医学的最新科研进展，加上颠覆性数字技术的出现，正在改变 CNS 创新的基础。

注：本分析中包括了偏头痛治疗，而在本报告中则作为疼痛管理。

2023 年医药研发趋势报告

Ian LIoyd　Pharmaprojects

本文对 2023 年初的全球医药研发趋势进行了分析，通过按公司、治疗领域、疾病、目标和药物类型来审查研发生产系统，进而评估行业趋势，所使用的数据主要来自 Pharmaprojects。

一、研发生产系统总规模再创新高

本报告中的"研发生产系统"，是指制药公司正在开发的所有药物，包括临床前阶段、临床测试和监管部门批准的各个阶段到上市阶段的药物。已上市的药物仍计入在内，但前提是此类针对于其他适应症或市场的药物仍处在开发中。已终止开发或已完成开发的药物不包括在内。所有数据采集时间为 2023 年 1 月 3—4 日。

2023 年，全球医药总体研发生产系统规模再次创下新高，有 21292 种药物正在开发中。这意味着比 2022 年增长 5.89%，诚然，这比去年 8.22% 的增长率要低（见图 1）。但是相比 2021 年的 4.76% 有所上升，关键是这一增长率并未远低于 6.90% 的五年平均增长率。因此，也许这更加凸显出今年增长率的稳定性与可持续性，因为制药行业在经历了过去三年的动荡之后已经稳定下来。

正在开发的药物相比 2022 年同期增加了 1183 种，2022 年增加的药物为 1527 种，2021 年增加的则为 845 种。2022 年间，Pharmaprojects 数据库中增加的新药总数为 5082 种，大大少于 2021 年增加的 6343 种。但是，该年的数字肯定受到一些"新冠疫情反弹"的影响，因为 2022 年的增长数仍然超过了 2020 年的 4730 种。

但如前所述，研发生产系统规模不仅受新增药物的制约，而且也受已退

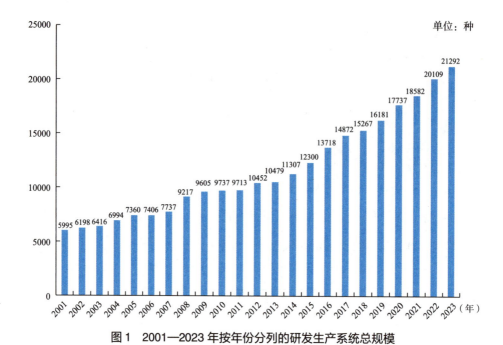

图1　2001—2023年按年份分列的研发生产系统总规模

资料来源：Pharmaprojects®，2023年1月。

出药物的制约。在增加了5082种药物之后，最终仅剩1183种药物，这就意味着必定有3899种候选药物退出了研发生产系统。2022年，有282种药物被确认为停产（多于2021年的221种），另有3804种药物因被标记为"无开发报告"而从"活跃"类数据集中移出（少于上一年的4658种—请注意，由于药物可以在一年中进入并退出开发阶段，因而此处数字并不能完全相加求和）。总体而言，2022年的流失率有所降低，但流失的速度仍然十分显著。

在新发现的候选药物中，有40%以上（准确而言是40.7%）至少针对一种癌症。这一数字高于前一年的38.8%，遥遥领先于第二名神经病学类药物的13.5%。有趣的是，有19.5%的新型候选药物专门针对一种或多种罕见疾病，与2021年17.5%的数据相比，有了显著提升。至于哪家公司对数字增长的贡献最大，目前尚未确定但值得注意的是，中国公司江苏恒瑞医药首次在这一领域独占鳌头。常见的贡献者Pfizer（辉瑞）与Roche（罗氏）紧随其后。在2022年新型药物的研发地点方面，美国凭借1840种候选药物的数量遥遥领先，而中国则以1457种候选药物的数量迎头赶上。

二、按阶段划分的2023年研发生产系统

药物开发主要分为：临床前阶段、临床阶段与监管阶段，它们可以被分解成更小的部分，即在 Pharmaprojects 使用的开发阶段。

图 2 按照药物当前的全球地位细分了 2023 年的研发生产系统。全球地位是指每种药物在任何国家由任意一家公司开发的针对任意疾病所达到的最先进的开发阶段，因而在此，每种药物只计算一次。让人眼前一亮的是，我们今年的研发生产系统规模总体增长了 5.89%，而且在各个开发阶段的分布十分均匀。这种情况在以往较为少见：2022 年的情况更为典型，研发的早期阶段出现了较大增长，但后续增长率有所下降。实际上，去年处于临床前阶段

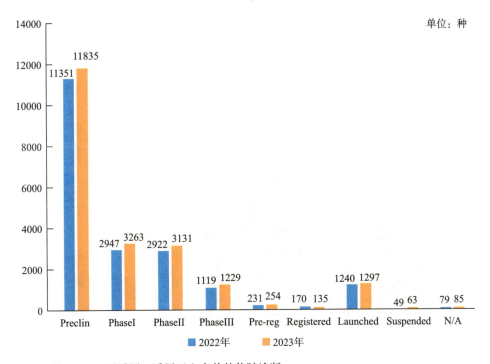

注：N/A＝不适用，适用于上市前的伴随诊断。

图 2　按开发阶段划分的研发生产系统，2023 年相比于 2022 年

资料来源：Pharmaprojects®，2023 年 1 月。

的药物数量增长了 11.0%；今年这一比率下降到了易于管理的 4.3%——这一数据实际上低于总体增长速度。这可能反映出我们的审查过程变得更加与时俱进，因此会存在更大比例的临床前药物被转移到不活跃的"无开发报告"状态。

相比之下，处于临床试验第一阶段的药物数量增长比例更大，2023 年的增长率为 10.7%，甚至高于去年的 10.1%。今年处于第二阶段的药物数量也出现了较大增长，与 2022 年的 6.4% 相比，增长率达 7.2%，第三阶段的药物增长了 9.8%，超过前一年的 8.7%。从表面上而言，此类数字都十分合理。但请注意，此类数据只是时间上的简要概括：可以看到第二阶段的药物数量与第一阶段的药物数量大致相同，但这并不等同于几乎所有经过第一阶段的药物都能顺利进入第二阶段。事实上，这两个阶段之间存在极高的损耗，但由于第二阶段的开发通常耗时更长，药物会"堆积"于第二阶段。图 3 提供了跨度更广的时间背景，真正突出展示了第一阶段和第二阶段的数字在最近几年如何实现激增，并显示出第三阶段在经历了几年的低迷之后如何恢复增长。

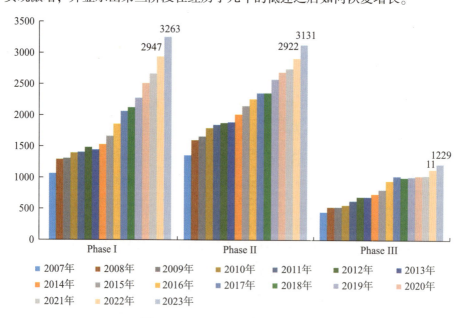

图 3　2007—2023 年临床阶段趋势

资料来源：Pharmaprojects®，2023 年 1 月。

但是，对是否药物数量越多越好进行合理质疑总归是件好事。毕竟，临床试验药物越多成本也就越高，这可能反映出候选药物数量不足，但也可能表明需耗费更多时间才能使现有的候选药物通过某个阶段，这显然是一种负面因素。德勤健康解决方案中心（Deloitte Centre for Health Solutions）的一份题为《把控数字化趋势：衡量 2022 年医药创新的回报》的新报告也指向了前句所述的后一种可能，报告中计算出的平均周期时间（新药从开始临床试验到获得批准所需的时间）从 2021 年的 6.9 年增加到了 2022 年的 7.09 年。该团队同时估算了开发一种药物的平均成本（含失败成本），从 2021 年的 19.86 亿美元增加到了 2022 年的 22.84 亿美元。综上所述，德勤报告指出医药研发的投资回报率有所下降。诚然，该报告仅仅是基于对 20 家主要生物制药公司进行的研究，因此未必能概括整个行业的情况。但它确实印证了一个事实：凡事不要只看表面价值才算明智之举。

三、研发生产系统规模头部公司

表 1 按研发生产系统规模列出了排名前 25 位的公司，Roche（罗氏）取代了它的本国对手 Novartis（诺华）的地位，结束了后者六年的霸主地位。看起来 Roche 的上升在很大程度上是其自然而然的发展结果，因为在过去一年间它只进行了一次小规模的收购，即对 Good Therapeutics 的收购。不过，这两家总部位于巴塞尔的巨头之间的差距微乎其微，作为生产药物最多的公司，Novartis 仍然稳居第一。前 5 名中的其他公司保持不变，事实上，表中有许多公司现在的研发生产系统规模与 2022 年公布的研发生产系统规模相差无几，总体上几乎没有变化，这一点十分出人意料。

值得注意的是，在排名前 10 名的公司中，只有 Bristol Myers Squibb（百时美施贵宝）与 Pfizer（辉瑞）今年的研发生产系统规模相比去年有所增长。出现这一现象以及总体上变动不大的部分原因可能在于 2022 年间的大型并购极其稀少。除了上述 Roche 的交易外，Novartis 收购了 Gyroscope Therapeutics；Bristol Myers Squibb 收购了 Turning Point Therapeutics；Pfizer 收购了 Biohaven

Pharmaceuticals、ReViral 与 Arena Pharmaceuticals；AstraZeneca（阿斯利康）收购了 TeneoTwo；Sanofi（赛诺菲）收购了 Amunix Pharmaceuticals；Eli Lilly（礼来）收购了 Akouos。总体而言，这些被收购的公司只是从故事中退场的次要角色，并未对其收购者的研发生产系统规模造成重大影响。同时，Takeda（武田）、Johnson（强生）和 Merck & Co（默克）并未报告任何相关的收购交易。

表1　研发生产系统规模排名前25位的制药公司

2023（2022）年排名	公司名称	2023（2022）年研发生产系统中的药物数量（种）	2023年原创药物数量（种）	趋势
1（2）	Roche（罗氏）	194（200）	110	↔
2（1）	Novartis（诺华）	191（213）	112	↓
3（3）	Takeda（武田）	178（184）	61	↔
4（4）	Bristol Myers Squibb（百时美施贵宝）	175（168）	96	↔
5（5）	Pfizer（辉瑞）	171（168）	105	↔
6（8）	Johnson & Johnson（强生）	156（157）	84	↔
7（6）	AstraZeneca（阿斯利康）	155（161）	85	↔
8（7）	Merck & Co（默克）	151（158）	72	↔
9（9）	Sanofi（赛诺菲）	145（151）	82	↔
10（10）	Eli Lilly（礼来）	135（142）	64	↔
11（11）	GSK（葛兰素史克）	123（131）	60	↔
12（12）	AbbVie（艾伯维）	122（121）	45	↔
13（16）	JiangsuHengrui Pharmaceuticals（江苏恒瑞医药）	106（89）	96	↑
14（13）	Boehringer Ingelheim（勃林格殷格翰）	99（108）	75	↔
15（14）	Bayer（拜耳）	93（105）	63	↓
16（21）	Gilead Sciences（吉利德科学）	86（72）	59	↑
17（15）	Otsuka Holdings（大冢控股）	85（93）	42	↔
18（17）	Amgen（安进）	79（83）	58	↔
19（36）	Novo Nordisk（诺和诺德）	77（51）	52	↑↑
20（18）	Eisai（卫材株式会社）	74（80）	39	↔

2023（2022）年排名	公司名称	2023（2022）年研发生产系统中的药物数量（种）	2023年原创药物数量（种）	趋势
21（22）	Regeneron（再生元）	73（68）	41	↔
22（20）	Daiichi Sankyo（第一三共株式会社）	70（75）	37	↔
23（27）	CSPC Pharmaceutical（石药集团）	68（62）	53	↔
24（23）	Shanghai Fosun Pharmaceutical（上海复星医药）	64（68）	43	↔
25（24）	Biogen（百健）	63（66）	18	↔

资料来源：Pharmaprojects®，2023年1月。

截至2022年，交易形势仍然低迷，Pharmaprojects在这一年仅报告81例并购案例，低于2021年的116例，并继续呈下降趋势。许多业内观察者似乎认为，2023年可能是并购情节重现的一年。在排名前25名的公司中，研发生产系统规模增长最显著的仍然是来自中国的JiangsuHengrui Pharmaceuticals（江苏恒瑞医药）。在去年的上市首日惊艳亮相之后，该公司再接再厉，其研发投资增加了19.1%。但中国的公司并没有如去年一样，在前排席位进行大规模的争夺战，CSPC Pharmaceutical（石药集团）是唯一一家首次在前排亮相的中国公司。其他公司中唯一新上榜的是Novo Nordisk（诺和诺德）这个比较熟悉的公司。这家丹麦公司今年重回巅峰，在2022年间开展两次收购，包括Dicerna Pharmaceuticals与Forma Therapeutics。2023年有两家日本公司淡出榜单：Astellas（安斯泰来）从第19名降至第26名，Sumitomo Pharma（住友制药）从第25名降至第28名。

前几年我们已经观察到，主要"角色"在总"字数"中所占的比例正在下降，而2023年这一趋势仍将延续。如图4所示，排名前10的公司仅占研发生产系统份额的4.09%，与去年报告的4.63%相比进一步大幅下降，而排名前25的公司的研发生产系统份额从8.51%下降到7.6%。然而，小配角（即只有一种或两种药物的公司）所做的贡献，从16.91%上升到了17.53%。

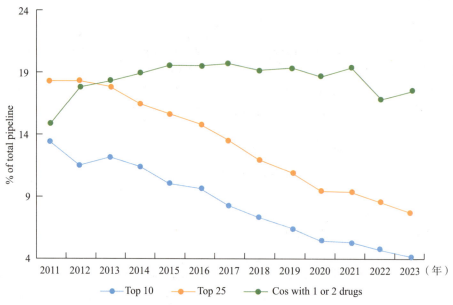

图4　2011—2023 年排名前 10、前 25 以及仅有一种或

两种药物的公司所贡献的研发生产系统份额

资料来源：Pharmaprojects®，2023 年 1 月。

　　图 5 对主要公司所涉及的治疗领域范围进行了分析（该图存在重复计算的情况，因为药物开发可在多个疾病领域进行），从中可以看出，所有主要参与公司仍然对多类学科领域存有研发兴趣。但与去年相比，排名前 10 的公司中有 8 家在全部 14 个治疗领域中都至少开发出一种药物，而今年排名在前 10 的公司中，这一数字降为 3 家。但对于另外 7 家公司而言，它们都只是缺少一种针对最小治疗领域的药物，即激素产品或抗寄生虫药物。另一个细微的变化是，抗癌不再是 10 家公司占比最大的治疗领域，Eli Lilly 反其道而行之，将营养/代谢领域作为其主要研发重点。尽管如此，所有公司仍然在癌症领域投入了大量资源，而在其他一些诸如抗感染的治疗领域，他们的投入规模存在极大的差异。Bristol Myers Squibb 仍然是这 10 家公司中最关注肿瘤学的一家公司。

　　制药行业自然是全球化程度最高的行业之一，图 6 中的饼状图对 2022 年与 2023 年的位置分布情况进行了细分。过去 12 个月的变化微乎其微，虽然

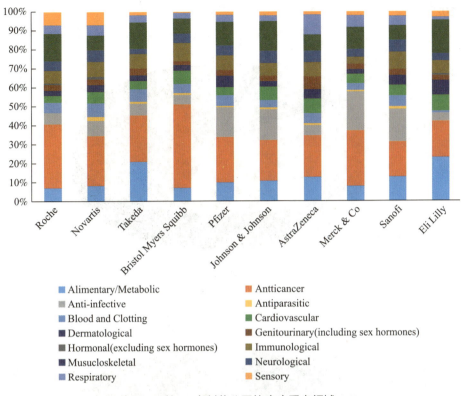

图5 前10家制药公司的疾病重点领域

资料来源：Pharmaprojects®，2023年1月。

所占份额减少1%，但美国仍然是最受欢迎的地点。与之相反，中国上升一个百分点，尽管其公司总数目前为808家，仅比2022年的792家稍有增长，但有迹象表明，总部位于中国的公司数量的爆炸性增长趋势开始呈常态化发展。

表3列出了所有正在接受活跃研发的药物及其开发地。每种药物在每个开发该药物的国家都会被统计一次，但由于有多个国家都对此类药物进行了开发，因而此处的大多数药物都被统计了不止一次。据报告，2023年美国有51.1%的药物开发地位，低于去年的53.4%。显而易见，美国仍然最为突出，但中国正迎头赶上，其份额从去年的20.8%上升到23.6%。请注意，本表只列出了开发中药物超过1000种的国家。

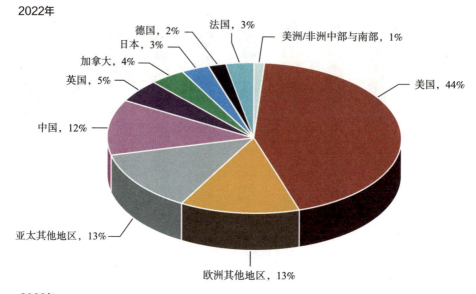

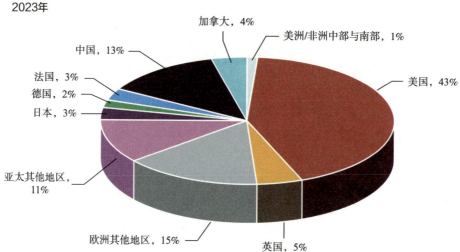

图6　2022年与2023年按总部所在国家/地区划分的研发公司分布情况

资料来源：Pharmaprojects®，2023年1月。

表3　研发所在地究竟在何处

药物研发地	药物数量（种）	占总研发生产系统的百分比（%）
美国	10876	51.1
中国	5033	23.6
英国	3048	14.3
韩国	2917	13.7

续 表

药物研发地	药物数量（种）	占总研发生产系统的百分比（%）
德国	2349	11.0
加拿大	2231	10.5
澳大利亚	2172	10.2
法国	2161	10.1
西班牙	2033	9.5
日本	1964	9.2
荷兰	1704	8.0
意大利	1670	7.8
比利时	1651	7.8
波兰	1575	7.4
瑞典	1437	6.7
丹麦	1415	6.6
瑞士	1403	6.6
匈牙利	1298	6.1
捷克共和国	1283	6.0
奥地利	1258	5.9
中国台湾	1240	5.8
保加利亚	1150	5.4
芬兰	1105	5.2
爱尔兰	1085	5.1
以色列	1062	5.0
希腊	1055	5.0

颜色说明：北美洲=深灰色；亚洲=浅蓝色；欧洲=浅灰色；大洋洲=深蓝色

资料来源：Pharmaprojects®，2023年1月。

四、治疗领域：癌症居首

图7首先按照Pharmaprojects使用的广泛治疗领域对研发工作进行了细分。受总体研发生产系统扩张速度的影响，癌症似乎再次出现不成比例的激增。目前有8480种治疗肿瘤的药物正在开发中，其占比增长9.1%。癌症治

疗领域凭此重回行业的领先地位，超过了生物技术领域（生物技术并非真正意义上的治疗领域，但它目前被纳入这一分类）。癌症的增长率远超以下治疗领域：神经病学（增长 4.6%）、消化/代谢（增长 4.7%）与抗感染（仅增长 2.0%）。

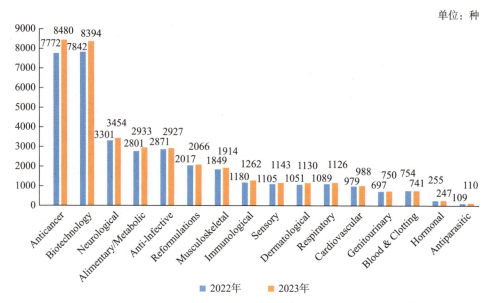

单位：种

图 7　2022 年与 2023 年各治疗领域的研发生产系统

资料来源：Pharmaprojects®，2023 年 1 月。

对肿瘤关注度的提高意味着癌症将继续在故事中占据更长的篇幅。目前有 39.8% 的药物正在研发中，这一比例相较去年再次上升，并在全球范围内继续稳定地维持在主导地位。这意味着，随着癌症占据的篇幅越来越多，其他治疗领域则必然会按比例缩减（见图 8）。

现在让我们聚焦于表 4，其中列出了前 25 种用于对赛特莱系列产品中的药物进行分类的单独治疗类别（共 243 种）。抗癌、免疫学治疗再次得到最多的关注，其研发生产系统规模增加 5.1%，但排名第二且更为常见的抗癌类治疗的研发生产系统增长规模超过了这一数字，大幅增加 14.8%。基因治疗再次位列第三，但其增长速度已显著放缓，增长率为 6.3%，而前 12 个月的增长率为 23.3%。在排名前 10 的其他类别中，虽然较低端的免疫抑制剂与 CAR-T

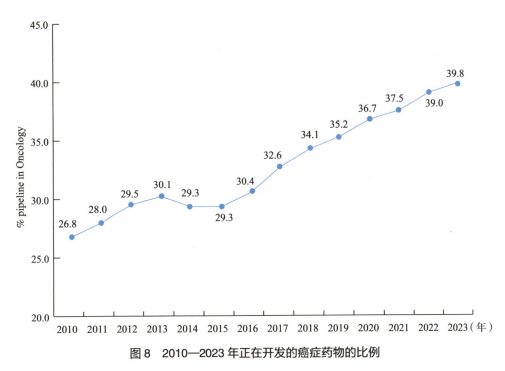

图8　2010—2023 年正在开发的癌症药物的比例

资料来源：Pharmaprojects®，2023 年 1 月。

疗法的数量增长较为可观，但总体而言各类别的数量基本都变化不大。最引人注目的是，与上一年相比，2023 年的前 25 种类别相同的变化同样较为稳定。2023 年没有新入围的治疗类别。

表4　排名前 25 种治疗类别

2023（2022）年排名	治疗	2023（2022）年活性化合物的数量（种）	趋势
1（1）	抗癌、免疫学	4492（4275）	↑
2（2）	抗癌，其他	3622（3154）	↑↑
3（3）	基因治疗	2083（1960）	↔
4（4）	单克隆抗体，其他	1395（1277）	↔
5（7）	预防性疫苗、抗感染	1064（983）	↔
6（6）	神经病学	1045（993）	↔
7（8）	眼科，其他	984（953）	↔
8（5）	抗病毒药物，其他	983（998）	↔

续 表

2023（2022）年排名	治疗	2023（2022）年活性化合物的数量（种）	趋势
9（12）	免疫抑制剂	797（713）	↑
10（10）	细胞疗法、嵌合抗原受体	792（720）	↑
11（11）	抗糖尿病药	747（717）	↔
12（9）	抗炎症	722（726）	↔
13（14）	胃肠道炎症/肠道疾病	705（645）	↔
14（13）	肌肉骨骼类	677（656）	↔
15（16）	认知增强药	641（600）	↔
16（17）	呼吸系统类	632（596）	↔
17（15）	单克隆抗体、人源化抗体	624（602）	↔
18（18）	心血管类	599（595）	↔
19（20）	神经保护类	595（569）	↔
20（19）	保肝药	594（573）	↔
21（21）	皮肤病学类	559（504）	↑
22（24）	泌尿类	519（485）	↔
23（25）	镇痛类，其他	517（484）	↔
24（22）	抗帕金森药	516（489）	↔
25（23）	单克隆抗体、人体	498（488）	↔

资料来源：Pharmaprojects®，2023 年 1 月。

虽然制药业的整体结构在 2023 年变化不大，但看到正在开发针对更多疾病与罕见病的药物，仍然振奋人心（现有 1452 种针对单独适应症而开发的药物，相较一年前的 1408 种有所增长），这足以让所有公司都能维持其关注度。随着新冠疫情的日益消退，大小机构都可以凭借更为优化的视角重回自己的专业领域，并且能够对自身及时开发新型治疗方法的能力重燃信心。

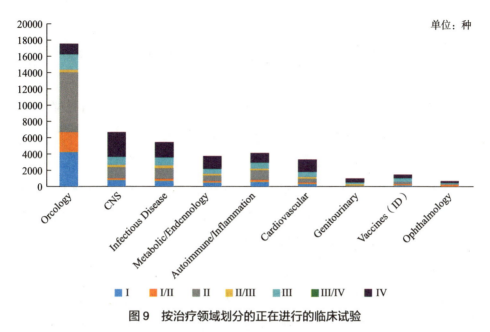

图 9　按治疗领域划分的正在进行的临床试验

资料来源：Trialtrove®，2023 年 1 月。

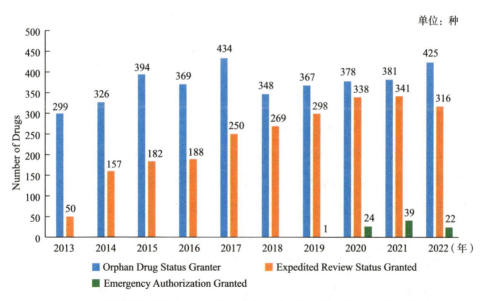

注：* 2013 年的数据并不完整，因为我们在年中才开始系统地记录此类事件的日期。**从 2019 年起只跟踪紧急授权的情况。

图 10　2013—2022 年获得罕见药地位、快速审查授权 * 与紧急授权 ** 的药物数量

资料来源：Trialtrove®，2023 年 1 月。

五、免疫肿瘤学导致最受关注的蛋白质领域产生了微妙变化

表5中列出了前25种作用机理，今年免疫肿瘤学的作用变得越发突出。首先需要明确的是，机理类别是具有层级的，因此偏向于使用更宽泛的术语。这是因为一半以上的研发生产系统仍处于临床前阶段，其完整的机理信息往往未知或未经披露，因此只能倾向于将多种药物归入更宽泛的机理类别。而随着药物在开发阶段的进展，更精确的分类会取代这些宽泛的分类。还存在一些"伞式"术语（总括性术语），创建此类术语的目的是在某些更宽泛的类别中能跨机理搜索我们纳入的药物。免疫肿瘤（IO）类就是其中之一，其适用于IO类别的药物（虽然还可以归纳更具体的机理信息），这样更便于在一次搜索中查找到所有的IO药物。这就是这一类别被应用于多种药物的原因之一。

但在当前进行的药物研发项目中，采用这种相对较新的方法的研发数量仍然十分惊人。截至2023年初，有3393种IO药物正在开发中，其中有整整15.9%（近六分之一）的药物正在使用这一机理分类方法。这一机理的药物数量今年仅增长2.6%，但更有趣的数据是表中药物数量栏右侧的百分比：即使用这种方法且已进入开发后期阶段（预注册、注册或上市）的药物百分比。只有2.2%的研发项目进入这一阶段，绝大多数的IO药物仍然处于早期阶段。但这代表迈向IO领域的巨大信心有所提升。虽然此类药物大部分都会研发失败，但制药行业显然对这种分类方法的潜力充满信心。

一些更为具体的IO分类方法也在前25名中表现突出。表中其他更宽泛的IO相关类别包括T-细胞刺激剂、自然杀伤细胞刺激剂以及免疫检查点抑制剂与刺激剂，而一些特定的IO技术也已崭露头角，如CD3激动剂、PD-L1拮抗剂与PD-1拮抗剂。虽然表中这些药物的研发生产系统规模都有所增长，但只有自然杀伤细胞刺激剂在今年出现显著增长。

表5 排名前25的作用机理（药理学）

2023（2022）年排名	作用机理	2023（2022）年药物数量（种）	PR、R 或 L 阶段的百分比（%）	趋势
1（1）	免疫肿瘤学疗法	3393（3307）	2.2	↔
2（2）	免疫刺激剂	1472（1494）	9.2	↔
3（3）	T-细胞刺激剂	1091（1061）	1.1	↔
4（4）	免疫检查点抑制剂	618（575）	5.0	↔
5（6）	基因表达抑制剂	283（280）	1.8	↔
6（5）	基因组编辑	274（280）	0	↔
7（8）	蛋白质降解剂	221（197）	0.9	↑
8（9）	CD3 激动剂	198（196）	2.5	↔
9（10）	放射性药物	192（183）	9.4	↔
10（7）	血管生成抑制剂	192（198）	24	↔
11（13）	自然杀伤细胞刺激剂	186（160）	0	↑
12（12）	PD-L1 拮抗剂	181（165）	4.4	↔
13（11）	免疫抑制剂	179（173）	36.3	↔
14（16）	PD-1 拮抗剂	152（143）	11.8	↔
15（15）	免疫检查点刺激剂	150（145）	0	↔
16（14）	血管内皮生长因子（VEGF）受体拮抗剂	142（146）	21.1	↔
17（17）	微生物组调节剂、活性微生物	128（115）	0	↔
18（18）	胰高血糖素样肽1受体激动剂	111（111）	6.3	↔
19（19）	细胞凋亡刺激剂	103（105）	15.5	↔
20（20）	ErbB-2 拮抗剂	97（91）	15.5	↔
21（24）	K-Ras 抑制剂	87（73）	2.3	↑
22（23）	微生物组调节剂	83（65）	1.2	↑
23（21）	表面糖蛋白（SARS-CoV-2）拮抗剂	83（84）	10.8	↔
24（22）	DNA 抑制剂	82（79）	29.3	↔
25（25）	COX-2 抑制剂	71（71）	19.7	↔

注：表中使用的缩写：PR=预注册；R=已注册；L=已上市。

资料来源：Pharmaprojects®，2023年1月。

总体而言，这又是一份与去年相比变化甚微的表格，最后一栏中大部分类别都展现出持平的趋势。但也有明显的例外情况，蛋白质降解剂、微生物组调节剂与 K-Ras 抑制剂的增幅都高于平均水平。微生物组调节剂有两类进入了前 25 名，还有重新上榜的 COX-2 抑制剂，排在第 25 位。但还需注意有一些排名靠前的机理药物处在开发后期的占比仍为 0%；制药业在这方面必然会着手安排一些盲选。

六、研发生产系统药物的种类

最后一组数据着眼于当前正在开发的药物类型以及用于生产此类药物的技术。表 6 按我们所称的药物来源（即按制造方式划分的分子类型）对研发生产系统进行了细分。这是另一种层次的分类法，因而与按作用机理进行分类的方法一样，在信息稀缺、尚无更具体数据的早期开发阶段，更宽泛的分类范畴会较为盛行。此外，在这一分类法中，不含"未知"项，因此在信息缺失的情况下，会默认将药物归为"化学、合成"类，这在一定程度上促成了这一类别数量的增加。但"化学、合成"类基本上都属于典型的小分子药物，这一类别无疑仍然最受制药行业欢迎。它在榜单上遥遥领先，2023 年增长 7.8%。这显然表明传统的分子制造方法仍然极富生命力。

抗体仍然是第二大最受欢迎的药物类型，其次是重组蛋白，尽管今年这两类药物的增速有所放缓，但药物数量在排名中仍居前位。2023 年前 10 名中增长最显著的类别为异源细胞疗法、合成核酸与病毒，后者涵盖甚广，包括治疗性裂解病毒与病毒疫苗。

表 6　排名前 25 的研发生产系统药物来源

2023（2022）年排名	来源	2023（2022）年药物数量（种）	趋势
1（1）	化学类、合成	10307（9565）	↑
2（2）	生物类、蛋白质、抗体	2734（2681）	↔

2023（2022）年排名	来源	2023（2022）年药物数量（种）	趋势
3（3）	生物类、蛋白质、重组	932（865）	↔
4（4）	生物类、细胞、同源	758（776）	↔
5（6）	生物类、细胞、异源	687（587）	↑
6（5）	生物类、核酸、病毒载体	677（680）	↔
7（7）	生物类、细胞	583（558）	↔
8（10）	化学类、合成、核酸	536（489）	↑
9（9）	生物类、病毒微粒	534（493）	↑
10（8）	生物类、蛋白质	523（541）	↔
11（11）	生物类、核酸	477（471）	↔
12（12）	化学类、合成、肽	461（453）	↔
13（15）	生物类、其他	358（237）	↑↑
14（13）	生物类、细菌细胞	330（283）	↑
15（14）	生物类、肽	254（272）	↔
16（16）	天然产物、植物	215（215）	↔
17（18）	生物类、核酸、非病毒载体	185（184）	↔
18（19）	生物类、肽、重组体	171（171）	↔
19（17）	生物类	164（187）	↓
20（21）	化学类、半合成	57（53）	↔
21（22）	天然产物、真菌	51（46）	↔
22（20）	天然产物、细菌	50（55）	↔
23（23）	天然产物	38（41）	↔
24（25）	天然产物、动物	22（23）	↔
25（24）	化学类、合成、同质异构	21（24）	↔

资料来源：Pharmaprojects®，2023 年 1 月。

由于以生物技术为基础的药物获得了大量关注，因而从生物技术与非生物技术的宏观角度将所有药物视为一个整体来分析十分有趣。人们很容易认为制药行业正逐渐将小分子抛诸身后，如图 11 所示，过去 30 年间基本符合这一情况，但今年却并非如此。2023 年是自 2004 年以来研发生产系统中的生物技术衍生药物比例首次略低于上一年。该比例目前为 44.0%，低于之前的 44.7%。但无论称其为生物技术和化学技术实现平衡发展的起点，抑或只是生物技术持续发展过程中的一个小插曲都为时过早。这应该是来年续集故事中一个十分有趣的阅读指标。

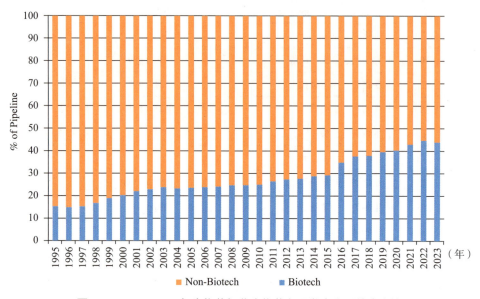

图 11　1995—2023 年生物药与非生物药在研发生产系统中占比

资料来源：Pharmaprojects®，2023 年 1 月。

今年按给药途径划分的研发生产系统数据（见图 12）反映出化学药物数量的小幅回升，其中通过口服给药的比例从 28% 增长到了 29%。但注射给药同时增加 1%，而大多数生物技术药物的给药途径都是注射。吸入给药途径占比有所下降，作为一种输送蛋白质的给药方法，这种给药途径近年来的表现颇为令人失望，由于未能维持足够一致的血浆浓度，致使该领域的许多项目受阻。

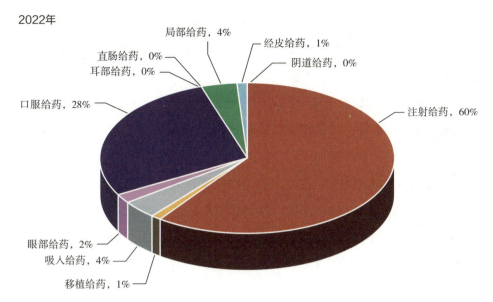

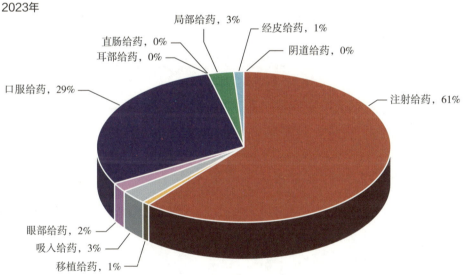

图 12　2022 年与 2023 年按给药途径划分的研发生产系统

资料来源：Pharmaprojects®，2023 年 1 月。

七、关于 Citeline

Citeline 是全球领先的数据和行业情报提供商之一。为全球市场提供商业态势、临床试验、药物开发管线的深入洞察和分析。Citeline 客户遍布全球各地，涵盖了顶级的合同研究机构（CRO）、医疗技术、生物技术以及医疗保健服务提供商。

在 Citeline，我们的全球专家团队密切跟踪并分析关键疾病、临床试验、药物批准和研发活动，将这些丰富多样的数据提供给客户。与客户合作的方式多种多样，包括数据库订阅、定制项目以及根据他们的业务需求提供定制任务。Citeline 的客户群包括了临床前生物技术公司，也涵盖了多款产品已上市并正在全球范围内开展临床试验的大型制药公司。药物开发为生命周期中各个阶段的公司提供服务，帮助他们应对从概念到产品上市过程中的复杂挑战。

第三篇

对外贸易

2022 年中国医药外贸形势分析及展望

中国医药保健品进出口商会　于盟

2022 年，面对严峻复杂的国内外形势，我国医药健康产品进出口总额为 2207.88 亿美元，同比下降 7.09%，其中出口总额为 1295.49 亿美元，同比下降 13.67%，进口总额为 912.39 亿美元，同比增长 4.19%。

新冠疫情发生以来，不同阶段防疫类产品出口的动荡起伏深刻影响着近三年我国医药外贸的总体走势。2022 年，随着疫情形势的变化，越来越多的国家宣布放松防疫政策，防疫类产品全球市场需求大幅下滑（见表 1）。其中，下降幅度较大的产品主要包括人用疫苗、诊断试剂、口罩、防护服等，剔除上述四类产品，2022 年我国医药健康类产品出口额同比增长 6.46%，进出口总额增长 5.43%，继续保持稳步发展态势。

表 1　2022 年出口降幅较大的防疫产品

商品名称	2021 年出口额（亿美元）	2022 年出口额（亿美元）	同比（%）
人用疫苗	156.4	9.93	-93.65
诊断试剂	130.93	108.8	-16.90
口罩	129.33	35.0	-72.94
防护服	21.64	10.73	-50.42

资料来源：中国医保商会根据中国海关数据统计。

一、产品结构

随着防疫产品出口的回落，西药类是回归出口额第一大产品。2022 年，西药、医疗器械、中药出口额占比分别为 49.64%、45.97%、4.39%；细分品种看，西药原料、医院诊断与治疗设备、保健康复用品为前三大类出口商品，这三大类商品合计出口 925.11 亿美元，占比 71.41%（见表 2）。

表2　2022 年中国医药保健品进出口统计

商品名称	出口额（亿美元）	同比（%）	进口额（亿美元）	同比（%）	进出口额（亿美元）	同比（%）
中药类	56.89	13.97	28.80	5.15	85.69	10.85
提取物	35.28	16.79	7.84	-18.60	43.12	8.24
中成药	3.77	23.61	4.28	18.70	8.05	20.95
中药材及饮片	14.02	3.54	6.14	13.77	20.16	6.46
保健品	3.82	22.51	10.54	20.37	14.36	20.93
西药类	643.12	-5.01	504.28	16.99	1147.39	3.55
西药原料	517.86	24.04	97.11	5.26	614.97	20.64
西成药	66.05	9.95	228.34	-4.14	294.39	-1.30
生化药	59.21	-70.32	178.84	77.78	238.05	-20.67
医疗器械类	595.49	-23.04	379.30	-9.10	974.79	-18.16
医用敷料	72.63	-58.43	6.13	-30.29	78.76	-57.08
一次性耗材	96.73	-29.86	44.90	-6.31	141.63	-23.78
医院诊断与治疗设备	306.19	-7.01	299.46	-8.56	605.65	-7.78
保健康复用品	101.06	-10.23	16.80	-13.91	117.86	-10.77
口腔设备与材料	18.88	-2.19	12.02	-11.49	30.9	-6.03
合计	1295.49	-13.67	912.39	4.19	2207.9	-7.09

资料来源：中国医保商会根据中国海关数据统计。

中药类：进出口 85.69 亿美元，同比增长 10.85%，出口 56.89 亿美元，同比增长 13.97%，进口 28.80 亿美元，同比增长 5.15%；出口额占比超 60% 的植物提取物继续高速攀升，增长 16.79%，中成药、保健品增长均超 20%，分别为 23.61%、22.51%。

西药类：进出口 1147.39 亿美元，同比增长 3.55%，出口 643.12 亿美元，同比下降 5.01%，进口 504.28 亿美元，同比增长 16.99%；西药原料、西成药出口均表现优异，创历史新高，其中西药原料出口 517.86 亿美元，大幅增长 24.04%，西成药出口 66.05 亿美元，增长 9.95%；西成药出口整体呈小幅下滑，主要由于人用疫苗出口大幅下降所致，人用疫苗出口额由 2021 年的

156.4 亿美元降至 2022 年的 9.93 亿美元，大幅下降 93.65%。

医疗器械类：进出口 974.79 亿美元，同比下降 18.16%，出口 595.49 亿美元，同比下降 23.04%，进口 379.30 亿美元，同比下降 9.1%；医疗器械中包含诊断试剂、口罩、防护服等防疫产品，其 2022 年出口额分别下降 16.9%、72.94%、50.42%，是医疗器械整体出口下降的主要因素；此外，随着全球需求增速放缓，出口额占比较大的按摩器具产品由 63.95 亿美元降至 50.73 亿美元，降幅高达 20.67%。

二、市场结构

分区域看，欧盟、美国、东盟为 2022 年我国医药健康产品前三大贸易伙伴（见表 3、表 4、表 5）。

欧盟：贸易额 707.30 亿美元，同比下降 3.39%，出口 289.52 亿美元，同比下降 10.66%，进口 417.79 美元，同比增长 2.38%。

美国：贸易额 375.32 亿美元，同比下降 10.25%，出口 213.34 亿美元，同比下降 21.21%，进口 162 亿美元，同比增长 9.86%。

东盟：贸易额 199.06 亿美元，同比下降 11.11%，出口 136.78 亿美元，同比下降 18.73%，进口 62.28 亿美元，同比增长 11.91%。

"一带一路"共建国家是我国医药健康产品重要贸易伙伴，贸易往来日益紧密。2022 年，我国与"一带一路"共建国家贸易额为 596.35 亿美元，同比下降 15.39%，全球占比为 27.01%；其中，出口 447.22 亿美元，下降 20.54%，进口 149.14 亿美元，增长 5.03%。

2023 年 1 月 1 日，《区域全面经济伙伴关系协定》（RCEP）正式生效实施一周年。2022 年，我国医药健康产品对 RCEP 其他 14 个成员国进出口额为 445.18 亿美元，同比下降 2.06%；其中，出口 292.45 亿美元，下降 6.3%，进口 152.73 亿美元，增长 7.25%。

表3　2022年我国医药健康产品前10大贸易市场

国家/地区	贸易额（亿美元）	占比（%）	同比（%）
美国	375.32	17	−10.25
德国	231.63	10.49	−9.98
日本	135.59	6.14	3.20
印度	100.64	4.56	0.82
爱尔兰	93.72	4.24	20.23
法国	72.16	3.27	−0.57
韩国	61.28	2.78	−3.53
英国	60.57	2.74	−35.22
荷兰	57.71	2.61	−3.92
瑞士	56.62	2.56	17.72

资料来源：中国医保商会根据中国海关数据统计。

表4　2022年我国医药健康产品前10大出口市场

国家/地区	出口额（亿美元）	占比（%）	同比（%）
美国	213.34	16.47	−21.21
印度	86.73	6.69	2.36
德国	78.04	6.02	−24.53
日本	71.31	5.50	−0.16
中国香港	48.83	3.77	30.37
韩国	45.80	3.54	0.1
巴西	40.75	3.15	0.67
荷兰	40.65	3.14	−6.95
英国	34.03	2.63	−48.7
澳大利亚	33.36	2.58	44.65

资料来源：中国医保商会根据中国海关数据统计。

表5　2022年我国医药健康产品前10大进口市场

国家/地区	进口额（亿美元）	占比（%）	同比（%）
美国	161.99	17.75	9.86
德国	153.59	16.83	−0.19
爱尔兰	84.78	9.29	20.3

国家/地区	进口额（亿美元）	占比（%）	同比（%）
日本	64.28	7.05	7.19
法国	44.39	4.87	3.35
瑞士	43.02	4.72	14.36
意大利	29.53	3.24	−1.92
丹麦	26.95	2.95	−7.66
英国	26.53	2.91	−2.29
墨西哥	23.34	2.56	5.53

资料来源：中国医保商会根据中国海关数据统计。

三、2023年展望

当前，世界经济衰退风险上升，外需增长显著放缓，国际供应链格局加速重构，外贸发展环境极其严峻。"我国外贸领域的主要矛盾，从去年的供应链受阻、履约能力不足，已经转变为当前的外需走弱、订单下降。"医药外贸领域将同样受到复杂外部环境的影响，同时迎来全球多国本地化生产下更加激烈的市场竞争。挑战与机遇相伴而生，展望新的一年，医药外贸发展机遇主要体现在以下几个方面。

（一）国际交往畅通为复苏增长带来活力

2023年，因疫情影响赴海外开拓市场频频受限的掣肘将得到极大改观，这为企业稳定客户和抢夺市场提供了最大利好。开年以来，海外医疗健康展会备受中国企业青睐，各地政府密集包机组织多批企业赴欧洲、美洲、东南亚等地参展，包括医保商会在内的各地商会、协会也纷纷行动，助力企业出国商务交流。"千封邮件不如一次见面"，国家间交往的顺畅为医药外贸更好发展注入强心剂。此外，国外监管机构人员来华进行现场检查、审核更加便利，在国内举办的国际化展会如CPHI中国展、广交会等纷纷恢复举办，这些利好因素也将促进医药外贸更好发展。

（二）政策体系完善激发贸易主体创造力

在产业领域，党的二十大报告为新时期医药行业发展指明了方向；《"十四五"医药工业发展规划》明确提出，"国际化发展全面提速"是重要发展目标之一，为我国医药产业国际化发展提供了纲领；我国医药监管国际化也在不断深入，2017 年国家药监局加入国际人用药品注册技术协调会（ICH）并成为管委会会员；2021 年 9 月，国家药监局又启动药品检查合作计划（PIC/S）预加入申请；2022 年 8 月，世界卫生组织（WHO）宣布中国通过疫苗国家监管体系（NRA）评估，这些都将促进中国医药产业进一步与国际接轨，提升国际化发展水平。

在外贸领域，2022 年 5 月国务院办公厅发布了《关于推动外贸保稳提质的意见》，部署四方面十三项举措，让企业有订单、运得出、赚到钱，为我国医药外贸稳住存量、提振增量提供了更多助力；去年第四季度，商务部等六部门专门出台了畅通外贸企业抓订单渠道的政策举措，各地都积极支持外贸企业"抱团出海"；2023 年 3 日，十三届全国人大常委会第十八次会议对《对外贸易法》进行修订，取消了对外贸易经营者备案登记手续，实质是赋予所有的市场主体外贸经营权，外贸经营管理领域迎来重大改革。

（三）"一带一路"倡议 10 年"再出发"

2023 年是共建"一带一路"倡议提出 10 周年。十年来，随着朋友圈的逐步扩大，中国与共建"一带一路"国家不断完善多双边及区域合作机制，着力深化双边经贸合作，医药贸易稳步发展。"一带一路"共建国家以新兴市场为主，有着庞大的人口基数和市场容量，制药工业基础相对薄弱，这为医疗卫生领域的合作提供了诸多机会。

不少医药企业已在"一带一路"市场耕耘多年且取得了优异成绩：2019—2021 年，华北制药有销售覆盖的"一带一路"共建国家达 32 个，取得注册证书 328 个，生物制剂促红细胞生成素（EPO）成功进入印尼市场，强势品种抗生素和维生素在非洲市场需求巨大而迫切，非洲成为华药覆盖度最高、产品注册最多的地区；绿叶制药凭借中枢神经药物思瑞康及其缓释片，实现了在拉丁美洲、非洲、东欧等高潜新兴市场的商业覆盖；君实药业授予 Hikma 公司特瑞普利单抗注射液在约旦、沙特阿拉伯、阿联酋、卡塔尔、摩洛哥、埃及等中东和北非地区共 20 个国家开发和商业化的独占许可，将国产创新药布局至新兴市场；东软医疗在"一带一路"市场全面开花，为沿线国家提供全面医疗诊断服务，如扎根中东北非十余年，在迪拜设立子公司，提供数百台大型医疗设备，服务遍及阿尔及利亚、摩洛哥、埃及、阿联酋等周边 10 余个国家。

未来，"一带一路"共建国家将继续成为中国药企的重点开拓市场，特别是在中国创新药械"走出去"的过程中，将扮演越来越重要的角色。

（四）RCEP 红利持续释放

2023 年是 RCEP 实施的第二年，关税减免、贸易便利化、区域营商环境都将继续改善。

在政策制度方面，商务部门已表示将继续做好高质量实施 RCEP 的各项工作，推动协定红利持续释放，充分发挥 RCEP 在稳外贸稳外资、促进产业链供应链合作、推动高质量发展等方面的积极作用。与 RCEP 各成员一道，继续推动协定对所有签署国全面生效，加强 RCEP 机制建设，为 RCEP 行稳致远提供有力保障。

此外，受 RCEP 实施等利好因素影响，2022 年不少药企代表性项目纷纷启动：如康希诺、沃森生物、苏州艾博生物与印度尼西亚生物制药公司 PT Etana Biotechnologies Indonesia 签署协议开展结核病疫苗、脑膜炎疫苗、HPV2 疫苗和 mRNA 疗法研发等创新疫苗产品联合开发与商业化合作；药明康德计划在新加坡投资 14.3 亿美元建立研发和生产基地，拓展其在海外的 CRDMO（合同研究、开发与生产）和 CTDMO（合同测试、研发和生产）业务模式；科兴集团在新加坡投资 100 亿元，开设实验室并与当地合作研究新型病原体以及研究解决方案等多个项目。

中药进出口稳步推进，前景广阔

中国医药保健品进出口商会　李辉　柳燕

疫情在改变人们生活方式的同时，也推动着全球健康意识的不断提升，中药类产品不仅在国内市场大放异彩，在海外市场也同样受到青睐。植物提取物、中药材及饮片、中成药、保健品等产品在进出口方面均保持较好的增长势头。

2022年，世界经济衰退风险上升，外需增长显著放缓，国际供应链格局加速重构，全球化发展向区域化发展转变趋势明显，后疫情时代，中医药国际交流与合作发展将迎来新的挑战。

2022年，我国中药进出口延续2021年势头，继续保持两位数增长，外贸总额达85.7亿美元，同比增长10.7%。其中，出口额为56.9亿美元，同比增长13.8%；进口额为28.8亿美元，同比增长5.1%。

一、2013—2022年中药进出口趋势回顾

自2001年11月我国正式加入世界贸易组织（WTO）以来，已过20余年。全球化市场机遇，促进了我国医药健康产业快速发展，更为其国际化发展带来了诸多机遇。中药在我国医药类出口中所占比例目前虽然较少，但一直呈现良好增长势头。

据海关数据统计，2013—2022年十年间，我国中药进出口市场保持平稳快速发展，进出口总额从2013年的42.2亿美元上升至2022年的85.7亿美元，复合年增长率8.2%。其中，出口额从2013年的31.4亿美元上升至2022年的56.9亿美元，复合年增长率6.8%；进口额从2013年的10.8亿美元上升至2022年的28.8亿美元，复合年增长率11.5%。

我国中药出口仍以原料性产品为主导，所占比例超过 80%，2013 年原料性产品出口占比 83.6%；2022 年，占比达到 87%。进口方面，原料性产品与制成品各占半壁江山，2013—2022 年期间，我国中药原料性产品进口比例在 55%上下浮动。

图 1　2013—2022 年中药进出口统计

资料来源：中国医保商会根据中国海关数据统计。

在我国医药外贸统计中，中成药和中药材及饮片是我国传统中药产品，植物提取物则是 20 世纪 80 年代兴起，按照商品用途分类，中成药属于制成品，植物提取物属于原料性产品，中药材及饮片中大部分属于原料性产品。

二、2022年中药类商品进出口概况

（一）疫情常态化时代，植物提取物出口放量增长

植物提取物一直以来都是中药类出口的大品种，基本保持较高出口增速。其涉及的提取物品种已不仅仅是 20 年前的中药提取物简单概念，目前的植物提取物外延更为广泛，在药品、膳食营养补充剂、食品等多个领域都有所应用。

从历史数据来看，植物提取物出口金额稳步增长，疫情以来一直保持两位数增长。2019年、2020年、2021年三年植物提取物的出口额分别是23.6亿美元、24.4亿美元和30.3亿美元。2022年，我国植物提取物出口10.7万吨，同比增长2.0%，出口总额35.3亿美元，同比增长16.5%（见图2）。

从出口市场看，欧洲、南美洲市场稳步发展，增速分别为9.3%和6.1%；大洋洲和亚洲市场延续2021年趋势增长依旧迅速，增速分别为23.7%和38.4%；北美洲市场首现预势，同比增长-8.6%，非洲市场连续两年呈负增长趋势。

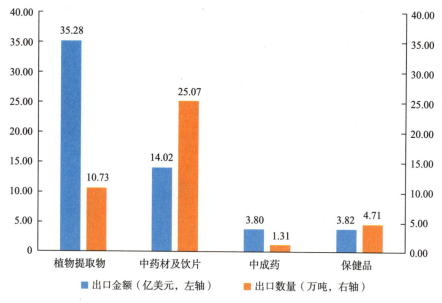

图2　2022年中药类商品出口分类统计

资料来源：中国医保商会根据中国海关数据统计。

2022年，植物提取物出口品种变化不大，其出口额合计占中药类商品总出口额50%以上，出口前10位的产品与以往相比变化不大。伴随疫情常态化，健康饮食、治未病的观念更加深入人心，终端膳食营养补充剂的销售增长拉动植物提取物的出口放量，天然代糖、天然膳食纤维、替代蛋白等品类的新产品受到越来越多的市场关注。

（二）中药材及饮片出口稳中有进

2022 年，我国向 114 个国家和地区出口中药材 25.1 万吨，同比增长 7.8%，出口总额 14.0 亿美元，同比增长 3.6%，出口均价为 5.58 美元/千克，同比下降 4%，出口均价下降与国内部分药材产能过剩和国际运费回落等因素紧密相关。总体来看，2022 年，我国中药材出口量增加，出口额基本稳定。中药材出口保持在中药产品整体的 20% 左右。

由于不同国家文化和医药政策的差异，我国的中药材出口后，仅在少数国家和地区作为传统药原料使用（如日本、韩国、中国香港、中国台湾等），在大多数国家和地区，中药材更多地被作为普通食品或膳食补充剂使用。所以，我国出口的中药材多数是药食两用的滋补性品种。2022 年，我国出口中药材前十大品种（以出口金额计）为肉桂、枸杞、人参、茯苓、当归、黄芪、冬虫夏草、半夏、罂粟子、鹿茸。

（三）中成药出口表现抢眼

中成药在中药产品整体出口额中占比不高，出口比例常年维持在 7% 左右，相对于原料类产品仍处于弱势地位。2022 年，中成药出口额为 3.8 亿美元，同比增长 23.8%，出口量为 1.31 万吨，同比增长 12.6%（见图 2）。疫情以来，中药海外注册的步伐加快，也带动中成药的海外出口节节攀升。

分市场看，中国香港表现突出，2022 年出口至中国香港的中成药达 1.7 亿美元，同比增长 36.9%，这与年初中国香港疫情严重，将中药配方颗粒、中成药在中国香港使用，进行支援抗疫有一定关系。中成药第二大出口市场马来西亚也显现出旺盛的需求，近两年尤为突出。2021 年，出口至马来西亚的中成药达 2274 万美元，较 2020 年增长 196%；2022 年，出口至马来西亚的中成药达 5422 万美元，同比增长 138%，体现出中马双方在中药领域开展的长期合作在促进中药"走出去"取得的成效。2022 年 3 月，中国与马来西亚举行《传统医学领域合作的谅解备忘录》续签仪式，中马双方将继续加强和促进两国在中医药执业、教育、培训和研究的合作。

（四）保健品出口势头强劲

目前，保健品在海关统计系统中比较特殊，主要包括鱼油及鱼肝油类、蜂产品类以及燕窝，维生素及矿物类制剂产品并未统计在内，另外不少保健品是以食品的形式出口，也未纳入保健品项下，本文中有关保健品贸易的数据为不完全统计。

2022年，保健品出口额为3.8亿美元，同比增长22.5%（见图2）。其中，鱼油及鱼肝油类产品增长强劲，出口额为2.7亿美元，同比增长36.7%；蜂产品类略有下降，出口额为1.1亿美元，同比下降3.2%，除蜂蜡有所增长外，蜂王浆及蜂蜜、蜂花粉类出口额同比均呈下降趋势。

（五）进口稳步增长

疫情常态化后，海外供给恢复，2021年中药类商品进口强势反弹，全年进口金额为27.4亿美元，较2020年上涨24.1%；2022年，全年进口金额为28.8亿美元，较2021年上涨5.1%。

细分领域来看（见图3），2022年植物提取物进口7.8亿美元，同比下降12.5%。进口植物提取物中，精油类原料占植物提取物的63%，由于精油产品的特殊性，进出口往往有大小年之分，因此对植物提取物的整体增长变动影响较大。2022年，精油类产品进口金额为4.9亿美元，同比下降23.8%，是2022年植物提取物进口金额整体下降的主要原因。如果除去精油类的影响，2022年，植物提取物（不含精油）进口额为2.9亿美元，同比下降7.8%，进口数量3.1万吨，同比下降仅0.1%。可以看出，2022年，植物提取物（不含精油）的国内市场需求变化不大，进口价格的下调是导致进口金额回调的主要原因。

我国常见的进口药材品种约110种，进口药材品种和产地相对稳定。我国每年从全球约70个国家和地区进口药材，这些国家和地区多数位于亚洲，从亚洲进口药材的数量占我国进口药材总量的90%以上。2022年，中药材及饮片进口额6.14亿美元，同比增长13.8%。其中，进口中药材前十大品种

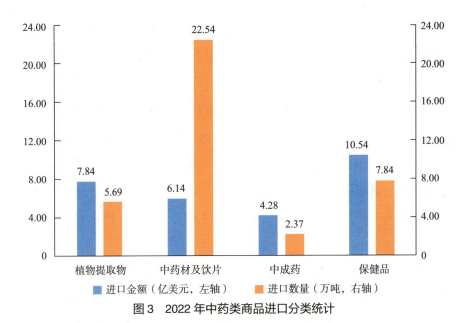

图3　2022年中药类商品进口分类统计

资料来源：中国医保商会根据中国海关数据统计。

（以进口金额计）为西洋参、鹿茸、人参、姜黄、番红花、甘草、丁香、血竭、乳香、没药，前十品种进口额占我国药材进口总额的36%。2022年，我国进口药材的前十大货源国（以进口金额计）为印度尼西亚、缅甸、加拿大、新西兰、韩国、印度、泰国、越南、俄罗斯、美国，占我国中药材进口总数量的85%，占进口总金额的87%。

2022年，中成药进口4.3亿美元，同比增长18.7%。前两大进口市场（中国香港、德国）的进口额占全球份额的85%。进口市场表现良好是带动中成药进口的主要原因。中国香港的进口额为2.2亿美元，同比增长9.8%，德国的进口额1.5亿美元，同比增长41.7%。

在国家扩大进口政策的引导下，近几年，保健品进口业绩亮眼，连续保持较高的进口增速。2022年保健品进口额为10.5亿美元，同比增长20.2%。其中，燕窝依旧是最受欢迎的保健品，2022年其进口额为6.5亿美元，同比增长20.0%，但是燕窝的进口均价下滑达13.5%，进口额的增长是以价换量带来的结果。根据历年来的燕窝进口数据分析，燕窝进口总量已有超过国内市场需求的迹象。从目前的情况看，2023年，燕窝进口可能会有较大的下调空间。

三、新冠疫情加速中药产品海外推广步伐

目前，中医药已传播至196个国家和地区，29个国家和地区设立了传统医学法律法规；我国与43个外国政府、地区和国际组织签署了中医药合作协议，被纳入16个中外自贸协定中。目前，中药以膳食补充剂或健康食品的身份进入海外主流市场更为容易。如在澳大利亚市场，经粗略统计，以补充药物身份注册的中药品种超过100个；在美国市场，以膳食补充剂身份注册的中药产品也近百个。

随着中医理念的传播，以药品身份进入全球市场的产品日渐增多，但主流欧美市场的药品注册数目依旧有限。地奥心血康胶囊是首个在欧盟以传统草药的身份注册成功的中药；逍遥片是国内首例通过欧盟传统植物药注册的复方中药品种；另有丹参胶囊、板蓝根颗粒、愈风宁心片以欧盟传统草药的身份注册成功；抗病毒口服液、胆宁片、乐脉颗粒以天然药品身份注册成功。美国市场方面，复方丹参滴丸、穿心莲提取物、扶正化瘀片、桂枝茯苓胶囊、杏灵颗粒、威麦宁胶囊、康莱特注射液和康莱特软胶囊、连花清瘟胶囊等虽向美国食品药品监督管理局（FDA）提交申请，但基本都处于不同的临床试验阶段。

三年的新冠疫情，对于中药产品海外拓展是一个很好的机遇。如：佛慈制药的藿香正气丸、防风通圣丸、小柴胡汤丸收到乌兹别克斯坦卫生部颁发的药品注册证书；步长制药的宣肺败毒颗粒，先后在加拿大、乌兹别克斯坦和哈萨克斯坦等国卫生部成功注册并获准上市销售；广东一方的化湿败毒颗粒先后获得阿联酋植物药紧急产品标准注册、柬埔寨卫生部药品注册证书等；以岭药业的连花清瘟胶囊更是在巴西、印度尼西亚、加拿大、莫桑比克、罗马尼亚、泰国、厄瓜多尔、新加坡、老挝、吉尔吉斯斯坦、菲律宾、科威特、毛里求斯、乌干达、俄罗斯等国家和地区分别以"中成药""药品""植物药""天然健康产品""食品补充剂""现代植物药""天然药物"等身份注册获得上市许可。这些企业和产品的成功注册，给所有中药企业以极大的信心和

鼓励。

注册只是万里长征的起点，真正做到开拓海外市场，形成规模销售还需要很长的时间。以和黄药业的胆宁片为例，虽然在 2016 年获得了加拿大天然药品上市许可证，但用了几年时间才完成了加拿大境外生产场地认证工作，直到 2022 年与加拿大落地进口商签订销售协议，才正式开始批量出口销售。

四、中药外贸展望

2022 年，我国中药类商品外贸虽然保持较平稳的增长态势，中药海外注册也取得了不错的成绩。但是，中药海外注册转化销售的发展之路还需要时间的沉淀，短期内难以引领中药对外贸易快速增长。加之国际政治经济局势云谲波诡，全球化产业链格局向区域化产业链格局转化，2023 年中药外贸将迎来更严峻的挑战。

（一）上海合作组织朋友圈扩大，促进各国传统药交流互鉴

2022 年 9 月 16 日，上海合作组织成员国元首理事会第二十二次会议在撒马尔罕举行，会上签署了关于伊朗加入上合组织义务的备忘录，启动接收白俄罗斯为成员国的程序，批准埃及、沙特、卡塔尔、巴林、马尔代夫、阿联酋、科威特、缅甸为新的对话伙伴。上合组织的大家庭也在不断扩容，为上合组织间开展更广泛的交流合作提供平台。中国已在多个上合组织相关国家建立了海外中医药中心，推动中医药服务贸易和货物贸易协同发展。2022 年，我国同上合组织相关国家的中药外贸总额达 8.2 亿美元，约占我国中药外贸的 10%。

近年来，中国与上合组织相关国家在传统医学领域开展了广泛的、密切的交流与合作。2022 年 9 月成立的上合组织传统医药产业联盟，是在上合组织框架下成立的非政府、非营利性、开放性的合作交流平台。联盟的工作内容以助力传统医药企业深化全球产业链合作为基础，通过加强产、学、研、医等多层面的交流、互动、合作，进一步推进上合组织国家间传统医学交流

互鉴和传统医药产业发展。首批联盟成员机构 50 个，包括来自上合组织相关国家的 11 个行业组织、5 个科研院所、3 个医院、5 所大学、26 个龙头企业。

（二）抓住《区域全面经济伙伴关系协定》机遇，实现共享共赢

2022 年 1 月 1 日，《区域全面经济伙伴关系协定》（RCEP）正式生效，文莱、柬埔寨、老挝、新加坡、泰国、越南 6 个东盟成员国和中国、日本、新西兰、澳大利亚 4 个非东盟成员国正式开始实施协定。2 月 1 日，在韩国生效实施；3 月 18 日，在马来西亚生效实施；5 月 1 日，在中国与缅甸之间生效实施；2023 年 1 月 2 日在印度尼西亚生效实施，RCEP 区域已成为全球体量最大的自由贸易区。

RCEP 区域是我国中药材及饮片和中成药重要的进出口贸易伙伴集中地。RCEP 的实施将显著提升东亚区域经济一体化水平，促进区域产业链、供应链和价值链融合，有效地促进中药贸易往来和交流合作。

2022 年，我国对 RECP 伙伴国中药类进出口贸易总额为 33.6 亿美元，同比增长 17.0%，其中出口额为 20.2 亿美元，同比增长 17.3%，出口中药类产品 16.0 万吨，同比增长 5.0%；进口中药类产品 13.4 亿美元，同比增长 16.6%，进口中药类产品 18.3 万吨，同比增长 76.0%。

以马来西亚为例，马来西亚药用动植物资源约 800 种，其中药用植物资源 700 多种，如忧遁草、猫须草、黑面将军、东革阿里、石斛等。但是，目前中国允许从马来西亚进口的中药材仅 11 种，且多为植物源中药材，包括荜茇、槟榔、丁香、豆蔻、莪术、胡椒、姜（生姜、干姜）、鲜或干的沉香、鲜或干的菊花、鲜或干的木香、血竭。从中药材种类上看，进口品种数目较少，未能有效开发利用马来西亚丰富的药用植物资源，即使是马来西亚国宝级药材东革阿里，也尚未引入国内市场。RCEP 实施后，中马双方在中药贸易往来业务将更加密切，未来中马进出口中药材品种类别和规模都将进一步扩大，充分实现中马中药资源共享。相信随着双方合作交流的日趋深化，中马两国将形成新型密切传统医学交流合作关系，推动传统医学在两国的传承创新发展与应用。

（三）"一带一路"倡议推动沿线地区中医药海外发展

中医药是古代丝绸之路上重要的中国元素，隋唐时期我国就开始向世界输出针灸、中医、中药等，并从其他国家带回来南药、阿拉伯医学等，中医药成为我国与丝绸之路上人文交流的重要组成部分。2013 年，"一带一路"倡议提出来后，这一作用再次凸显，中医药也得到了"一带一路"共建国家民众的广泛认可；疾病无国界，医疗无国界，疾病谱的改变也在倒逼中医药"走出去"，心血管疾病、肿瘤、糖尿病等慢性疾病成为各国沉重的医疗负担，中医药学已形成从养生、治未病、早期干预，到辨证论治、扶正祛邪等整体的理论体系和丰富的防病治病方法技术，在防治慢病井喷，延缓慢病发展方面具有很好的疗效，可以辅助解决部分医学问题。

2015 年，"一带一路"倡议初始响应国家共 65 个。到 2023 年 1 月，中国已经同 151 个国家和 32 个国际组织签署了 200 余份共建"一带一路"战略合作文件。"一带一路"朋友圈将进一步扩大。

从海关数据上看，2015 年，我国同"一带一路"倡议初始 65 国的中药进出口总额为 12.5 亿美元，占当年我国同全球中药外贸总量的 5.3%。其中，出口额为 9.5 亿美元，同比增长 12.4%；进口额为 3.01 亿美元，同比增长 1.0%。2022 年，我国同"一带一路" 151 国的中药进出口总额为 35.5 亿美元，占当年我国同全球中药外贸总量的 41.4%。其中，出口额为 19.4 亿美元，同比增长 16.7%；进口额为 16.1 亿美元，同比增长 18.8%。

"一带一路"倡议的实施，在关税、投资等方面提供了优惠政策，对我国中药"走出去""引进来"提供了更多助力。相信随着"一带一路"朋友圈的进一步扩大，中医药的海外发展将越发顺畅。

五、后疫情时代中医药国际交流与合作发展建议

2022 年，随着《"十四五"中医药发展规划》出台，中医药文化正在进一步深入千家万户、走向世界各地。实现中医药高质量海外发展，必须秉持

现代化思维和国际化理念，在稳固自身体系根基的同时，加大中医药产学研一体化推进，构建既适应时代又符合中医药特点规律的国家综合发展体系。党的二十大为中医药产业发展指明了方向，中医药通过全程深度参与新冠疫情防控并取得了显著成效，彰显了中医药的优势和力量。但同时也应看到，虽然从国内到国际中医药的应用越来越多，但总体看，我们对中医药文化和基础理论的研究还相对比较薄弱，促进中医药理论与临床实践应用相结合的水平也有待提高。

加快推进中医药现代化产业化就是要加强中医药体系建设，统筹整合资源，布局推进并尽快完善建立适合中医药特点规律的发展体系，包括制度建设、产业发展、科研创新和临床应用，科学诠释中医药的整体医学理念，特别是在疫情形势下将中医药所承载的理念思想文化精髓和实际临床应用成效全面阐述给国际市场。那么如何高效推动中医药现代化海外发展，我们认为应重视以下几个方面。

（一）中药材高质量发展是中医药产业化发展的基础

产业是推动国际交流合作中不可或缺的重要组成部分，是企业发展的立足之本，而高质量的中药材是中医药产业化发展中的关键因素。目前我国中药材产业在种植采收、炮制加工、市场销售、产品溯源的一体化全链条管理中已有长足进展，但在对接国际市场时尚存在一定的不协调性和不统一性。因此，严格规范产品标准，建立覆盖全链条全周期的质量管理体系，有利于促进中医药在推动中华优秀传统文化创造性转化、创新性发展中更好地发挥标杆作用。

（二）秉持国际理念，遵循国际规则

中药若想真正"走出去"，获得更大的影响力，并实现经济效益，就目前来看，仍需遵循以循证医学为导向的西方主流市场规则，师夷长技以制夷。通过膳食补充剂、传统植物药、非处方药、处方药等多种形式注册上市，再通过自建销售渠道或与当地的经销商合作形式推广销售。秉持国际理念，遵

循国际规则，站稳脚跟，打出品牌，有利于中药的长远发展。

（三）建立自己的朋友圈，推动中医药海外发展

承载厚重中华文化的中医药得到国际越来越多的认同，这给基于天然本源的中医药带来了机遇。中医药海外发展需要建立自己的朋友圈，利用好上海合作组织、"一带一路"倡议、区域全面经济伙伴关系协定，讲好中国故事，将中医药的理念和产品推广开来，进而推动中医药的海外发展。

（四）综合兼顾各方面因素，实现"本土化"

中医药"走出去"应该充分与所在国的文化、当地传统医药相融合。尊重不同国别的传统理念，寻求共识，让当地政府及民众了解、认知、接受中医药文化。在发展文化"本土化"的同时推动产业"本土化"，利用当地资源，当地劳动力，本土生产，本土使用。

1. 建立中医药海外商业存在

当前的中成药产品销售模式更多的是依托华侨代理商，市场开拓主动性几乎丧失。中药在"一带一路"共建国家的发展，不能仅限于药品销售渠道，应根据目标市场及产品自身特性，灵活确定产品的应用范围。建立海外自有流通渠道是个漫长而艰巨的任务，投入大，产出慢。但随着渠道的不断完善，后续市场回馈将呈指数级增长。对于想进入市场的中国企业，首先要选择合适的合作伙伴，要有充分的耐心与合作伙伴培养良好的关系；其次在申请通过认证的基础上，尤其要保持产品的质量和供应的稳定性，否则难以在市场持久立足。

2. 建立中药海外基地（园区）

应鼓励企业通过收购、兼并重组、联合投资等方式，在海外建立中药生产加工基地或园区。以海外基地（园区）为依托，进而建立自有海外流通渠道。通过海外投资、产业落地的方式，企业可以取得当地政府支持。通过聘用当地员工，与当地文化、经济模式相适应，企业可以更便捷地对接海外市场已有的成熟市场渠道。

西药类产品外贸形势分析与展望

中国医药保健品进出口商会　石天放

2022 年，我国原料药进出口保持良好增长，西药制剂出口相对稳定，进口略有下降，生化药则表现出出口需求下跌、进口增长的态势，与抗疫相关的药品出口或增速放缓、或继续下跌。

面对复杂的经贸形势，中国政府不断加大改革力度，医药企业也在变局中谋求新发展。国家药监局提出，2023 年要全力推进《药品管理法实施条例》的修订，一系列稳外贸稳外资措施出台落地，行业规范程度不断提高，转型升级进程不断加速。2023 年，外部环境仍然严峻，面对监管与市场的多重压力，在全球经济复苏、研发创新回暖等多个增长点的带动下，经受疫情考验的西药产品高质量"走出去"不仅是行业的必然选择，更是监管政策与市场调节的必然结果。

一、2022年我国西药类产品外贸运行情况

根据海关数据统计，2022 年我国包含原料药、西药制剂和生化药品等三大品类的西药产品进出口总额为 1147.39 亿美元，同比增长 3.55%。其中，出口额为 643.11 亿美元，同比下降 5.01%；进口额为 504.28 亿美元，同比增长 16.99%；出口贸易顺差为 138.83 亿美元，较 2021 年略有下降。

从贸易方式来看，2022 年我国西药类产品一般贸易出口占整体出口额的 86.65%，同比下降 6.68%；一般贸易进口占比则为 37.64%，同比下降 5.8%。海关特殊监管区域物流货物进出口贸易明显加快，出口方面占比 3.67%，同比增长 101.93%；进口方面占比为 49.24%，同比增长 42.49%。可以看出，我国西药出口仍以一般贸易为主，而海关特殊监管区域货物贸易

方式迅速发展，已占据西药进口贸易的"半壁江山"。

分季度来看，2022年一季度和二季度我国西药类产品出口分别同比增长24.60%和11.79%，三季度开始出口出现下跌，四季度出口额同比下降27.42%，造成全年出口同比2021年整体略有下降（见图1）。

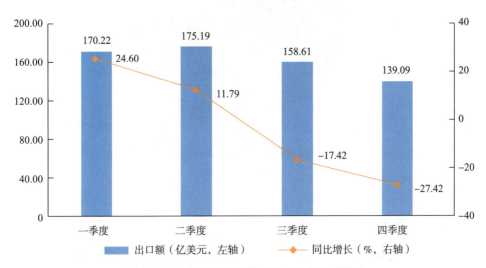

图1 2022年我国西药类产品分季度出口情况

资料来源：中国医保商会根据中国海关数据统计。

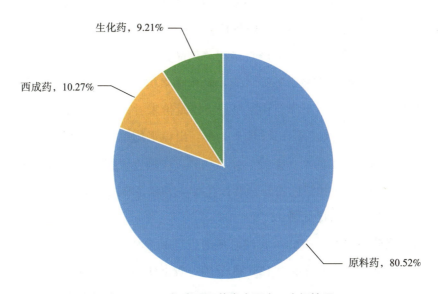

图2 2022年我国西药类产品出口市场情况

资料来源：中国医保商会根据中国海关数据统计。

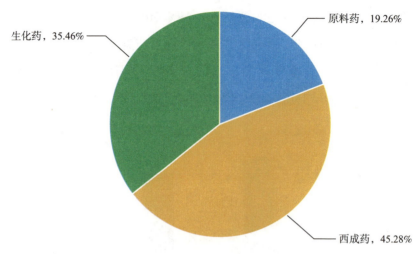

图3　2022年我国西药类产品进口市场情况

资料来源：中国医保商会根据中国海关数据统计。

（一）原料药

单价驱动原料药出口持续增长。作为多年位列全球最大的原料药生产和出口国，2022年我国原料药出口额为517.86亿美元，占比超过西药类产品的80%，同比增长24.04%。其中，非抗疫类原料药如消化类增幅为7.3%，氨基酸类、心血管类、麻醉类出口增幅均在20%左右，中枢神经类出口增幅超过60%，出口增长良好。与抗疫直接相关的品类如激素类、解热镇痛类增幅分别为12.47%和22.12%，呼吸系统及除青霉素类、头孢菌素类和大环内酯类外的激素类出现出口下降。从原料药出口量价来看，2022年全年我国共出口原料药1193.98万吨，同比增长8.74%，出口平均单价同比增长35.79%，维持了疫情以来平稳的增长态势。分市场看，印度、美国稳居我国原料药出口的两大市场，对其出口同比分别增长7.54%和8.74%。2022年我国原料药出口全球市场份额占比见图4。

原料药进口方面，2022年我国原料药进口额为97.11亿美元，同比增长5.26%；全年原料药进口量为123.88万吨，较上年同比下降9.73%，呈现出"量价倒挂"的态势，提示我国原料药产业升级，下游制剂研发与生产正朝更高水平、更高质量的方向发展，对高端原料药的进口需求在不断攀升，同时

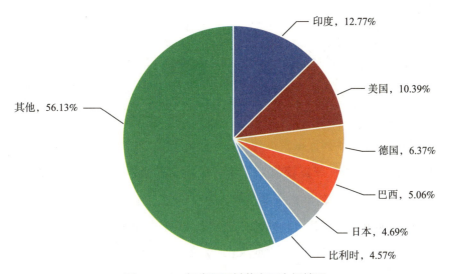

图4 2022年我国原料药出口市场情况

资料来源：中国医保商会根据中国海关数据统计。

也考虑存在受疫情影响原材料、运输及配套成本增加等因素影响。分市场看，爱尔兰、印度为我国原料药进口的两大市场，进口额分别同比增长20.24%和9.74%。2022年我国原料药进口全球市场份额占比见图5。

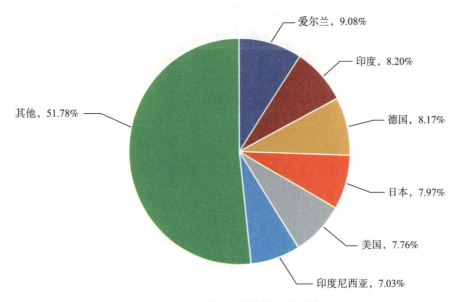

图5 2022年我国原料药进口市场情况

资料来源：中国医保商会根据中国海关数据统计。

（二）西药制剂

2022 年我国西药制剂出口额为 66.05 亿美元，同比增长 9.95%，出口数量同比增长 8.57%，出口均价同比上涨 1.57%。其中，除维生素类药品出口下降 1.61% 外，其余品类均保持同比增长的态势，包含胰岛素、皮质甾类激素在内的激素类药品和青霉素类药品出口增速超过 20%。但胰岛素类制剂出口同比增长 20.77%，涨幅较 2021 年稍小，而与抗疫直接相关的皮质甾类激素出口延续了 2021 年的同比下降趋势。分市场看，美国、法国为我国西药制剂出口的两大市场，对其出口同比分别增长 18.01% 和 75.83%。2022 年我国西药制剂出口全球市场份额占比见图 6。

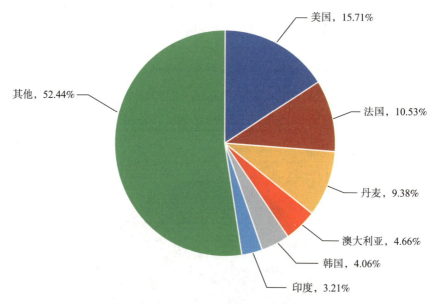

图 6　2022 年我国西药制剂出口市场情况

资料来源：中国医保商会根据中国海关数据统计。

进口方面，2022 年我国西药制剂进口额为 228.34 亿美元，同比下降 4.14%。其中，除抗感染类药品外，各类西药制剂进口均呈现下降趋势，头孢菌素类药品进口下降 34.04%，青霉素类药品进口降幅超过 40%。分市场看，德国和法国为我国西药制剂进口的两大市场，分别同比下降 7.14% 和增长 4.49%。2022 年我国西药制剂进口全球市场份额占比见图 7。

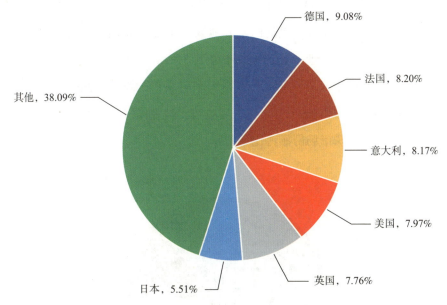

图 7 2022 年我国西药制剂进口市场情况

资料来源：中国医保商会根据中国海关数据统计。

值得注意的是，我国对非洲、东盟、拉美地区的西药制剂出口额占全球出口市场的份额分别为 11.13%、8.28%、8.26%，且均呈同比增长的态势，显示我国西药制剂行业的转型升级效果显著，企业国际化步伐日益加快。除近年来逐步成熟的中美、中欧双报布局外，海外新兴市场对我国西药制剂的需求也在进一步扩大。对美国、法国等发达国家的西药制剂出口尽管增长，但并非意味着我国制剂行业已完全跻身全球领先位置，实际上我国对规范市场的出口仍以外资企业在华生产或委托生产为主。

（三）生化药

我国生化药出口方面与西药制剂部分平分秋色，2022 年生化药品出口额为 59.21 亿美元，同比下降 70.32%。其中，肝素及其盐作为主要出口产品，出口额达 15.69 亿美元，占比 26.5%，出口同比下降 1.8%。人用疫苗 2022 年出口额为 9.93 亿美元，同比下降 93.66%；酶及辅酶类产品出口额为 8.19

亿美元，同比下降5.53%。蛋白质类产品出口额为10.83亿美元，同比增长19.49%。分市场看，2021年我国生化药受新冠疫苗出口需求暴涨驱动，出口市场主要为东南亚、拉美非发达国家或地区。2022年我国生化药品出口前两大市场为美国和中国香港，分别同比下降6.3%和增长8.14%。对于2021年生化药前三大市场印度尼西亚、巴基斯坦和阿联酋的出口，则分别同比下降了91.58%、96.13%和90.81%，与人用疫苗出口整体降幅基本一致。2022年我国生化药出口全球市场份额占比见图8。

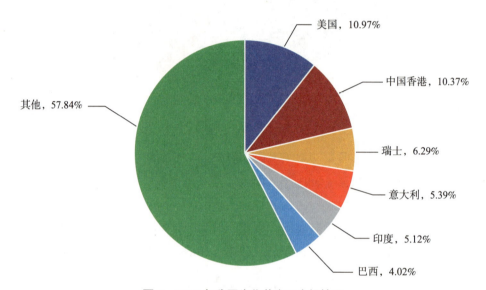

图8　2022年我国生化药出口市场情况

资料来源：中国医保商会根据中国海关数据统计。

进口方面，2022年我国生化药进口额为178.84亿美元，同比增长77.78%。其中，人用疫苗进口额为39.35亿美元，同比增长11.24%。分市场看，爱尔兰为我国生化药进口第一大市场，其次则为美国、德国。爱尔兰在全球生物医药经济领域占据重要部分，我国进口爱尔兰生化药品多年来一直稳居市场份额第一的位置。长期的高水平科技投入、充足的从业人才、优惠的税收政策、稳定的监管体系、畅通的生产供应链都是爱尔兰制药行业水平位列世界一流的重要因素。全球前10家跨国制药公司都在爱尔兰设有生产基地或研发中心，形成了全球高水平的生物医药产业创新集群，科技研发创新与市场商业转化在原料药、小分子制剂及生化药品研发生产领域都体现出巨大的优势。2022年我国生化药进口全球市场份额占比见图9。

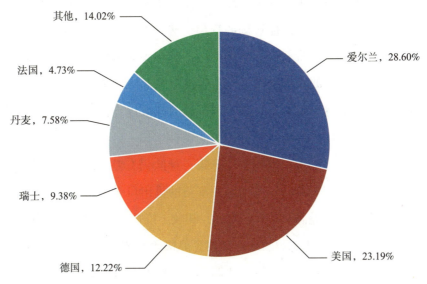

图9　2022年我国生化药进口市场情况统计

资料来源：中国医保商会根据中国海关数据统计。

二、2023年我国西药类产品外贸展望

（一）风险与挑战

首先，国内外环境存在不确定性。得益于三年来的抗疫需求，一方面，我国医药外贸取得了一定的发展，虽然就新冠病毒与人类长期共存的形势而言，国际社会对抗疫相关的各类药品需求将持续存在；另一方面，疫情依旧会对企业的生产营销、物流运输产生影响。此外，国际形势风云变幻，地缘政治紧张局势加剧。石油、煤炭、金属、粮食等基本生产要素价格持续走高，导致医药行业生产所需的原材料、出口运输成本也水涨船高，尤其是对依靠价格优势争夺海外市场的大宗原料药出口不利。以美国为首的西方国家不断挑起国际政治经贸摩擦，也直接或间接影响着医药企业的出口。

其次，行业亟待进一步转型升级。一方面，我国近年来大力推动供给侧结构性改革，依托监管规范和市场引导的方式淘汰落后产能，鼓励企业转型升级，同时加大原料药市场规范力度，打击违法涨价和恶意控销行为。但传统大宗原料药毛利较低、产能过剩的现象仍然存在。尽管新冠疫情以来，国际方面对原料药的需求量较高，叠加海运、储存等成本的上涨，部分拉动了原料药均价和出口额的总体上升。但随着抗疫药品国际需求的下降，加之多国支持医药产业链本土化、减少对中国依赖的政策逐步深化，未来我国以大宗原料药为主的出口模式难以维持长久的良性增长。另一方面，我国制剂行业创新发展虽有较大进步，但相较全球第一梯队仍有差距。以疫苗为例，除2021年新冠疫苗出口大涨外，我国人用疫苗的进出口多年来仍保持贸易逆差态势，2022年贸易逆差为29.42亿美元，相较于疫情暴发前的2019年增长了14.37亿美元。长久以来，尽管通过国内企业快速追赶已经能使我国在多种疫苗方面自给自足，但在部分领域，如四价、九价人乳头瘤病毒等高端疫苗对于国外进口依然有一定的依赖性。

再次，国际营商环境也给出口带来了挑战。我国医药企业在新兴市场如拉美、非洲、中东等地开拓市场的过程中，企业往往面临基础设施配套薄弱、优惠政策难以落地、营商环境竞争无序等问题。如一些企业在布局国际市场时，依然采用价格竞争的模式，大打"价格战"，在影响企业的正常市场活动及行业整体发展，扰乱出口市场秩序的同时，也不利于中国产品品牌形象的提升。此外，国际关系紧张也对营商环境造成了一定程度的影响，如自2022年以来，多家在印度有投资或业务往来的医药企业反映印度签证难以办理的问题，出签率低，影响商务拓展活动，导致企业难以获得外贸订单。

最后，企业要承受国内外不断趋严趋紧的监管压力。医药行业是强监管行业，政策永远是引领医药行业发展的核心。整体上看，即便是在疫情防控吃紧的2022年，医药行业仍保持着政策趋紧、监管趋严的趋势，如企业年报系统上线、集中采购扩容、医保目录更新、推广DRG/DIP支付、网售处方药新规落地等。虽然一些政策或推迟了落地时间，或相对柔和地执行，但随着社会生活和经济发展逐步回归正常，预计医药政策的出台频率也会加快，落地时间会更紧凑，预计 2023 年，医药行业监管趋严的趋势不会改变。国际上，欧盟委员会更新了一系列法规文件，如进口药品 GMP 附录、临床试验法规等，对企业提出了更严格的产品质量保证、数据公开透明的要求。2022 年我国多款创新药"闯关 FDA 失败"，产品出海相继受阻。美国 FDA 的药品审评与监管向来严格，过去数年我国一些企业就因延误、抵制 FDA 药品生产现场检查而被列入美国进口警示清单。2022 年 3 月，美国国会要求 FDA 开展增加对海外药品生产现场检查的试点计划，预计 2023 年，FDA 可能恢复部分海外现场检查工作，这对我国原料药及制剂扩大出口美国既是机遇，更是挑战。

（二）形势与展望

2020 年以来，新冠疫情对医保支付端产生了一定影响，并间接导致了医药行业的整体颓势。创新药行业也在 2022 年迎来了"资本寒冬"。随着疫情防控政策的调整，国内创新药行业迎来了新的机遇，也为西药外贸出口带来了"峰回路转"的可能。

创新药方面，2023 年 1 月，国产带状疱疹疫苗在我国成功上市，打破了此前国内仅有 GSK 生产的 Shingrix 垄断局面；绿叶制药研发的利培酮缓释微球注射制剂 1 月在美国成功上市，也为中国创新药 2023 年"走出去"开了一个好头。从新药受理上市数量来看，2017 年药品审评中心共受理 180 件 1 类新药申请（包括 IND 和 NDA），2022 年已增至 688 件，尽管相较 2021 年略有下降，但整体延续了上升的态势。在 2022 年上市的 16 款 1 类新药中，国产新药占 10 个，其中 4 款为生物制品，充分反映了我国创新药研发能力在不断进步。

国际市场布局方面，我国多家头部创新药企业和传统药企在进军欧美等发达国家或地区的同时，也在以股权投资、收购兼并、License-out、商业化授权等多种形式开展国际合作，积极布局东南亚、中东、北方、拉美等新兴市场，国内企业也更多地在海外设立研发中心，深度参与全球研发网络，进一步拓展中外双报的广度与深度。

政策促进产业发展方面，2022 年以来，国家稳外贸、稳外资一系列政策措施相继出台，在助企纾困、融资支持、信贷保险、贸易便利等方面促进医药外贸稳定发展；《"十四五"生物经济发展规划》《"十四五"医药工业发展规划》等纲领性文件相继发布，为我国医药产业的升级发展指明了路径；国家药监局探索建立监管科学体系屡出新措，为药品监管能力的提升及促进产业高质量发展提供了监管政策支撑。

目前，我国医药行业正处于新法规实施的过渡期和事权调整后的适应期，政策的支持引导与坚实完备的产业基础是医药外贸事业高质量发展的"稳定器"。传统原料药与制剂转型升级正当时，创新药与生物制品发展风劲潮涌，医药产业遭受的疫情阴霾行将散去，自当破浪扬帆。

医疗器械国际化发展现状及趋势

中国医药保健品进出口商会　医疗器械部

2020—2022 年中国医疗器械产业高速发展，市场规模进一步扩大，预计 2023 年我国医疗器械市场规模将突破万亿美元。在国际贸易方面，从疫情初期的全球防护产品紧急囤货，到后来的预罐装注射器、检测试剂，个别国家疫情严重对制氧机的大规模采购，以及后期对防疫产品订单的断崖式下跌，中国医疗器械进出口贸易在这三年里经历了大起大落。

2022 年我国医疗器械进出口贸易额同比严重下滑，但总体来说与疫情前相比，仍然保持了健康发展的态势，传统医疗市场需求恢复，带动着出口产品结构不断优化。2022 年，企业出海的诉求明显提升，国际市场开拓、产业和技术合作的步伐加快，欧美市场维稳，东盟、金砖国家等新兴市场受关注程度再度高涨。中国医疗器械企业国际化发展战略更具科学性、可持续性、精准性。

一、受各种因素影响国际需求下滑

据海关数据显示，2022 年医疗器械进出口贸易额首次出现双下降，进出口总额 974.79 亿美元，同比下降 18.16%，其中出口额为 595.49 亿美元，同比下降 23.04%，进口额为 379.30 亿美元，同比下降 9.10%（见表 1）。但与疫情前的出口相比，依然保持高速增长趋势（见图 1），2022 年医疗器械在我国医疗产品出口占比达到 46%。

表 1　2022 年医疗器械进出口情况

商品名称	出口额（亿美元）	同比（%）	进口额（亿美元）	同比（%）	进出口额（亿美元）	同比（%）
医疗器械类	595.49	-23.04	379.30	-9.10	974.79	-18.16

商品名称	出口额（亿美元）	同比（%）	进口额（亿美元）	同比（%）	进出口额（亿美元）	同比（%）
医用敷料	72.63	−58.43	6.13	−30.29	78.77	−57.08
一次性耗材	96.73	−29.86	44.90	−6.31	141.62	−23.78
医院诊断与治疗	306.19	−7.01	299.46	−8.56	605.65	−7.78
保健康复用品	101.06	−10.23	16.80	−13.91	117.86	−10.77
口腔设备与材料	18.88	−2.19	12.02	−11.49	30.89	−6.03

资料来源：中国医保商会根据中国海关数据统计。

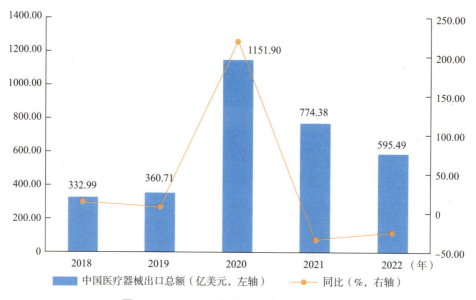

图1　2018—2022年中国医疗器械出口走势

资料来源：中国医保商会根据中国海关数据统计。

2022年第一季度因美国疫情严重，新冠试剂出口出现反弹，第二季度开始新冠试剂出口下降，其他防疫物资出口基本停滞，恢复到疫情前的传统医疗需求。此外，受俄乌局势和能源危机，以及这几年各国抗击疫情的额外财政支出和医疗产品恐慌采购剩余库存等影响，国际订单需求下降明显。保健康复用品一直是我国出口较大、增速较快的产品类别。但是，该类产品并不是刚需产品，在海外客户支付能力下降的情况下，非刚性需求产品受打击较大。其中，我国最具出口竞争力的按摩保健器具在2022年出口额达50.7亿美元，同比下降 20.67%。出口市场中，以美国、韩国、德国、英国为首的欧美国家消费意愿普遍降低，需求端可预见收缩，订单减少。但对以越南为代表的东盟国家出口增长显著，2022 年出口越南金额同比增长达 28.54%，对新加坡同比增长 67.69%，马来西亚同比增长 7.75%。

2022 年我国医疗器械出口的主要市场美国、德国和日本均出现不同程度的下降（见表 2）。值得一提的是，俄罗斯首次挤进我国出口医疗器械前十大市场，并实现同比增长 23.98%、出口额 14.1 亿美元的佳绩。出口"一带一路"共建国家 145 亿美元，同比下降 5.63%，占出口总额的 24.3%。"一带一路"共建国家市场中俄罗斯成为出口排名第一大市场（见表 3）。从出口省市看，我国医疗器械前十个省市出口占比高达 90%，天津市首次进入前十省市（见表 4）。

表 2　2022 年医疗器械出口市场前十大市场

排名	出口市场	出口额（亿美元）	同比（%）
1	美国	134.18	−31.74
2	德国	40.72	−47.38
3	日本	38.78	−8.27
4	中国香港	30.34	30.65
5	澳大利亚	22.71	65.43
6	英国	22.28	−59.98
7	荷兰	16.17	−28.62
8	加拿大	15.66	−11.88
9	韩国	15.50	−13.57
10	俄罗斯	14.10	23.98

资料来源：中国医保商会根据中国海关数据统计。

表 3　2022 年医疗器械出口"一带一路" 共建国家前十大市场

序号	出口市场	出口额（亿美元）	同比（%）
1	俄罗斯	14.10	23.98
2	印度	13.18	−15.93
3	泰国	12.81	9.66

续 表

序号	出口市场	出口额（亿美元）	同比（%）
4	越南	10.66	−0.71
5	菲律宾	10.33	16.53
6	新加坡	10.05	38.06
7	马来西亚	9.63	−5.56
8	印度尼西亚	8.99	−20.90
9	波兰	6.56	−6.19
10	阿联酋	4.86	−25.68

资料来源：中国医保商会根据中国海关数据统计。

表4　2022年医疗器械出口省市排名

序号	出口省（市）
1	广东省
2	浙江省
3	江苏省
4	上海市
5	福建省
6	山东省
7	北京市
8	安徽省
9	湖北省
10	天津市

资料来源：中国医保商会根据中国海关数据统计。

二、医疗器械进口替代加快

2022年我国医疗器械进口额为379.3亿美元，同比下降9.1%。进口来源地仍以美国、德国、日本为主。虽然我国从爱尔兰进口医疗器械有下降，但是近几年受益于很多欧美企业生产转移到爱尔兰代工，爱尔兰也已经成为我国主要医疗器械进口国家之一，并连续3年排名第五（见表5）。进口产品中以高值耗材、检测试剂、大型医学装备等为主，受国内进口替代和集采影响，影像诊断设备、人工关节、牙科、心脏支架、高端敷料等产品进口下降幅度加大。虽然部分核心零部件、关键原材料以及高端治疗设备等进口依赖度仍然较高，如手术机器人、放疗设备、人工肺等，但是国产的研发力度也在不断加强，与进口产品的差距逐步缩小。

表5　2022年医疗器械进口前十大市场

序号	进口来源国	进口额（亿美元）	同比（%）
1	美国	92.54	−6.29
2	德国	68.26	−16.57
3	日本	41.53	10.79
4	墨西哥	23.10	5.62
5	爱尔兰	14.77	−49.89
6	瑞士	13.55	−37.37
7	新加坡	12.61	54.14
8	英国	10.71	6.63
9	韩国	9.20	−8.77
10	荷兰	8.96	3.79

资料来源：中国医保商会根据中国海关数据统计。

三、国际展会热度持续高涨

2022年国际展会全面启动，很多知名展会更是一位难求。其中作为全球医疗晴雨表的德国Medica展实现了中国参展商人数破疫情后新高，客户观展数创数年新高，客户质量明显提高的"三高"成绩。每年1月份开年大展，迪拜Arab Health、MEDlab展近几年更是热度剧增，2023年大量中国企业春节还没结束就已经前往迪拜参展，仅中国展商就是2021年的2倍多，参观商也明显增多，除了中东国家的参观商，来自俄罗斯等新兴市场国家的客户也较往年有明显增长。此外，国际性的专业学术会议、论坛也能看到更多的中国医疗企业参与，中国的产品、技术亮相国际舞台的机会越来越多。

四、国际注册依然是产品出海的第一道门槛

各国对医疗产品的注册和认证始终是产品出口和上市销售的第一道门槛，随着各国注册法规的趋严，产品出口面临着巨大的挑战，中国企业越来越重视海外注册，并不断加强对海外市场准入的投入，在 2022 年 5 月欧盟的 IVDR 法规出现了注册高峰期。根据普瑞纯证 CRIP 大数据平台统计显示，2022 年我国医疗器械企业在海外国家注册数量有所增长，其中美国、英国、欧盟、加拿大等国家和地区注册厂家的数量与 2021 年相比均有不同程度的提高，但是我国注册的产品还是以中低端的医用耗材、手术器械、体外诊断产品为主，如口罩、护目镜、少量牙科材料、检测试剂等（见图2、图3）。

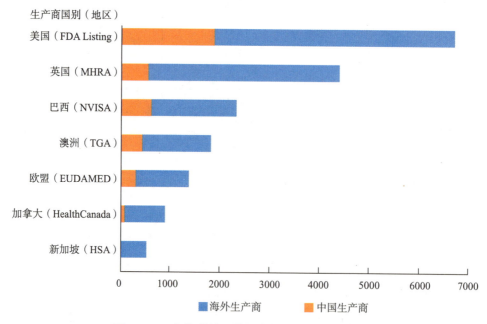

图2　2022 年海外注册数据中中国生产商数据统计

资料来源：普瑞纯证 CRIP 大数据平台。

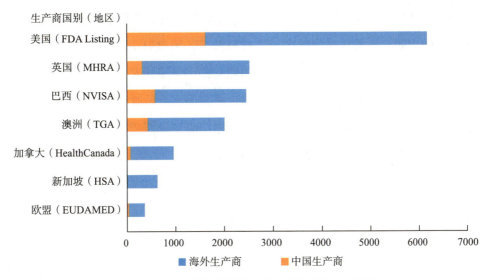

图 3 2021 年海外注册数据中中国生产商数据统计

资料来源：普瑞纯证 CRIP 大数据平台。

五、2023年我医疗器械国际化趋势

进入 2023 年后，世界经济继续承压，仍受到能源、通胀高企、供应链不稳定、逆全球化抬头等因素威胁，造成增速进一步放缓。疫情并没有完全结束，各方预测 2023 年全球经济压力将进一步增强，经济复苏存在很多不确定性，新兴市场的经济压力更大。

三年新冠疫情使全球对抗击疫情类的医疗器械产品需求居高不下，我国的医疗产品在贸易、国际采购、紧急援助等方面发挥了重要作用，为中国医疗器械企业出海提供了前所未有的机会，同时也使产业创新力度、出口规模、提升了一个台阶，很多细分领域也涌现出一批专、精、特、新的产品，如医疗器械包装材料、眼科诊断、呼吸治疗、新生儿等多个方面，具备自主知识产权、国际竞争力很强的产品。

从 2023 年中国医疗器械的国际化发展趋势来看，虽然面临着一定的挑战和困难，但随着疫情管控的逐步放开，进出口贸易回归理性，不会再出现前几年的大幅波动现象。国际交流与合作将快速恢复，我们的优势产业也面临

新的发展机遇和挑战。无论是从国际交流与合作、进出口贸易、供应链重塑、国际注册认证，还是从品牌推广、售后服务、各国政府采购、对外援助和技术合作等各个方面，2023年对于所有国际化的企业来说都显得尤为重要，是一个过渡期、恢复期，更是一个机遇期。恢复旧客户，抓住新市场，不断增加企业韧性和业态新模式，我国医疗器械出口有望逐步恢复稳步增长，产业的高质量发展和国际竞争力也将迈上新的台阶。

膳食营养补充剂进出口形势分析

中国医药保健品进出口商会　李桂英

自党的十八届五中全会提出将"健康中国"作为国家战略以来，营养健康产业成为我国经济转型的新引擎之一。随着经济的发展及公众健康意识的不断提高，我国营养健康产业进入快速发展的轨道。

为了更好地研究营养健康产业，本文将市场上相关健康产品如滋补食品、功能食品、药食同源产品等统称为膳食营养补充剂，是指以维生素、矿物质及动植物（提取物）等为主要原料，通过补充人体必需的营养素和生物活性物质，对特定的人群具有平衡营养摄取、调节机体功能作用的相关产品。膳食营养补充剂不以治疗疾病为目的，也不能代替正常饮食，并且对人体不产生任何急性、亚急性或慢性危害。

新冠疫情的全球爆发及疫情政策的变化对膳食营养补充剂行业的发展产生了较大影响。为了更好地了解行业发展趋势，本文根据海关数据对 2022 年的膳食营养补充剂的进出口情况进行了分析。

一、膳食营养补充剂的进出口情况

根据海关数据，分析了 2008 年至 2022 年膳食营养补充剂的进出口情况，从图 1 中看出，进口金额和出口金额呈现逐年提高的趋势，其中进口金额的 15 年间复合增长率为 18.49%，而 2010 年、2017 年和 2020 年为增长高峰期，同比分别增长了 43.23%、42.31% 和 41.53%；出口金额 15 年间的复合增长率为 16.85%，近几年虽受到各种因素的影响，但依然处于持续增长的状态。由此看来，我国膳食营养补充剂国际贸易发展迅速，提振了产业信心，促进了行业发展。

据中国医保商会统计，2022 年我国营养保健食品进出口总额约为 91.26

亿美元，进口金额和出口金额实现了逆势增长，其中进口额约为 59.40 亿美元，同比增长 14.60%，出口额约为 31.86 亿美元，同比增长 21.87%（见图 1）。

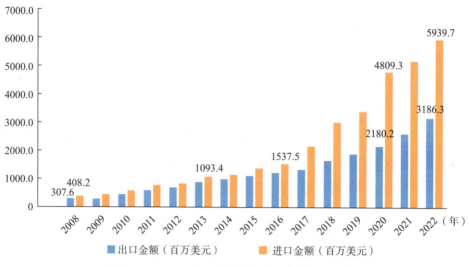

图 1　2008—2022 年膳食营养补充剂进出口情况

资料来源：中国医保商会根据中国海关数据统计。

二、膳食营养补充剂的进口情况

我国当前是膳食营养补充剂主要消费国之一，进口金额呈现逐年增长趋势，2022 年进口金额达到了 59.40 亿美元，相比 2008 年增长了 13 倍。从进口市场看，美国、澳大利亚、德国、印度尼西亚和日本是膳食营养补充剂前五大进口来源国，进口金额分别为 12.28 亿美元、8.24 亿美元、5.77 亿美元、4.49 亿美元和 3.10 亿美元，市场集中度相对较高，前五大市场的市场份额占据了整个进口的半壁江山（见图 2）。其中美国占比 21%，是全球最大的膳食营养补充剂市场，也是膳食营养补充剂渗透率最高的国家，发展较早，市场较为成熟，连续多年为我国膳食营养补充剂的第一大进口来源国，虽然中间三年被澳大利亚反超，但近几年强势回归，独占鳌头；澳大利亚进口来源的市场占比 14%，澳大利亚凭借自然优势及产品优势，自 2015 年起发展迅速，2018 年成为我国的第一大膳食营养补充剂来源国，并连续三年超越美国，占据进口优势地位，并涌现了一些目前在中国市场耳熟能详的品牌如 Blackmores、Swisse、Life Space 等。

不同来源国（地区）的膳食营养补充剂各有优势，其中自美国进口的主要品类为维生素矿物质类、氨基葡萄糖类、蛋白粉类、膳食纤维及辅酶 Q10 类产品；从澳大利亚进口的主要品类为维生素矿物质类、氨基葡萄糖类、鱼油类、葡萄籽、乳铁蛋白类；从印度尼西亚进口的主要品类为燕窝产品；日本的主要品类是酵素、胶原蛋白。

根据不同国家（地区）的进口单价情况看，自德国、澳大利亚、美国进口的膳食营养补充剂单价有所升高，同比分别增长 63.96%、20.61% 和 17.34%。但从主要进口国家看，加拿大、新西兰、日本、澳大利亚、美国等国家的进口单价相对较高（见图 3）。

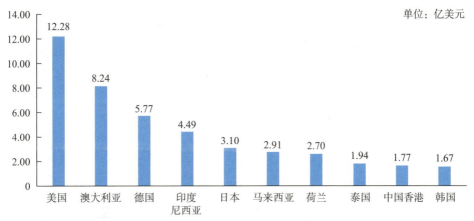

图2　2022 年膳食营养补充剂的十大进口市场（地区）

资料来源：中国医保商会根据中国海关数据统计。

三、膳食营养补充剂的出口情况

根据海关数据分析了 2009 年至 2022 年我国膳食营养补充剂的出口情况，从图 4 可看出，出口金额处于持续增长状态，14 年间增长了近 9 倍，尤其是 2010 年、2011 年及 2013 年，同比分别增长了 47.85%、33.53% 和 27.78%。近几年虽然新冠疫情反复对行业的供应链及物流运输带来较大影响，但我国

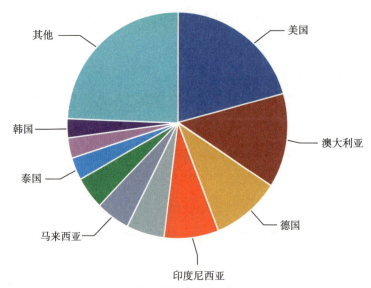

图 3　2022 年膳食营养补充剂进口市场占比情况

资料来源：中国医保商会根据中国海关数据统计。

膳食营养补充剂的出口依然呈现逆势增长的态势，2022 年的出口金额达 31.86 亿美元，同比增长了 21.87%。

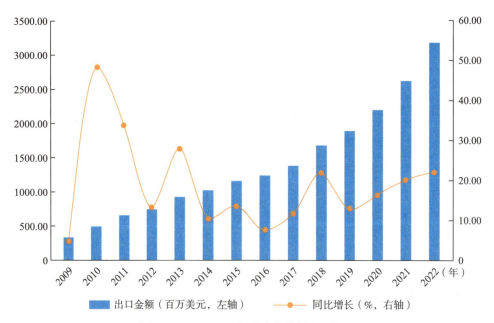

图 4　2009—2022 年膳食营养剂出口情况

资料来源：中国医保商会根据中国海关数据统计。

从出口市场看，2022 年美国、中国香港及马来西亚为前三大出口市场，出口额分别为 5.26 亿美元、4.00 亿美元和 1.38 亿美元，同比分别增长了 20.17%、11.41% 和 91.97%，市场集中度较高，出口市场中前十大市场占据了整体 58% 的市场。而我国对越南、印度尼西亚及澳大利亚的出口额有较大的增长，分别增长了 101.81%、77.99% 和 48.34%。从数量看，出口缅甸的数量最多，其次为美国和菲律宾。从出口单价看，出口中国香港、美国和澳大利亚的金额相对较高，均比 2021 年出口单价有所升高，且远高于其他国家的价格（见图 5）。

出口金额（亿美元）

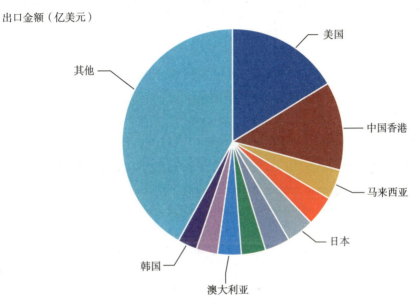

图 5　2022 年膳食营养补充剂出口市场占比分析

资料来源：中国医保商会根据中国海关数据统计。

从 2022 年全年的出口情况看，月均出口金额为 2.66 亿美元，其中 12 月份出口金额相对较高，为 3.01 亿美元；2 月份出口金额相对较低，为 1.83 亿美元。但除了 12 月份同比有所降低外，全年其他 11 个月份的出口金额同比均有所增长，7 月份相比其他月份增长最快，同比增长了 46.04%（见图 6）。

2022 年是较为特殊的一年，新冠疫情的延宕及政策的改变，让消费者对自身健康上升到了空前关注的程度，而科学调查研究及实验结果显示，消费

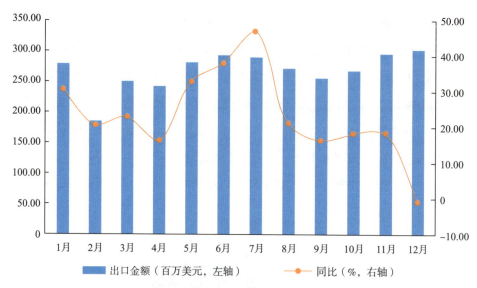

图6 2022年膳食营养补充剂不同月份出口情况

资料来源：中国医保商会根据中国海关数据统计。

者可通过摄取膳食营养补充剂来补充身体所需营养，保障身体健康，因此全球越来越多的消费者使用相关产品提高自身免疫力，辅助抵抗病毒及疾病。消费者的关注和使用助推了膳食营养补充剂行业的发展，推动产业进入新的发展轨道。

注：本文海关数据为8位税则号初步统计数据，含有部分原料。

2022 年医药行业贸易摩擦形势分析报告

中国医药保健品进出口商会　张蓓蓓

一、2022年医药行业遭遇贸易摩擦情况

2022 年以来，涉及中国医药产品的贸易摩擦案件有 17 起，包括有关反倾销调查的 10 起、337 调查 6 起仅规避调查 1 起。其中，新发起的原审调查 5 起。有关案件具体情况见表 1。

表 1　2022 年中国医药产品遭遇的贸易摩擦案件表

序号	产品	发起方	类型	进展	立案时间
1	巴喷丁免疫测定试剂盒和试纸及其组成和方法	美国	337 调查	2022 年 2 月 22 日，ITC 发布部分终裁，本案 3 家中国设涉案企业以和解结案	2021 年 1 月 15 日
2	二环己基碳二亚胺	印度	反倾销调查	2022 年 4 月 28 日，印度调查机关发布征税公告	2021 年 2 月 25 日
3	阿莫西林	印度	反倾销日落复审调查	2022 年 5 月 11 日，印度财政部终止征税措施	2021 年 9 月 10 日
4	维生素 C	印度	反倾销调查	2022 年 5 月 13 日，印度法院要求印度财政部重新审核不征税决定	2020 年 9 月 24 日
5	一次性注射器	巴西	反倾销日落复审调查	2022 年 5 月 30 日，巴西调查机关发布公告，因新冠疫情暂停征税不超过 1 年且到期终止	2020 年 6 月 22 日
6	植绒拭子及其下游产品和方法	美国	337 调查	2022 年 5 月 24 日，ITC 发布部分终裁，裁定涉案专利无效	2021 年 7 月 9 日

续　表

序号	产品	发起方	类型	进展	立案时间
7	植物源重组人血清白蛋白及其产品	美国	337调查	2022年6月6日，ITC发布部分终裁，裁定涉案的武汉禾原生物存在侵权并对涉案产品发布有限排除令	2021年1月15日
8	糖精	印度	反规避调查	（1）2022年7月26日，印度调查机关做出反规避终裁，裁定中国涉案产品经由泰国进口到印度以规避反补贴税；（2）2018年8月10日，印度调查机关对糖精启动反补贴调查；（3）2022年3月17日，印度调查机关对糖精启动反规避调查	2022年3月17日
9	雾化器	阿根廷	反倾销调查	2022年9月30日，阿根廷调查机关做出肯定性终裁	2021年11月30日
10	阿托伐他汀中间体	印度	反倾销调查	2022年10月20日，印度财政部做出不征税决定	2021年8月2日
11	氧氟沙星及其中间体	印度	反倾销调查	2022年12月5日，印度财政部做出不征税决定	2021年9月17日
12	甲硝唑	印度	反倾销调查	立案调查	2022年9月30日
13	柜式X射线和光学相机系统及其组件	美国	337调查	立案调查	2022年11月25日
14	具有心电图功能的可穿戴电子设备及其组件	美国	337调查	立案调查	2022年12月22日
15	维生素A棕榈酸酯	印度	反倾销调查	立案调查	2022年12月29日
16	选择性甲状腺激素受体-β激动剂及其制造或相关过程	美国	337调查	立案调查	2022年12月29日

续 表

序号	产品	发起方	类型	进展	立案时间
17	熊脱氧胆酸	印度	反倾销调查	2023 年 1 月 19 日, 印度调查机关做出肯定性终裁。目前商会正组织涉案企业在印度财政部开展公共利益抗辩	2022 年 1 月 24 日

中国医保商会积极开展了上述案件的行业预警和应对协调工作，组织了多起案件的行业无损害抗辩和公共利益抗辩。其中，印度对华阿莫西林、阿托伐他汀中间体和维生素 C 反倾销调查均取得不征税的圆满结果，印度对氧氟沙星及其中间体反倾销调查也获得企业较为满意的税率。美国对巴喷丁免疫测定试剂盒 337 调查以和解和原告撤诉结案，对植绒拭子及其下游产品的337 调查则最终确认本案不存在侵权并终止调查，大获全胜。

二、2023年影响医药贸易摩擦的因素分析

第一，新冠疫情带来的不确定性依然是一段时间内我国医药贸易摩擦的最大变量。由于境外防疫要求放宽，国际市场需求下降，我国出口的口罩、防护服和检测试剂及耗材等防疫物资面临贸易摩擦风险较大。尤其是在欧美市场，相关防疫物资价格竞争激烈且质量和产品安全问题有可能频繁发生。考虑到中国相关防疫物资的生产往往被认为得到有关地方政府的资金支持，上述产品有可能在欧美市场遭遇反倾销反补贴调查。如 2022 年 7 月初，美国两名参议员就致信美国商务部要求对中国出口的 N95 口罩主动发起双反调查。据了解，美国商务部正在评估本案立案的可能性，以及 N95 口罩可能涉及的公共利益问题。

第二，反倾销成为印度减轻对中国原料药依赖的有效工具。印度药品原料 70% 来自中国，而关键起始物料和中间体从中国进口的比例可能更高。为减轻依赖，印度不断采取措施，一方面鼓励本土企业加大原料药和中间体生产力度；另一方面通过发起反倾销调查、加大对中国企业检查力度、提高贸

易投资壁垒等手段压制中国原料药企业在印度的市场发展。近年来，印度对中国十多种优势原料药发起了反倾销调查，反倾销措施还通过多种形式向上下游产品延伸。如印度于 2017 年宣布对中国氧氟沙星羧酸和氧氟沙星实施反倾销措施后，又于 2018 年对生产氧氟沙星羧酸的主要原材料氧氟沙星酯发起反规避调查，将反倾销措施从被调查产品扩展到其上游中间体。2020 年，又对下游产品盐酸环丙沙星继续发起反倾销调查。并且在 2022 年上述反倾销措施到期后，印度针对氧氟沙星及其上游原料药氧氟沙星羧酸和中间体氧氟沙星酯再次发起新的反倾销原审调查。据了解，印度出台的生产关联激励计划涉及的 53 种关键原料药及关键起始物料和中间体有可能是今后印度对华发起反倾销调查的重点产品。

第三，医药企业面临的贸易管制风险不容忽视。国际政治经贸摩擦和黑天鹅事件不断，已经影响到我国医药企业国际业务的正常开展。

第四，医药行业监管趋严，企业的面临合规风险加大。如欧盟医疗器械法规（MDR）和体外诊断医疗器械法规（IVDR）在 2021 年 5 月开始实施。申请公告机构排队的很多企业面临重新注册的问题，将给中国出口企业带来成本增加、认证周期拉长及合规风险增大等问题。美国 FDA 虽然已于 2020 年 7 月份恢复了正常的检查工作，但仍积压了大量海外药品生产检查项目，又未大力推广远程检查方式，检查排队情况在今后一段时间仍无法得到根本缓解，将影响我国部分药企开拓美国市场的计划。

第四篇

国际注册

欧美药监法规最新监管动向、趋势及相关建议

Intertek 天祥集团生命科学部　谢虹

本文回顾了欧美药监法规、指南和 ICH 指南更新情况、欧美药品注册情况，并提出建议。对国外法规、指南的准确理解是对这些法规和指南进行恰当运用的前提，故本节中尽量提供了双语对照文本。

一、欧盟

（一）欧洲委员会

欧洲委员会（European Commission，EC）是拥有立法权的欧盟行政机构。本小节主要对欧盟药品法规网站（EudraLex）新发布以及新生效的法规进行简要回顾。

1. 欧盟 GMP 附录一《无菌药品的制造》修订版生效

为反映监管和制造环境的变化，对 2007 年版欧盟 GMP 附录一（以下简称"老版本"）进行了全面修订。除了第 8.123 条于 2024 年 8 月 25 日生效外，修订版其他条款均于 2023 年 8 月 25 日生效。

附录一有以下主要修订：

主要修订内容	与老版本对比及分析
将质量风险管理原则融入了整个文件，例如第 2.2 条提到"Processes, equipment, facilities and manufacturing activities should be managed in accordance with QRM principles to provide a proactive means of identifying, scientifically evaluating and	"proactive"在字典中有"积极主动"之意，但很明显，此处不是中文思维中的"积极主动"，而是"前摄的"，指"controlling a situation by making things happen rather than waiting for things to happen and then reacting to them"（来自《牛津高

续 表

主要修订内容	与老版本对比及分析
controlling potential risks to quality. "（译：应当按照 QRM 原则管理过程、设备、设施和制造活动，以提供一个前摄性的方式用于识别、科学评价和控制潜在质量风险）。	阶英汉双解词典》第七版）。笔者在工作中发现有些企业的质量风险管理工作仅停留在"套模板"层面，甚至在审计中被发现有缺陷时，出具一个所谓的《风险评估报告》，试图用于代替实质性的整改工作。"proactive"一词也出现在 ICH Q9、Q10 中，同样指"前摄的"。老版本未出现该词。
引入了"污染控制策略"（Contamination Control Strategy, CCS）的概念，在第 2.5 条中给出了 CCS 应当考虑的要素清单（非详尽清单）。	"CCS"在全文出现了 51 次，是高频词，由此可看出制定和实施一个科学合理的 CCS 是顺利实施修订版附录一的关键。需注意 CCS 的制定和实施不是一个一次性的过程，如有变更，在变更实施前后应当评估对 CCS 的任何影响。
设施新要求，例如针对限制进入屏障系统（RABS）和隔离器的描述显著增多：RABS（restricted access barriers system）在老版本中仅出现了 1 次，在修订版中出现了 27 次；isolator 在老版本中出现了 15 次，在修订版中出现了 48 次。	第 4.3 条中指出，RABS 和隔离器的使用应在 CCS 中予以考虑。任何可替代的方式，应论述合理性。
无菌工艺新标准 仅以无菌工艺模拟（也称培养基灌装，media fill）为例： （1）关于数量：新版第 9.40 条，"Typically, a minimum of 5000 to 10000 units are filled. For small batches（e. g. those under 5000 units），the number of containers for APS should at least equal the size of the production batch."［译：通常灌装 5000 至 10000 个单位。对于小批量（例如小于 5000 个单位），灌装数量应至少等于生产批大小］。 （2）关于培养：新版第 9.41 至 9.45 条有详细要求。 （3）关于可接受标准、失败与调查：目标应为"zero growth"；任何一个受污染单位导致无菌工艺模拟失败，应当进行调查以确定最可能的根本原因，详见第 9.46 条。	（1）老版本未给出典型数量，而是给出了 3 种不同数量（<5000 个单位；5000~10000 个单位；>10000 个单位），详见第 69 条。 （2）老版本未对培养提出要求。 （3）见老版本第 69 条，仅对小于 5000 个单位的提了不得有污染；针对 5000~10000 个单位的，如有 1 个受污染单位，则应调查并考虑一次重复灌装，如有 2 个受污染单位，应调查并考虑重新验证；针对大于 10000 个单位的，如有 1 个受污染单位，则应调查，如有 2 个受污染单位，应调查并考虑重新验证。

　　附录一的更新涵盖了国际协调统一的质量风险管理原则，但是也显著扩大了对无菌保证相关污染控制的监管期望。制造企业为满足其中一些新要求，需要进行大量的资本投资。已经或有计划做欧洲市场无菌产品（注意不仅是"无菌药品"）注册的企业应予以密切关注，相应地，无菌药品制造企业应当

评估原辅包供应商能否满足相应要求，因为无菌药品在欧盟的上市许可批准中涵盖了 GMP 检查。换言之，只有顺利通过了 GMP 检查，药品注册才能成功；只有顺利通过每次的 GMP 复查，才能将上市许可维持有效。

法规原文网址：https：//health. ec. europa. eu/document/download/e05af55b - 38e9 - 42bf - 8495 - 194bbf0b9262_ en?filename = 20220825_ gmp-an1_ en_ 0.pdf.

2.《申办者在依照 GCP、GMP 处理和运输人用研究性药品方面的责任指南》生效

EudraLex 官网"第三部分——GMP 相关文件"标题下发布了一个名为 "Guideline on the responsibilities of the sponsor with regard to handling and shipping of investigational medicinal products for human use in accordance with Good Clinical Practice and Good Manufacturing Practice"的文件，于 2023 年 1 月 1 日生效。该指南规定了申办者依照 GCP 管理临床研究用药品（IMP）的原则，GCP 与 GMP 相衔接并且相互补充。该指南不适用于与直接向患者提供临床研究用药品相关的操作。当直接向患者提供 IMP 在欧盟成员国立法中有规定时，应遵循该指南的适用规定。

有意在欧盟进行临床试验的企业应予以关注，法规原文网址：https：//health. ec. europa. eu/document/download/c3bac13b - 689e - 4d01 - 8321 - dbf08 8bb692a_ en?filename = gmp_ mah_ rp_ en.pdf.

3. 最近三年通过欧盟官方检查的中国药企场地汇总

EudraGMDP 数据库是欧共体关于制造、进口和批发分销授权以及 GMP、GDP 证书的数据库。本小节汇总了最近 4 年（2020—2023 年）中国企业接受欧盟官方检查的信息。自 2020 年 1 月 1 日至 2023 年 8 月 29 日，在 EudraGMDP 数据库共有 79 份 GMP 证书为中国企业持有（见附表 1）。

由于新冠疫情造成的限制，欧洲药监机构颁发的 GMP、GDP 证书的有效期自动延长至 2023 年底，除非文件中另有说明。制造企业、进口企业和分销企业必须继续遵守 GMP、GDP 和所有其他法律义务，尽可能实施现场检查。药监机构保留权利通过现场检查或远程评估对场地进行基于风险的监督，并

根据结果，酌情继续签发、撤销或限制 GMP 证书。

该数据库显示，自 2020 年 1 月 1 日至 2023 年 8 月 29 日共有 10 份 GMP 不符合通报，不涉及我国企业。这表明我国企业的欧盟 GMP 实施水平和应对官方检查的能力较先前有所提高。

但需注意，依照欧盟法规规定，对原料药企业的检查只是基于风险抽查少数企业；是 MAH 的责任对原料药企业的 GMP 进行评估，以 MAH 的 QP 审计或 MAH 委托的第三方审计的方式进行。受新冠疫情影响，最近 4 年大部分的审计是远程审计（视频审计）。随着新冠疫情解除，未来几年将会有越来越多的欧盟官方现场检查或 QP 现场审计，希望相关企业努力维护好质量体系，顺利通过相关检查或审计。

（二）欧洲药品管理局（EMA）

EMA 负责协调科学资源，为欧盟成员国用于药品评价、监督和药物警戒。EMA 针对药品质量、安全性和有效性的任何问题依照法规向欧盟成员国和欧盟机构提供建议。EMA 不具有立法权，但是它对于欧盟作为一个单一药品市场的运作至关重要。

1. 上市授权审评

在欧盟，药品上市申请共有 4 种程序：集中（Centralised）程序、成员国（National）程序、互认程序（MRP）、分散（Decentralized）程序。由注册申请人基于具体产品、在欧盟和欧洲经济区成员国的具体情况、市场策略来选择采用何种程序。

如选用集中程序，则由申请人向 EMA 递交申请，EMA 下属的人药委员会（CHMP）进行技术审评，如通过或未通过技术审评，再由 EMA 建议欧洲委员会批准或拒绝，由欧洲委员会做出批准与否的最终决定。通过集中程序获得上市授权的药品可在整个欧盟进行销售。用于以下治疗类别的，必须选择集中程序：罕见病、艾滋病病毒和其他病毒性疾病、神经退行性疾病、自身免疫性疾病以及其他免疫功能障碍、糖尿病、生物技术产品、基因治疗产品、创新产品、单克隆抗体。

2022 年 EMA 共建议批准 89 个药品的上市授权，其中 41 个含有新活性物质。现将在这些药品中能代表在各自治疗领域显著进步的药品汇总见表 1，供有兴趣做欧洲注册的中国企业参考。值得注意的是，早在 2016 年，EMA 就已成为全球首个公开人用药上市授权申请所用临床数据的监管机构。有兴趣的企业可以在 EMA 网站查询和下载，可用于差距分析、制定合适的产品开发策略。

表 1   2022 年 EMA 批准上市药品中代表各种治疗领域显著进步的品种

序号	品名	简介	MAH 及国家
1	Beyfortus	注射剂；首个用于预防新生儿和婴儿呼吸道合胞病毒（RSV）下呼吸道疾病的药物	AstraZeneca AB 瑞典
2	Breyanzi	注射剂；一种基因疗法，用于治疗三种亚型非霍奇金淋巴瘤（DLBCL、PMBCL、FL3B）的成年患者，其癌症已经复发或在两线或多线全身治疗后对治疗无反应	Bristol-Myers Squibb Pharma EEIG 爱尔兰
3	Carvykti	注射剂；用于治疗成人复发和难治的骨髓瘤，并且先前接受过至少三种治疗，自上次治疗以来癌症恶化	Janssen-Cilag International NV 比利时
4	Ebvallo	注射剂；用于治疗 "Epstein-Barr" 病毒阳性移植后淋巴组织增生性疾病；一种体细胞疗法，用于成人和儿科患者，这些患者在移植后，为减少由于移植器官或骨髓排斥所需药物引起的免疫抑制，而发展为这种恶性肿瘤	Pierre Fabre Medicament 法国
5	Hemgenix	注射剂；首个用于治疗成人重度和中等重度 B 型血友病的基因疗法药品；B 型血友病是一种遗传性疾病，其特征是由于 IX 因子活性的部分或完全缺乏而导致出血倾向增加	CSL Behring GmbH 德国
6	Kimmtrak	注射剂；用于治疗葡萄膜黑色素瘤的眼癌成年患者，单药治疗	Immunocore Ireland Limited 爱尔兰
7	Mounjaro	注射剂；是一种首创药物，可激活 GLP-1 和 GIP 受体，从而改善成人 2 型糖尿病患者的血糖控制	Eli Lilly Nederland B. V. 荷兰
8	Roctavian	注射剂；用于治疗无 VIII 因子抑制剂（免疫系统产生的使 VIII 因子药物效果降低）且没有腺相关病毒血清型 5（AAV5）抗体的成人的严重血友病 A	BioMarin International Limited 爱尔兰
9	Upstaza	注射剂（脑内）；罕见病；首次治疗芳香族 L-氨基酸脱羧酶（AADC）缺乏症的成人和儿童患者；AADC 缺乏症是一种影响神经系统的超罕见遗传疾病	PTC Therapeutics International Limited 爱尔兰

续　表

序号	品名	简介	MAH 及国家
10	Xenpozyme	注射剂；罕见病药；首个治疗成人和儿童酸性鞘磷脂酶缺乏症（ASMD）的药品；ASMD 是一种罕见的遗传病，历史上称为 A 型、A/B 型和 B 型尼曼-匹克病（Niemann-Pick disease）	Sanofi B. V. 荷兰
11	Zokinvy	胶囊剂；罕见病药；首个治疗儿童早衰综合征的药品。早衰综合征是一种超罕见的遗传病，会导致儿童过早衰老和死亡	EigerBio Europe Limited 爱尔兰
12	Valneva	注射剂；预防新冠肺炎的疫苗，用于成年人	Valneva Austria GmbH 奥地利
13	VidPrevtyn Beta	注射剂；预防新冠肺炎的疫苗，用于成年人	Sanofi Pasteur 法国
14	Paxlovid	口服片剂；用于治疗成年人新冠肺炎	Pfizer Europe MA EEIG 比利时
15	Evusheld	注射剂；用于治疗成年人、12 岁及以上青少年的新冠肺炎	AstraZeneca AB 瑞典

2022 年，EMA 对 Hervelous、Omblastys、Tuznue 3 个药品作出了不推荐批准的结论见表 2。

表 2　2022 年 EMA 不推荐批准的三个药品

品名	简介	MA 申请人
Hervelous	生物类似药。单独或与其他癌症药物联合用于成人，以治疗早期乳腺癌和转移性乳腺癌；与其他癌症药物一起使用以治疗已扩散到身体其他部位的胃癌。参照药为赫塞汀（Herceptin）。活性物质为曲妥单抗（Trastuzumab）。被拒绝的理由是：化学、药学与生物学方面不充分；非临床体内研究不充分；临床药理研究不充分；临床有效性不足；临床安全性不足。申请人于 2022 年 9 月 14 日撤回了上市申请。	PrestigeBiopharma Belgium
Omblastys	被认定为罕见病药。活性物质为"iodine（^{131}I）omburtamab"。治疗领域为成神经细胞瘤。被拒绝的理由是非临床和临床方面均不足，例如：临床试验的设计、终点的选择、试验的实施、招募的受试者和获得的结果不允许确定存在可归因于 ^{131}I-omburtamab 的治疗效果。已经提供了对现有数据集的进一步分析和正在进行的试验的更新，但无法减轻整体担忧。	Y-Mabs Therapeutics A/S

品名	简介	MA 申请人
Tuznue	治疗领域为乳腺癌和胃癌。被拒绝的理由是：EMA 认为临床试验用药的制造过程不同于商业制造过程。因此，临床试验期间使用的药物质量与拟议商业药物的质量不同。因此，所提交的临床试验资料没有提供足够的证据来证明商业制造的药品将与参照药高度相似。申请人于 2022 年 9 月 14 日撤回了上市申请。	Prestige Biopharma Belgium BVBA

上述 3 起失败案例对有兴趣做欧洲注册的中国企业有一定参考作用，引以为戒，不要重复别人走过的弯路。

此外，EMA 还推荐批准了 10 个兽药的上市授权；其中有 3 个含新活性物质见表 3。

表3　2022 年 EMA 批准的含新活性物质的兽药

品名	简介	MAH
DogStem	一种新兽药，用于减轻与狗骨关节炎相关的疼痛和跛行。	EquiCord S. L.
Neoleish	一种质粒 DNA 疫苗，用于从 6 月龄利什曼原虫阴性（Leishmania-negative）犬进行主动免疫，以降低接触婴儿利什曼原虫后发生活动性感染和/或临床疾病的风险。	CZ VETERINARIA, S. A.
RenuTend	一种新兽药，可改善马肌腱和悬韧带损伤的愈合。	Boehringer Ingelheim Vet-medica GmbH

值得注意的是，在欧盟，兽用药和人用药的 GMP 法规相同。

2. GXP 检查与合规

EMA 协调对 GMP、GCP、GLP、GVP 符合性的确证以及在欧盟已授权药品的某些监管。主要通过检查进行合规性确证，依照欧盟法律法规分为：例行检查、在上市申请审评背景下应 EMA 人药委员会或兽药委员会要求或提起事项实施检查、由成员国监管机构实施检查，EMA 起协调作用，包括协调基于风险的检查程序的制定与维护。

由 EMA 要求或提起事项实施的检查仅适用于按集中程序申请的药品，在由整个欧盟和欧洲经济区实施的检查中仅占很小一部分。EMA 发布的 2022 年年报显示在当年由 EMA 要求或提起的 GMP 检查数量减少到与 2020 年数量相近，2018—2022 年的检查数量见图 1。

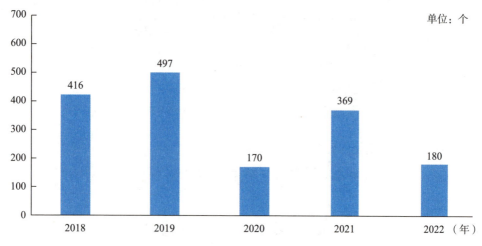

图 1　2018—2022 年由 EMA 要求实施的 GMP 检查数量

根据 EMA 年报，2018—2022 年由欧洲经济区（以下简称 EEA）监管机构签发的 GMP 证书和 GMP 不符合通报，具体见表 4。这些证书和不符合通报均由 EEA 监管机构实施 GMP 检查后签发，涵盖了由 EMA 要求的人用药和兽用药 GMP 检查。

表 4　EEA 监管机构签发的 GMP 证书和 GMP 不符合通报

单位：个

地区	2018 年		2019 年		2020 年		2021 年		2022 年	
	GMP 证书	不符合通报	GMP 证书	不符合通报	GMP 证书	不符合通报	GMP 证书	不符合通报	GMP 证书	不符合通报
EEA/EU	2213	6	2235	11	1695	1	1825	5	1730	2
中国	66	4	51	4	11	0	24	0	15	0
印度	112	5	105	1	64	0	29	0	81	2
美国	27	0	127	0	35	0	52	0	118	0
其他地区	84	1	108	0	38	0	52	0	187	2
总量	2502	16	2626	16	1843	1	1982	5	2131	6

从表4可看出，我国企业所获欧盟GMP证书的数量与印度和美国相比有明显差距；美国在最近5年均未被开过GMP不符合通报；我国在2020年至2022年连续3年未被开过GMP不符合通报，这表明我国药企GMP合规水平正在不断提高。但是由于新冠疫情，2020—2022年已经实施的欧盟GMP检查大部分为远程检查，故提请我国企业不可放松，随着新冠疫情和相关差旅限制的解除，要做好随时应对现场检查的准备。

EMA在年报中公布了GCP、GVP检查数据。此外，EMA还在2022年年报中提到，EMA在2022年建议暂停约100个药品的上市授权，因为支持这些药品的生物等效性研究数据有缺陷，这些研究是一家位于印度的合同研究组织"Synchron Research Services"实施的。为了解除暂停，这些药品上市授权持有人必须提供证明生物等效性的替代数据。这些缺陷的发现源于美国FDA于2019年11月在该合同研究组织实施的GCP现场检查，FDA在2021年得出的结论为Synchron Research Services实施的所有临床试验和生物学分析"由于数据完整性问题不可接受"。

（三）欧洲药品质量管理局（EDQM）

1. CEP 注册

CEP全称为欧洲药典各论适用性证书。获得CEP证书是企业获得欧洲市场准入的一条途径，前提是该企业产品被《欧洲药典》收载，并且场地符合欧盟GMP要求。CEP注册是一项省时省力的国际化通道，只递交一份注册资料，就可被37个欧洲药典成员国接受。全球众多非欧盟国家或地区也接受用CEP证书来代替DMF资料，以缩短审评时间。

2022年，EDQM共收到424份新CEP注册申请（比2021年增长3%），共签发459份新CEP证书（比2021年增长71%）。EDQM数据库显示全球共有7797份CEP证书（截至2023年8月30日），其中有效证书为6305份，有15份由于GMP缺陷而被EDQM暂停，有154份由于未能遵守CEP程序而被EDQM撤销，还有976份由证书持有人主动撤销。CEP数据库网址：https://extranet.edqm.eu/publications/Recherches_ CEP.shtml。

EDQM 在 2022 年更新了 CEP 注册申请表和相关指南。EDQM 称最近发生的亚硝胺杂质事件突显出一些 CEP 持有人对自身的责任缺乏了解，为了使他们能够履行各自的法律责任，EDQM 发布了"CEP 持有人对其客户的责任"指南，以帮助澄清问题。该指南中共列举了 CEP 持有人对上市授权持有人（MAH）的下述几方面责任：

（1）及时提供 CEP 证书最新版给 MAH；

（2）与 MAH 分享未列在 CEP 证书及其附件上的重要信息，例如原料药的合成路线、亚硝胺杂质、元素杂质的风险评价细节等；

（3）CEP 变更；

（4）如有负面消息（例如亚硝胺杂质、严重的 GMP 不符合），与 MAH 保持透明度；

（5）数据完整性；

（6）如果 CEP 持有人不是原料药制造企业，相关的外包或技术协议。

该指南网址：https://www.edqm.eu/documents/52006/107691/CEP+holders+responsibilities+towards+their+customers+%28PA_ PH_ CEP+%2821%29+57%2C+January+2022%29. pdf/1d7f727a−715c−0b2c−a649−ec1da317a959? t = 1644230279163.

Intertek 天祥集团生命科学部提醒企业做好证书维护和 CEP 资料的维护，我们观察到国内企业持有的多个证书由于没有进行维护而导致过期失效。首次签发的证书有效期为 5 年，持有人应在第 4.5 年向 EDQM 提交续证申请。

2. EDQM 检查

EDQM 在年报中称，与全球许多监管机构一样，EDQM 的 GMP 检查计划也受新冠疫情影响，直到 2022 年 9 月才能进行现场检查，并且仅检查了一家印度企业。针对这种情况，EDQM 与国家检查机构合作进行了多次实时远程检查（RTEMIS）。EDQM 结束了实时远程检查计划的试点，现在将实时远程检查作为一种新工具用于常规监督 CEP 申请人的生产场地的 GMP 合规。在印度和中国实施了 9 次实时远程检查。从技术角度和预期成果来看，都很令人满意。此外，EDQM 通过与国际合作伙伴的检查员交换数据，对 10 个生产场进行了桌面评估。

Intertek 天祥集团生命科学部提醒我国企业注意，EDQM 并未取消现场检查方式，而是将实时远程检查作为一种新工具。随着新冠疫情和差旅限制的解除，各 CEP 证书持有人和申请人均应做好被现场检查的准备。

二、美国

（一）药品注册情况

1. 新药

FDA 药品评价和研究中心（CDER）发布的《2022 年新药物治疗批准》（*New Drug Therapy Approvals* 2022）中称，在 2022 年共批准了 37 个新颖药品（Novel Drug，所含活性物质先前从未在美国获得批准），作为新药申请（New Drug Application）下的新分子实体或作为生物制品许可申请（BLA）下的新治疗用生物制品获得批准（见表 5）；其中：

（1）有 20 个是同类首个（First-in-Class）新药，占 2022 年新颖药品的 54%；

（2）有 20 个被认定为罕见病药；

（3）有 28 个在第一轮审评中获得了批准，占 76%；

（4）有 25 个先于其他国家在美国获得批准，占 68%。

2022 年，CDER 批准了 7 个新生物类似药（biosimilar）。

"同类首个"新药是指药品的作用机理不同于现有疗法的作用机理。这 20 个同类首个新药分别是：Camzyos、Elahere、Enjaymo、Kimmtrak、Lunsumio、Mounjaro、Opdualag、Pluvicto、Pyrukynd、Sotyktu、Spevigo、Sunlenca、Tecvayli、Terlivaz、Tzield、Voquezna、Triple Pak、Vtama、Xenoview、Xenpozyme、Ztalmy。

20 个罕见病药分别是：Amvuttra、Camzyos、Elahere、Enjaymo、Imjudo、Kimmtrak、Krazati、Lunsumio、Lytgobi、NexoBrid、Opdualag、Pyrukynd、Rely-

vrio、Rezlidhia、Spevigo、Tecvayli、Terlivaz、Vonjo、Xenpozyme、Ztalmy。

表5　FDA 批准的 37 个新颖药品

序号	品名	活性成分
1	Quviviq	daridorexant
2	Cibinqo	abrocitinib
3	Kimmtrak	tebentafusp-tebn
4	Vabysmo	faricimab-svoa
5	Enjaymo	sutimlimab-jome
6	Pyrukynd	mitapivat
7	Vonjo	pacritinib
8	Ztalmy	ganaxolone
9	Opdualag	nivolumab and relatlimab-rmbw
10	Pluvicto	lutetium （177Lu） vipivotide tetraxetan
11	Vivjoa	oteseconazole
12	Camzyos	mavacamten
13	Voquezna	vonoprazan, amoxicillin, and clarithromycin
14	Mounjaro	tirzepatide
15	Vtama	tapinarof
16	Amvuttra	vutrisiran
17	Xenpozyme	Olipudase alfa
18	Spevigo	spesolimab-sbzo
19	Daxxify	daxibotulinumtoixnA-lanm
20	Sotyktu	deucravacitinib
21	Rolvedon	eflapegrastim
22	Terlivaz	terlipressin
23	Elucirem	gadopiclenol
24	Omlonti	oomidenepag isopropyl ophthalmic solution
25	Relyvrio	sodiumphenylbutyrate/taurursodiol
26	Lytgobi	futibatinib
27	Imjudo	tremelimumab
28	Tecvayli	teclistamab-cqyv

续 表

序号	品名	活性成分
29	Elahere	mirvetuximab soravtansine-gynx
30	Tzield	teplizumab-mzwv
31	Rezlidhia	olutasidenib
32	Krazati	adagrasib
33	Sunlenca	lenacapavir
34	Lunsumio	mosunetuzumab-axgb
35	Xenoview	hyperpolarized Xe-129
36	Briumvi	ublituximab-xiiy
37	NexoBrid	anacaulase-bcdb

2013—2022 年，FDA 平均每年批准约 43 个新颖药品见图 2。

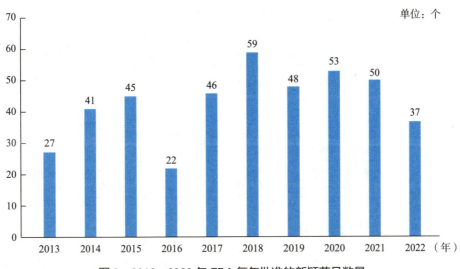

图 2　2013—2022 年 FDA 每年批准的新颖药品数量

2. 仿制药

FDA 仿制药办公室 2022 年报称，2022 年共有 914 个仿制药（ANDA）获得了批准或临时批准（全年每月批准数量见图 3），包括 106 个首仿（First Generic Drug）。

2022 年批准的 106 个首仿药中，有 3 个来自我国企业。

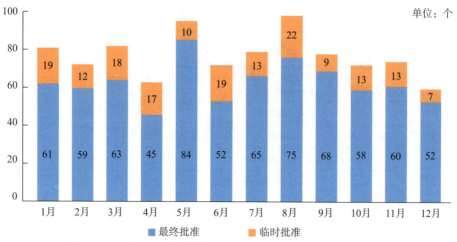

图3 2022 年 FDA 批准或临时批准仿制药（ANDA）月度统计

2023 年，截至 8 月 1 日，共批准了 32 个首仿药，持有人中无我国企业见表6。

表6 2022 年 FDA 批准的中国企业首仿药

ANDA	品名与规格	ANDA 申请人
215061	Gadobutrol Injection，2mmol/2mL（1mmol/mL），7.5mmol/7.5mL（1mmol/mL），10mmol/10mL（1mmol/mL），15mmol/15mL（1mmol/mL）Single-Dose Vial	江苏恒瑞医药股份有限公司
215846	Sodium Nitroprusside in 0.9% Sodium Chloride Injection，10mg/50mL（0.2mg/mL），20mg/100mL（0.2mg/mL），and 50mg/100mL（0.5mg/mL）Single-Dose Vials	海南普利制药股份有限公司
214271	Iodixanol Injection USP，270mg Iodine/mL and 320mg Iodine/mL Single Dose Bottles	江苏恒瑞医药股份有限公司

（二）场地注册和检查

FDA 药品与器械场地检查 2022 财年年报称，截至 2022 年 12 月 31 日，共有 10074 个美国药品场地和 5014 个国外药品场地在 FDA 进行了注册，2022 财年总场地数达 15088 个见表7、图4、图5。

表7 2017—2022 年美国在 FDA 注册的药品场地数量

单位：个

年份	制剂（FDP）场地	原料药（API）场地	其他场地	总量
2017	4482	1590	7123	13195

年份	制剂（FDP）场地	原料药（API）场地	其他场地	总量
2018	4183	1701	8044	13928
2019	3864	1709	8052	13625
2020	9249	1837	8336	19422
2021	6891	1822	8217	16930
2022	4992	1874	8222	15088

单位：个

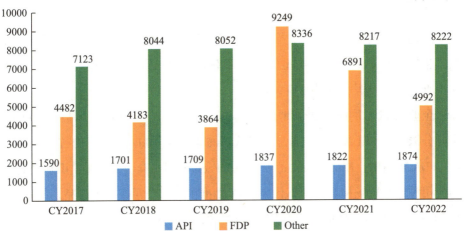

图4　2017—2022年美国在FDA注册的药品场地数量

单位：个

注：蓝色代表美国以外场地；橙色代表美国场地。

图5　2017—2022年FDA注册的药品场地国内外（美国）场地对比

针对在 FDA 注册的药品与医疗器械场地，FDA 共完成 2442 场 cGMP 检查见表 8。

表8　2017—2022 年美国在 FDA 场地检查数量

单位：个

地区	2017 年	2018 年	2019 年	2020 年	2021 年	2022 年
美国境内	3479	3297	3139	879	1311	2061
美国境外	1457	1321	1200	204	57	381
总数	4936	4618	4339	1083	1368	2442

上述检查包括药品 cGMP 检查、第二类和第三类医疗器械质量体系检查，但不包括 FDA 执行的其他类型的检查（例如：与产品相关或制药场地的批准前检查、第一类医疗器械的检查）。

企业在 FDA 网站完成场地注册（Establishment Registration）后，FDA 向企业分派一个 FEI 编号。FEI 是"FDA Establishment Identifier"的首字母缩写（在 FDA 指南中，Establishment 与 Firm、Facility 同义），用于 FDA 识别受监管的公司和追踪现场检查，并不代表 FDA 批准了某家公司或某个产品。换言之，在 FDA 完成场地注册的企业都是被 FDA 检查的对象。

因为新冠疫情，国内有不少生产酒精消毒洗手液、消毒湿巾、消毒凝胶等防疫物资的企业在 FDA 完成了场地注册，但这类产品在中国并非按药品管理。由于监管方式差异，造成企业可能并不知晓应该遵守美国药品 cGMP。这类企业很可能是未来几年 FDA 检查的重点。此外，我国有不少医药中间体企业也在 FDA 完成了场地注册。Intertek 天祥集团生命科学部在与这类企业接触中发现有些企业对 cGMP 欠缺了解，这对企业来说很危险。

笔者在 FDA 数据库查询了 2015 财年至今（2023 年 9 月 15 日）FDA 在中国大陆实施的人药、兽药、医疗器械检查数据，发现共有 1725 次检查，其中 2015 年至 2019 年每年达 200 次至 300 多次，而从 2020 年起，检查次数受新冠疫情影响大幅下降，为 9 次至 47 次，具体见图 6。

关于产品类型和检查结论分布（见图 7），医疗器械检查次数最多，有 812 次；人药次之，共 736 次；兽药仅占 177 次。但是很明显药品合规比例小于医疗器械，其中有大部分的人药、兽药检查被 FDA 作出了"OAI""VAI"结论。

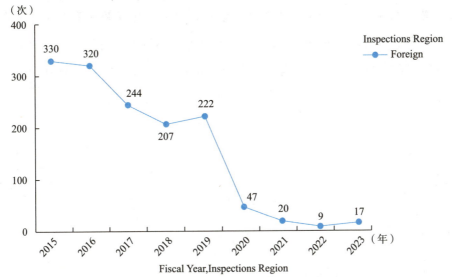

Foreign and Domestic Inspections
Fiscal Years: NOT 2009, 2010, 2011, 2012, 2013, 2014

图6 2015财年至2023年9月15日FDA在中国大陆实施的药品和医疗器械检查次数

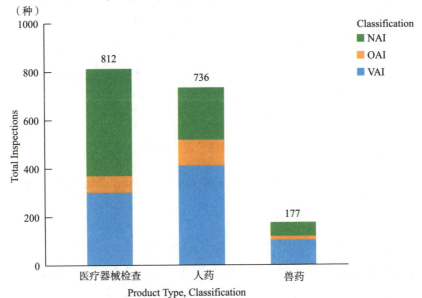

Inspections Classification by Product Type
Fiscal Years: NOT 2009, 2010, 2011, 2012, 2013, 2014

注：NAI＝No Action Indicated，未指示行动（这是最理想的FDA检查结论）；VAI＝Voluntary Action Indicated，指示了自愿行动（即签发了483表，由被检查方自愿整改）；OAI＝Official Action Indicated，指示了官方行动（例如签发警告信、进口禁令等）。

图7 产品类型和检查结论分布

从图8可知，2022年FDA在中国大陆仅实施了9次检查，但仍有企业不合规。可见，我国药企合规能力建设仍需加强。由于疫情和相关差旅限制的解除，在新冠疫情前几年间被FDA检查过的场地极有可能在未来几年被FDA复查，Intertek天祥集团生命科学部提醒这些企业要持续强化合规建设。

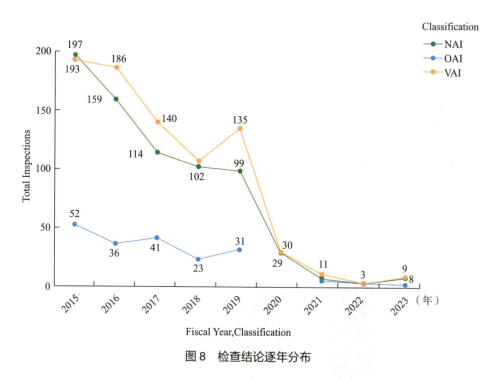

图8　检查结论逐年分布

（三）受FDA重要监管的组织（Significantly Regulated Organizations，SRO）

FDA官网公布了自2017年至2023年的SRO名单。该清单每月更新一次，即有部分组织被添加到名单中，也有部分组织从名单中删除。SRO名单中收录了满足以下任何一个标准的上市公司、美国或外国证券交易所：

（1）该组织受FDA监管的产品销售额占该组织上一财年年度总销售额的10%及以上；

（2）无FDA监管产品销售记录的组织，如果其业务主要在FDA监管的领域，或者合理预期其研究、开发或其他业务活动会引发受 FDA 监管产品的开发，则被视为受重要监管。

Intertek 天祥集团生命科学部提醒上述企业严格遵守美国市场监管要求，积极应对监管。

第五篇

区域发展

浙江省医药产业国际化发展综述

浙江省药品监督管理与产业发展研究会

浙江省位于中国东南沿海地区，是中国医药产业发展的重要地区之一，拥有完善的医药产业链条和优越的地理位置优势。近年来，浙江省政府出台了一系列支持政策，鼓励企业投资和创新，持续加大医药研发投入，注重医药产业与高新技术融合，积极拓展医药产业国际合作，在技术创新、产业链完善和国际合作等方面取得了显著进展。

一、浙江省医药产业发展概述

2022 年，浙江省医药产业克服疫情影响，抢抓机遇，主动适应政策市场变化，主要指标总体保持平稳较快增长，在各大工业大类中位居前列，运行态势明显好于全省工业面好于全国行业平均水平，主要体现在：

（一）覆盖全产业链的产业基础基本形成

医药产业是浙江省重点谋划发展的十大标志性产业链之一。截至 2022 年底，全省共持有《药品生产许可证》企业 476 家，其中化学药制剂生产企业 152 家，原料药生产企业 153 家，中药制剂生产企业 92 家，中药饮片生产企业 79 家，药品批发企业 641 家，药品零售企业 23071 家，医疗器械生产企业 2425 家、经营企业 68722 家，化妆品生产企业 596 家（含牙膏 12 家），化妆品注册人/备案人 1407 家，境内责任人 256 家。涵盖医药生产、医药流通、医疗器械、医药外包服务、数字医疗等各个领域，覆盖全产业链的良好产业基础基本形成。

（二）显示发展韧性的产业规模效益稳步提升

2022 年浙江省医药产业全年实现工业总产值 2959 亿元，同比增长 12.9%，产业规模跃居全国第四；实现营业收入 2847.4 亿元、利润总额 525.4 亿元，分别同比增长 11.9%、6.7%；销售利润率为 18.5%，位居本省各工业大类首位；医药制造业工业增加值同比增长 16.2%，增速在浙江省各工业大类中位居第 5 位，对全省工业增加值贡献率为 8.1%，增速高于全国医药（−3.4%），高于我省规上工业（4.2%）。从重点领域看，据统计，2022 年医疗器械、生物药、中药、化学药工业总产值分别同比增长 15.8%、13.1%、11.4%、5.4%，均保持平稳增长态势。

（三）体现发展后劲的产品数量结构持续优化

截至 2022 年底，浙江省共有药品批准文号 5086 个，其中中药 1368 个，化学药制剂 3665 个，生物制品 53 个，另有原料药登记号 1110 个；全省现有医疗器械第三类注册证 1006 个，第二类注册证 6615 个，第一类备案总量 11659 个，注册备案产品总数达 19280 个；2022 年，经浙江省药监局新增备案国产普通化妆品和进口普通化妆品分别为 30667 个和 892 个，现有国产普通化妆品累计 5.39 万个、进口普通化妆品累计 4246 个。在产品结构上，实施"双尖双领"计划，聚焦结构生物学及关键生物技术、新药创制与高端医疗器械领域发布榜单 51 个，部署实施创新医药项目 120 余个，以生物制药、创新药物、高端医疗器械为主要发展方向的产品制造格局基本形成。

（四）驱动产业高质量发展的创新生态不断完善

浙江省政府对医药行业高度重视，出台了一系列扶持医药产业发展的政策，在继 2021 年出台《浙江省医药产业发展"十四五"规划》后，2022 年又发布了《促进生物医药产业高质量发展行动方案（2022—2024 年)》等文件，旨在推动浙江医药产业向高质量、高水平方向发展。2022 年，浙江省生物医药产业研发费用占营业收入比重达 5.55%，在全省各工业大类中位居第 2 位，占比较上年同期提高 0.19 个百分点，高于全省规上工业面上 2.62 个百分点；全省新备案临床试验机构 6 家，累计药物临床试验机构达 72 家，积极推进 3 家国家级临床医学研究中心和 27 家省级临床医学研究中心建设，新认定生物经济领域省级工程研究中心 13 家。创新成果不断涌现，2022 年，2 个创新药和 2 个改良型新药获批上市，143 个创新药获批临床；7 个第三类创新医疗器械和 14 个第二类创新医疗器械获批上市，25 个产品（其中三类 14 个，二类 11 个）进入创新医疗器械特别审批通道，数量再创历史新高。

（五）以龙头企业为支撑的产业集群态势进一步显现

2022 年，培育生物医药领域高新技术企业 549 家（其中新认定 275 家），省科技型中小企业 858 家。前百强生物医药企业营业收入合计占全省生物医药产业比重为 79.4%，其中前二十强龙头企业占比 42.4%，龙头企业引领效应突出；13 家企业入选"中国医药工业百强榜单"，数量位居全国第二；10 家企业入选省"雄鹰行动"培育企业（年营业收入 100 亿元以上，主导产品或服务市场占有率居国内前三、世界前列），其中 2022 年新入选 4 家（全省各行业 27 家）；全省累计有 74 家医药领域上市公司，占全国同行企业总数近 1/7，居全国首位，其中 2022 年新增 5 家；入选"隐形冠军"医药企业共 30 家，其中 2022 年新入选 5 家（全省各行业 62 家）；入选国家工信部专精新特"小巨人"企业中，涉及药械化领域共 48 家。在此基础上，医药重点产业集群建设加快，杭州市钱塘区、绍兴滨海新区、台州临海市等 8 个县市区入选"浙江制造"省级特色产业集群中的生物医药与医疗器械产业集群创建名单，2022 年杭州、台州、绍兴等重点地区占全省医药产值比重达 77.7%，核心引领作用进一步提升。

二、浙江省医药产业国际化发展情况

（一）医药产业进出口基本情况

浙江省的医药进出口业务较发达，与全球多个国家和地区均有贸易往来。

进口主要涉及高端医疗器械、稀有药品等，出口则以化学药品、中药、生物制品等为主。2022年，浙江医药材及药品进出口额达393.6亿元，同比下降42.2%；其中，医药材及药品出口231.0亿元，同比下降54.5%；医药材及药品进口162.7亿元，同比下降6.0%。其具体结构分布如下：

1. 产品结构分布

医药品及药材主要为中药材、中式成药、抗菌素（制剂除外）、医用敷料。2022年抗菌素、医用敷料分别进出口54.6亿元、32.7亿元，同比增长18.2%、28.6%。从出口情况看，抗菌素、医用敷料分别出口54.5亿元、31.8亿元，同比分别增长18.1%、29.8%。从进口情况看，中药材和抗菌素分别进口16919万元、804万元，同比分别增长32.2%、124.2%。

2. 地市结构分布

2022年，浙江医药材及药品主要贸易地市为杭州、绍兴、金华，分别进出口192.3亿元、65.8亿元、44.5亿元，合计占比76.9%。

3. 市场结构分布

2022年，浙江医药材及药品主要贸易国别为法国、美国、英国，分别进出口58.3亿元、51.0亿元、41.9亿元，同比分别下降17.0%、19.9%、59.0%。从出口情况看，英国、德国、法国分别出口5.3亿元、19.2亿元、4.0亿元，同比分别下降90.6%、83.7%、83.2%。从进口情况看，从英国进口36.7亿元，同比下降20.6%，占比22.6%。

（二）浙江医药产品出口特点

（1）从医药品出口数值看，在世纪疫情和百年变局的交织影响下，2020年至2022年三年间，全省医药品出口前期快速增长，后期大幅回落。据统计，2020年，全省医药品出口首次超过300亿元达到300.4亿元，增长45.1%，占全国医药品出口总值的18.9%，份额提升2.4个百分点，居全国首位（2019年出口微弱优势超过江苏跃居全国首位）；2021年是高速增长的一年，全球疫情蔓延导致国际市场对医药品需求继续增长，我国医药产业链、供应链稳定优势继续显现，推动医药出口迈上新台阶。当年，全省出口达到 507.8 亿元，增长 69.0%，占全国的 15.8%，居第 2 位（北京出口激增 14.3 倍占全国的 32.5%）；2022 年，受国内新冠疫情对生产、物流影响，境外疫情防控政策调整和全球经济增长放缓导致需求下降，全省医药品出口 231.0 亿元，下降 54.5%，降幅较全国大 6.8 个百分点，导致占全国份额降至 13.8%，被江苏反超继续居全国第 2 位。

（2）从医药企业出口主体看，2021 年至 2022 年三年间，全省医药品出口市场主体稳步增加。其中，出口企业数量从 2020 年的 2744 家增加至 2022 年的 3360 家；民营企业全省医药品出口比重从 2020 年的 72.7% 提升至 2022 年的 77.8%。

（3）从出口市场结构看，欧盟和美国是浙江医药品前两大出口市场，约占四成的出口比重。2022 年，浙江对欧盟出口下降 76.5%，致使医药品整体出口下降 36.3 个百分点，是导致出口大幅下降的重要原因。对金砖成员国、东盟、非洲等新兴市场出口比重提升，2022 年，上述三个市场出口比重分别为 17.1%、9.3% 和 4.9%，较 2020 年分别提升 5.6、1.6 和 0.8 个百分点。

（4）从出口产品看，浙江省主要出口的是药品原料和以体外诊断试剂为主的医疗器械产品。2021 年全省原料药出口达 85 亿美元，位居全国第一。近三年来，办理药品出口销售证明 797 份，办理出口欧盟原料药证明文件 376 份，促进了全省原料药出口；2021 年全省医疗器械出口总额 129.88 亿元，同比增长 21.34%，位列全国第二，发展势头良好。另外，浙江省还积极采取措施鼓励中药企业"走出去"，浙江中医药展区首次亮相 2022 年中国国际服务贸易交易会；据不完全调查统计，2022 年，我省药品生产企业以保健品、药品、中药提取物出口中药销售额约 1800 万美元。

三年来，浙江医药产业也为抗击全球新冠疫情作出了贡献。2022 年，助推东方基因、艾康生物、奥泰生物等研发的 3 个抗原检测试剂盒获批上市，日产能达 4000 万人份，荣获日产能、国内供应量、出口全国"三第一"；2022 年，全省出口新冠检测试剂 300.6 亿元，增长 12.1%，占全国新冠检测试剂出口总值的 48.9%，位居首位。(但自 2022 年 4 月起，受欧美防疫政策调整影响，新冠检测试剂出口锐减，12 月降至 2.3 亿元)

（三）浙江部分重点医药出口企业简介

1. 华海药业

浙江华海药业股份有限公司创立于 1989 年，是一家集化学药、生物药、医药包装及贸易流通为一体的医药企业，2003 年在上交所上市。华海药业是国内首家制剂通过美国 FDA 认证、首家自主拥有 ANDA 制剂文号、首家实现制剂规模化出口美国市场、首家挑战美国原研专利的制药企业。公司业务覆盖化学药、生物药、医药包装、贸易流通等多个领域，与全球近千家制药企业建立了长期合作关系，为 100 多个国家和地区提供医疗健康产品。产品涵盖：心血管类、精神障碍类、神经系统类、抗感染类等领域，是全球主要的心血管、精神类健康医疗产品制造商之一。目前海外分子公司遍及美国、德国等地，并在全球设立海外办事处近 20 个。美国市场方面，于 2012 年收购美国知名药品商业流通公司 SOLCO，逐步构建海外自主营销渠道，现已形成包括自主销售、大批发商、终端连锁店和商业公司等多渠道的营销体系，主要客户覆盖 95% 的美国仿制药市场。截至 2023 年 8 月，公司拥有 91 个制剂产品的 ANDA 文号，30 多个产品市场占有率居前，华海品牌已被美国主流市场所认可。

2. 新和成

浙江新和成股份有限公司成立于 1999 年，2004 年在深交所上市，目前在浙江新昌、浙江上虞、山东潍坊、黑龙江绥化建有四个现代化生产基地。公司立足于精细化工行业，专注于营养品、香精香料、高分子材料和原料药研发、生产和销售，产品销往欧美、东南亚、中东等 100 多个国家和地区，并在海外设立了欧洲、南美、中国香港、新加坡销售子公司和研发机构。新和成坚持创新驱动发展和在市场竞争中成长的理念，不断延伸产业产品链，打造终端产品多样化的生产经营模式。2022 年公司营业收入为 159.34 亿元，出口占比约 50%，净利润 36.38 亿元。目前，公司已成功跻身中国精细化工百强（第 2 位）、中国上市公司百强，正朝着全球领先的功能化学品企业愿景目标迈进。公司原料药产品主要涵盖维生素类系列、抗生素系列、医药中间体系列，包括维生素 E、维生素 A、维生素 D_3、盐酸莫西沙星、辅酶 Q_{10}、维生素 C 等，市场占有率较高。公司发挥现有维生素类产品的产业优势，不断研发和产业化新原料药品种，包括维生素类、解热镇痛类、眼科用药类等。同时通过与国际著名制药公司开展合作，持续拓展海外市场，不断提高在原料药领域的影响力，为全球制剂企业提供高品质的原料药和中间体。

3. 海翔药业

浙江海翔药业股份有限公司位于浙江台州，是控股于东港集团旗下的一家主要生产特色原料药、制剂以及精细化学品、染料及染料中间体的上市公司，是全国医药工业企业创新能力百强企业之一、国家火炬计划重点高新技术企业、浙江省首批诚信示范企业、浙江省自营出口优秀生产企业。公司主要产品为抗生素类、心血管类、降糖类等原料药、精细化学品、制剂、染料及中间体。公司的发展战略是：立足中国、布局全球、高端合作、中外联动，发展成为卓越的涵盖医药和染料的全产业链经营、产业价值链竞争的医化高端企业。公司医药产品出口量在 70% 以上，其中克林霉素系列产量稳居全球领先地位，尤其是盐酸克林霉素产品市场占有量较高，该产品通过了中国、美国、欧洲、日本、巴西、墨西哥等国家（地区）GMP 认证，为欧洲药典、美国药典提供过杂质标准品，主要出口美国、欧洲、日本、印度、巴西、墨西哥等国家（地区），与辉瑞、诺华、Sunpharm 等公司建立合作伙伴关系，2022 年该产品出口销售额达 1.58 亿元。

4. 国邦药业

浙江国邦药业有限公司成立于 2000 年 10 月，是国邦医药集团股份有限公司下属骨干企业，公司地处浙江省绍兴市上虞区，位于浙江杭州湾上虞经济技术开发区。公司主要从事医药原料药、动保原料药、特色原料药和关键医药中间体的研发、生产和经营，是国内化学合成医药原料药、动保原料药的著名生产商。公司主导产品为喹诺酮类抗菌药、大环内酯类抗菌药，其中阿奇霉素、克拉霉素、罗红霉素、环丙沙星等产品是全球的主要制造商，生产能力和市场占有率均达到国内国际市场的 35% 以上，产品远销 115 个国家和地区，覆盖 65 亿人口，销售网络遍及全国各地及美国和欧洲各国市场。国邦药业是国家高新技术企业，拥有国家级博士后科研工作站、省级药物研究院和省级企业技术中心。其主要产品在美国、欧盟、日本、韩国和巴西等国家或地区都有注册，目前共获批 13 个原料药产品的 CEP 证书，9 个原料药产品在美国提交注册申请，目前已获批 2 个原料药产品。主导产品已通过欧盟 EUGMP、美国 FDA、日本 PMDA、巴西 ANVISA、韩国 MFDS 等认证。

5. 海正药业

浙江海正药业股份有限公司始创于 1956 年，2000 年发行 A 股上市，属于国有控股上市公司。先后荣获国家首批创新型企业、国家技术创新型示范企业、工信部"全国工业品牌示范企业"等称号，多次入选中国制造业企业 500 强、中国医药工业百强企业等。近年来先后承担了国家重大新药创制专项课题 50 余项，获省部级以上科技进步奖 10 多项，累计申请专利 989 项，拥有授权专利 504 项。经过 60 多年的发展，海正药业已成为一家集研产销全价值链、原料药与制剂一体化、多地域发展的综合性制药企业，专注于创新药、生物药、仿制药和高端原料药的研发、生产、销售，药品涵盖抗肿瘤、抗感染、心血管、内分泌、免疫抑制、抗抑郁、骨科等十多个治疗领域。目前生产 100 多个品种，出口欧洲、美洲和亚洲等 70 多个国家与地区，拥有 400 多家海外客户，协助全球 300 多个制剂客户完成欧美等 100 多个市场的药政注册，数十个药品已通过国际高端认证，在包括美国 FDA、加拿大 HC 等国际机构完成注册并获得批准，同时，在东南亚、拉美和中东地区先后获得 20 多个国家或地区注册证和 GMP 证书。近 3 年来还参与米卡芬净钠 USP2020、替格瑞洛 USP2020、辛伐他汀 EP2021、西罗莫司 USP2021、盐酸多奈哌齐 EP2021、阿哌沙班 USP2022、盐酸柔红霉素 EP2022 等标准的制定。

6. 天宇药业

浙江天宇药业股份有限公司是一家集专业研发、制造、销售高级医药中间体、特色原料药和制剂的制药企业。公司成立于 2003 年，总部位于浙江台州，同时在上海、杭州、盐城、潍坊、常州等地均设有生产基地和研发中心。

浙江天宇药业股份有限公司于 2017 年 9 月在深交所上市。公司主要产品涵盖降血压类、降血糖类、降血脂类、抗血栓类和抗哮喘类药物中间体、原料药和制剂，是全球主要的心血管类原料药制造商之一，其中沙坦类原料药及中间体在全球规模最大、品种最齐全。主要产品氯沙坦钾、厄贝沙坦、缬沙坦、奥美沙坦酯、坎地沙坦酯、孟鲁司特钠等已在美国、欧盟、日本、韩国、中国等多个国家（地区）批准注册。产品畅销海内外市场，诺华、默沙东、赛诺菲、武田、梯瓦等均是公司战略客户。据中国海关总署公布的统计资料显示，天宇药业沙坦类原料药及中间体的出口量居全国第一。

7. 华东医药

华东医药股份有限公司创建于 1993 年，于 1999 年 12 月在深圳证券交易所上市。历经 20 余年的发展，公司业务覆盖医药全产业链，以医药工业为主导，同时拓展医药商业、医美产业和工业微生物业务，已发展成为集医药研发、生产、经销为一体的大型综合性医药上市公司。公司产品覆盖移植免疫、内分泌、慢性肾病、消化系统、抗生素、抗肿瘤以及心血管七大治疗领域，主要产品有阿卡波糖片、吡格列酮二甲双胍片、盐酸吡格列酮片、环孢素软胶囊、环孢素口服液、他克莫司胶囊、吗替麦考酚酯分散片、百令胶囊、注射用泮托拉唑钠、泮托拉唑钠肠溶胶囊、注射用达托霉素，以及发酵/合成来源的原料药/中间体等。化药原料药和仿制药多次通过美国 FDA 现场检查，并取得 EU-GMP 证书；化药原料药取得 COS 证书并多次通过日本 PMDA 周期性GMP 符合性检查。其中，绝大部分的发酵/合成原料药都已形成商业规模的出口，制剂的出口主要包括注射用泮托拉唑钠和百令胶囊。主要出口国家（地区）包括美国、欧盟、印度、日本、韩国、巴西、加拿大、土耳其、伊朗、越南、新加坡、马来西亚、肯尼亚、哥伦比亚等。

8. 浙江医药

浙江医药股份有限公司创建于 1997 年 5 月，1999 年 10 月公司股票在上海证券交易所挂牌上市。其在国内主要有 11 家分公司（子公司）和医药工业研究院、上海来益生物药物研究开发中心 2 家研发单位，海外有 ZMC 欧洲有限责任公司、ZMUC 公司（美国）和 ZMC-UK 公司（英国）等三家公司。浙江医药为国家高新技术企业，国家级创新型企业，拥有国家级博士后科研工作站及国家级企业技术中心。被商务部授予重点培育和发展的出口名牌企业，是国家级"绿色工厂"，是浙江省重点扶持的 145 家龙头骨干企业之一。公司拥有一流的符合 GMP 要求的化学制药、微生物制药和制剂生产设施，是中国维生素类、抗耐药抗生素类和喹诺酮类药物的重要生产基地。其主导产品有维生素 E、维生素 A、维生素 D3、斑蝥黄素、β-胡萝卜素、番茄红素、叶黄素等维生素及类维生素产品，盐酸万古霉素、替考拉宁、达托霉素、盐酸米诺环素、本芴醇、左氧氟沙星、苹果酸奈诺沙星等原料药及其制剂，均通过了当地国家或地区的认证，并销往全球，在欧洲、北美、南美、东南亚、日本、韩国、印度等地的市场都取得一席之地。为进一步赢得市场优势，公司坚持以技术、成本和质量在行业内领先，是叶黄素和玉米黄质（美国）FCC Ⅶ标准以及叶黄素制品和叶黄素 USP32-NF 标准的制定者。

9. 埃斯特维华义

埃斯特维华义制药有限公司（EHP）位于浙江省绍兴市越城区临海路，是西班牙 ESTEVE 制药集团与杭州华东医药集团在中国创立的第二家中外合资企业，专业从事化学原料药（活性医药成分）及高级中间体的研发、生产与销售。公司的注册资本为 5550 万美元，投资总额为 10550 万美元，占地面积 198.5 亩，产能约 260 吨/年。公司客户以欧美日等国家或地区客户为主，产品构成以第三方定制加工的原料药及中间体为主，出口欧、美、日、韩、加拿大等国家和地区。同时，公司有关原料药产品如伊布替尼、琥珀酸索利那新、盐酸度洛西汀、波生坦等均已通过美国、日本、欧盟等相关国家或地区的注册审评，并通过了 FDA（美国）、HPRA（欧盟）、PMDA（日本）、MFDS（韩国）等国家或地区的 GMP 检查。

10. 康恩贝生物

浙江金华康恩贝生物制药有限公司是浙江康恩贝制药股份公司（600572）控股的一家专业化学制药公司。在特色化学原料药和冻干、缓控释制剂方面具有国内领先优势，是浙江省重点医药骨干企业和国家重点高新技术企业。公司具有较强的新药研究开发能力和科技成果转化能力，长期与中科院成都有机所、沈阳药科大学、中国科技大学等十多家知名科研院所开展产学研合作，以企业为主体，高等院校和科研院所为重要依托的产学研合作的技术创新体系和运行机制，运转良好。组建的美国康恩贝公司，聚焦国际化研发，引进高端研发人才，构建消化、抗感染、老年用药领域研发核心竞争优势。公司出口产品主要为原料药硫酸阿米卡星、盐酸大观霉素、硫酸大观霉素、赛拉菌素等品牌产品，与美国、意大利、德国、瑞士、巴西、印度、伊朗等国家和地区建立了长期稳定的合作关系。同时，公司乙酰半胱氨酸溶液剂和恩替卡韦片也在美国进行了 ANDA 注册，即将获批进入美国市场。公司整体通过国家 GMP、ISO 9001、ISO 14001 和 OHSAS18001 认证，其中原料药大观霉素和口服固体制剂生产线（含青霉素）通过了欧洲 CGMP 认证，原料药大观霉素、片剂生产线和无菌液体剂等生产线通过了美国 FDA 认证，且多个原料药品种获得欧洲 CEP 证书。

三、浙江医药产业国际化面临的问题和困难

（一）国际化战略不明确，目标定位不清晰

在政府层面，无论是规划还是行动方案，都缺乏明确的国际化目标、要求和措施，国际技术合作、产能合作等方面支持力度不大，没有统一的国际化合作平台，缺乏比较系统的国际化政策扶持措施等；在企业层面，大多数企业没有确定的全球市场化定位，无法有效地把握市场机会，缺乏全球化的经营管理，更缺乏全球化的营销策略等。

（二）产品结构和品牌形象有待提高

浙江医药出口产品结构仍以中低端原料类产品为主，制剂特别是高端制剂、医疗器械产品很少，利润率低，国际竞争力不强；医药出口企业规模也

相对较小，品牌形象与国际知名品牌相比还存在一定差距。在国际化过程中，如何提高具有自主知识产权的核心技术水平，树立品牌形象等方面还存在诸多挑战。此外，由于医药产品的特殊性，医药企业需要投入大量的资金和精力进行质量管理和产品认证，同时也增加了国际化的难度。

（三）国际化人才短缺

医药产业国际化需要具备跨文化交流、创新能力和市场洞察力等高素质人才。然而，目前浙江医药产业还面临着国际化人才短缺的问题，无论是注册、质量方面，还是营销、推广方面都缺少专业人才，需要快速加强人才培养和引进；另外还缺乏具有国际化视野和经验的管理团队和营销团队，这也制约了浙江医药企业的国际化进程。

（四）政策和市场环境不完善

虽然各级政府已经出台了一系列支持医药产业的政策，但在涉及国际化方面的知识产权保护、金融支持、人才培养等方面还需要进一步加强政策支持和引导。此外，浙江医药企业在国际市场上面临着贸易壁垒、知识产权保护等问题，需要加强与国际社会的交流与合作，营造良好的市场环境。

浙江医药产业国际化发展前景广阔，但同时也面临着诸多挑战。随着全球医药市场的不断扩大和竞争的加剧，浙江医药产业国际化发展成了行业的重要趋势。未来，浙江医药产业将面临更多的机遇和挑战，其国际化发展的前景将更加广阔。

深圳生物医药产业国际化发展机遇与路径探索

深圳市生命科学与生物技术协会 宋海霞

深圳作为国际都市之一，药品监管逐渐趋于国际标准，加上"港澳药械通"政策的实施，国际生物谷、河套深港科技创新合作区、大湾区疫苗创新中心的成立为深圳市生物医药产业国际化发展创造了良好的生态环境。深圳生物医药企业勇于探索，主动寻求多元化出海路径，助力深圳打造国际一流的生物医药产业高地。

一、深圳生物医药产业现状

（一）产业概况

深圳市统计局统计结果显示，深圳市从 2009 年开始重点打造生物医药产业集群以来，生物医药产业规模保持高速增长。2009—2020 年，深圳市生物医药产业增加值年平均增幅约为 10%，其中 2016—2017 年期间增幅最高，接近 30%。自 2021 年开始，深圳将大健康产业也同步纳统进来，2022 年医药与健康产业增加值突破 600 亿元（见图 1）。

（二）出口现状

2022 年深圳市药品出口企业 19 家（包括 13 家化药企业、4 家中药企业和 2 家生物制品企业），与上年相比，新增健康元药业 1 家企业，是深圳首次出口澳门地区的企业。天道医药出口值位居全市首位，占深圳市药品出口总值的比例超过 50%，其肝素钠制剂于 2014 年通过美国 FDA 批准，依诺肝素钠制剂于 2016 年获欧盟 EMA 批准（见表 1）。

图 1 2009—2022 年深圳市生物医药产业增加值①

表 1 2022 年深圳市药品生产企业出口情况

序号	企业名称	主要涉及品种	所属类别	出口国家/地区
1	天道医药	依诺肝素钠原料药、依诺肝素钠注射液	化学制剂、原料药	欧洲
2	海普瑞	肝素钠原料药	化学原料药	法国、德国、墨西哥
3	海滨制药	注射用美罗培南、美罗培南混粉、亚胺培南西司他丁钠混粉	化学制剂、原料药	德国、菲律宾、南美、中东、亚洲、白俄罗斯、土耳其
4	津村药业	苍术、三岛柴胡、茯苓	中药材	日本
5	国药致君（深圳）	注射用头孢曲松钠、注射用头孢唑林钠	化学制剂	法国、意大利、澳大利亚
6	信立泰	盐酸头孢吡肟/L-精氨酸 &0 菌原料药、头孢呋辛钠 &0 菌原料药	化学制剂	巴西、俄罗斯、孟加拉国、英国、埃及、韩国
7	卫光生物	静注人免疫球蛋白（PH4）	生物	巴西
8	立健药业	注射用头孢呋辛钠、注射用头孢噻肟钠、注射用头孢曲松钠	化学制剂	德国
9	国盛实业（深圳）	枸杞子、黄芪、山药	中药材	中国香港

---

① 2021 年和 2022 年产业增加值包括生物医药和大健康产业，深圳国民经济和社会发展统计公报。

序号	企业名称	主要涉及品种	所属类别	出口国家/地区
10	华润九新	头孢曲松钠、头孢噻肟钠、头孢唑林钠	化学制剂	西班牙
11	沃兰德	盐酸去氧肾上腺素、重酒石酸去氧肾上腺素、盐酸依替福林	化学原料药	美国、加拿大、泰国、埃及
12	赛保尔	人促红素注射液	生物	菲律宾、泰国、缅甸
13	翰宇药业	原料药、客户肽、特利加压素	化学制剂、原料药	美国、印度、巴基斯坦
14	和顺本草	防风、北柴胡、太子参	中药材	中国香港
15	万和制药	复方氨基酸胶囊、复方氨基酸微丸	化学制剂	乌兹别克、越南、缅甸
16	康恩药业	党参（极级、特级、王级）	中药材	中国香港
17	万乐药业	注射用盐酸阿柔比星	化学制剂	日本
18	中核海得威	尿素胶囊呼气试验药盒	化学制剂	韩国、马来西亚
19	健康元药业	吸入用布地奈德混悬液	化学制剂	中国澳门

资料来源：深圳市市场监督管理局药品处。

二、深圳生物医药产业国际化进程

（一）产业生态环境

1. 产业园区建设国际化

深圳生物医药空间布局主要分布在坪山、福田、光明、大鹏等辖区，随着中国正式加入 ICH，深圳市大力推动国际化生物医药专业园区建设。

深圳市与香港共建河套深港科技创新合作区。2017 年 7 月 1 日，签署《深化粤港澳合作推进大湾区建设框架协议》（以下简称《协议》），《协议》明确要共同开发建设合作区。2023 年 8 月，国务院发布《河套深港科技创新合作区深圳园区发展规划》（以下简称《规划》），《规划》提出要协同香港推动国际科技创新、联手打造国际一流科技创新平台，建设具有国际竞争力的产业中试转化基地，支持先进生物医药技术创新应用、构建国际化的科技创新体制机制等主要任务。

深圳市坪山区率先建设全国首个对标 ICH 国际标准的生物医药产业园（以下简称 ICH 园区），ICH 园区要求企业在临床前研究、临床试验开展、产品注册申报、生产管理等方面遵循国际标准，帮助提升深圳市生物医药企业研发能力，助力深圳创新药走向国际。同时，园区成立顾问委员会和政策顾问委员会，为深圳生物医药研发单位提供技术指导和决策支持。

深圳市大鹏区将深圳国际生物谷生命科学产业园打造成深圳国际生物谷，该园区围绕生命信息、生物医学工程、生物医药与高端医疗、生命健康服务等重点发展产业引进多个国际知名团队，包括"DNA 之父"詹姆斯·沃森的"沃森生命科技中心"、巴里·马歇尔建设的幽门螺杆菌检测及精准医疗中心、美国三院院士伯纳德·罗兹曼的罗兹玛转化医学研究院。

深圳市光明区于 2023 年 8 月与德国默克生命科学签署战略合作协议，默克生命科学南中国中心将落户深圳光明。德国默克集团[①]总部位于德国达姆施塔特，专注于生命科学、医药健康和电子科技三大领域，默克生命科学主要提供生命科学解决方案，目前拥有超过 30 万个广泛产品组合，未来将助推光明区生物医药的科学研究，提高生物医药研发和生产的质量和效率，逐步与国际市场接轨。

2. 研发平台搭建国际化

深圳与跨国企业、科研单位合作共建研发平台。深圳市坪山区于 2010 年 7 月便引进了跨国企业赛诺菲巴斯德，经过十年发展，于 2020 年 10 月与其合作建立了全球首个国际化疫苗创新中心，又于 2023 年 4 月，坪山区人民政府再次与赛诺菲疫苗签订关于继续加速创新疫苗产品准入合作意向书，不断推动了坪山生物医药产业高质量发展。另外，深圳市南山区清华大学深圳国际研究生院是清华大学深圳研究生院和清华-伯克利深圳学院合作共建形成的包

---

① 德国默克官网. https://www.merckgroup.com.cn/cn-zh.

括生物医药产业在内的"6+1"① 个主题领域。

3. 临床试验开展国际化

临床试验是生物医药实现科研成果转化的关键环节，国际多中心临床试验的开展有利于提高深圳市临床研究水平，提升深圳市新药研发水平。2022 年深圳 13 家医疗机构多家药企共开展 240 项国际多中心临床试验，如普瑞金细胞治疗领域 CD19 治疗 B–ALL 项目、CD19 治疗淋巴瘤项目、治疗多发性骨髓瘤项目等多个在研产品同步开展国际多中心临床试验。国际多中心临床试验的开展有利于提高深圳市临床研究水平以及深圳市新药研发水平。

4. 产品市场准入国际化

产品市场准入国际化既指将国外的优质进口药引进来，也鼓励深圳市的创新药品走出去。引进来方面，深圳市可直接使用部分指定的临床急需进口药品。2022 年 1 月 26 日，国家发展改革委、商务部发布《关于深圳建设中国特色社会主义先行示范区放宽市场准入若干特别措施的意见》（以下简称《意见》），《意见》支持在深圳开业的指定医疗机构使用临床急需、已在港澳上市的药品和临床急需、港澳公立医院已采购使用、具有临床应用先进性的医疗器械。截至 2022 年底，广东省卫健委共批准 19 家"港澳药械通"内地指定医疗机构，其中，深圳市的香港大学深圳医院、深圳市前海蛇口自贸区医院、深圳禾正医院、深圳希玛林顺潮眼科医院 4 家医疗机构获批。截至 2023 年 4 月 23 日，粤港澳大湾区内地临床急需进口港澳药品共 28 个品规。走出去方面，深圳市创新药逐步走向国际。福沃药业是一家专注于抗肿瘤领域新一代靶向治疗创新药物研发的创新药企，其新一代 EGFR/HER2 双靶点非小细胞肺癌靶向药 FWD1509 和第三代口服选择性雌激素受体降解剂 FWD1802（Oral SERD）同时进入中美临床试验阶段，未来，有可能会进入美国、欧盟和日本等国际市场。

---

① 能源材料、信息科技、医药健康、海洋工程、未来人居、环境生态和创新管理

5. 活动交流国际化

深圳市作国际化都市，一直在为加速深圳市生物医药产业国际进程贡献力量，近两年，在市工信局、市发改委等政府职能部门以及行业协会的组织下，深圳市通过开展中德、中澳国际论坛合作促进生物医药项目的国际研究与合作，不断扩大生物医药产业的国际影响力。

2022年3月，澳大利亚贸易投资委员会（以下简称澳贸委）联合深圳市生命科学与生物技术协会、广东医谷、深圳坪山ICH园区举办"从中国走向全球市场——赴澳开展临床试验"论坛。此次论坛旨在加强中澳临床试验领域的交流与合作，协助我国及深圳生物医药企业加速走向国际市场。

2023年3月，中德（深圳）经济论坛在深圳举办，深圳市市长覃伟中，德国工商大会全球对外贸易首席执行官、董事会董事出席该论坛，该论坛是国内近三年首个大规模中德经贸线下交流活动，也是中德生物医药产业、技术、学术交流合作的综合性平台，论坛吸引大批优秀中德企业参加，挖掘了上百个合作意向需求，集中签署了一批重点项目。

2023年4月，中国药品国际合作大会在深圳坪山举办，吉利德、雅培、默沙东、罗氏制药、诺华等多家跨国龙头企业代表聚集坪山，共商国际生物医药产业发展新趋势，共谋国际开放合作新路径。

（二）产业全球化布局

1. 产学研合作国际化

产学研合作是推进深圳市生物医药产业国际化发展的第一站。深圳市多家生物医药企业与科研单位开展国际合作，促进科技成果转化。

华大基因作为全球前十大基因测序领域的生物医药研发企业之一，自1999年成立以来，公司先后完成了国际人类基因组计划"中国部分"（1%，承担其中绝大部分工作）、国际人类单体型图计划（10%）、第一个亚洲人基因组图谱（"炎黄一号"）等多项具有国际先进水平的基因组研究工作[①]。

---

① 《粤港澳大湾区创新生态白皮书》，默克中国创新中心发布。

海普瑞于 2013 年 10 月 25 日在美国特拉华州成立全资子公司，并于 2015 年收购美国赛湾生物进入大分子 CDMO 领域。赛湾生物凭借优秀的工艺开发和丰富的运营经验，自 2020 年开始为 mRNA 新冠疫苗提供所需关键酶的生产服务，后疫情时代，赛湾生物拟为海普瑞搭建全球 mRNA 销售网络。

深圳市瑞普逊干细胞再生医学研究院于 2016 年 12 月在香港注册成立非营利性的国际性学术组织——国际干细胞再生医学学会，旨在促进干细胞再生医学国际化资源融合和技术交流。研究院已经和牛津大学国际移植协会主席 Kathryn Wood 教授团队、哈佛大学诺贝尔奖得主 Jack Szostak 教授团队、匹兹堡大学医学院 Angus W Thomson 教授团队，密歇根大学医学院 Qiao Li 教授团队和东京大学 Akihiro Shimosake 教授团队等国际权威干细胞研究团队开展了实质性的科研合作。

康哲药业一直以来与全球生物科技（或制药）公司密切合作，在美国、法国、英国、瑞士等多个国家设立研发平台，其子公司康哲美丽于 2022 年 12 月与全球生物制药公司 Incyte 达成合作，获得芦可替尼乳膏在中国大陆、中国香港、中国澳门、中国台湾及东南亚 11 国的研发、生产、注册及商业化产品的许可权利。

2. GMP 生产认证国际化

生产线通过国际认证如 FDA（美国食品药品监督管理局）、EMA（欧洲药品管理局）、PMDA（日本药品医疗器械局）是深圳药品企业打入国际市场的必经途径。据深圳市市场监督管理局统计，2022 年深圳市立健药业、华润三九、信立泰、致君制药（深圳）、华润九新、海滨制药、万乐药业、天道医药、海普瑞、翰宇药业、康泰生物、沃兰德、赛保尔等 13 家企业的 45 条生产线先后通过美国、欧盟、日本、东南亚等国外 cGMP 认证，其中，海普瑞拥有通过包括美国、欧盟在内的数十个国家 cGMP 认证的生产线和 GMP 厂房。

3. "出海" 策略多元化

当下，"出海" 成为一种趋势，生物医药产业出海模式已经逐渐多元化，从原来的产品"出海"发展到服务"出海"，地区也由原来的欧美逐步拓展到其他区域。深圳主要有三种出海方式，一是对外授权（英文简称"License out"），2006年，微芯生物将西达本胺在美国、日本、欧盟等国家或地区的权利授权给美国沪亚（HUYA）生物公司（简称"沪亚生物"），2013年将西达本胺在中国台湾的权利授权给华上生技医药股份有限公司（简称"华上生技"）。2021—2022年间，深圳普瑞金生物药业股份有限公司的"靶向BCMA的CAR-T细胞治疗药物"在印度和欧美的商业化权益通过License-out的方式，分别授予给印度瑞迪博士公司和欧洲CellPoint公司，从而获得500万美元和超过2000万欧元的里程碑付款（见表2）。

表2　2021—2022年普瑞金和微芯生物产品授权合作情况

公司名称	时间	合作单位	产品	收益	后续服务
微芯生物	2006年	美国沪亚（HUYA）生物公司	西达本胺	许可费+里程碑收入+收益分成	—
	2013年	华上生技医药股份有限公司（中国台湾）		许可收入	
普瑞金	2021年	印度瑞迪博士公司	靶向BCMA的嵌合抗原受体T细胞注射液产品	5000万美元+针对其他适应症的不超过750万美元的里程碑付款+不超过1.5亿美元的商业化销售分成	核心原材料病毒载体的供应+临床开发+商业化
	2022年	欧洲CellPoint公司		2000万欧元+里程碑付款+超过10%的商业化销售提成	

资料来源：企业官网和招股说明书。

二是进军东南亚市场，2022年1月，《区域全面经济伙伴关系协定》（Regional Comprehensive Economic Partnership，RCEP）生效，文莱、柬埔寨、老挝、新加坡、日本、新西兰、澳大利亚等非东盟成员国正式开始实施协定。康哲药业开始进军东南亚市场，2022年8月，康哲药业与天麦生物达成合作，获得胰岛素系列产品在东南亚11国注册及商业化的权利。2023年4月，康哲药业子公司康联达与上海君实生物通过合资方式于东南亚 9 国对特瑞普利单抗进行开发和商业化。

三是国际股权投资，2022 年 8 月，康哲药业对法国 ETC 公司进行股权投资，并就 EyeOP1® 超声青光眼治疗仪的大中华区及东南亚 11 国获得独家许可权利。

三、深圳生物医药产业国际化发展路径探索

（一）积极引进海外优秀企业/项目/人才

一方面，开启全球企业/项目招商模式。在境外集中设立招商驻点，直接对接全球高端要素和项目资源；利用深圳市出口企业国际化资源和专业化队伍进行全球招商。例如海普瑞和天道医药均属于深圳市国际化企业，其主要收入来自海外市场，通过多年发展，公司已经在境外建立了成熟的销售团队，基本了解波兰、意大利、德国、西班牙、英国等欧盟和非欧盟欧洲国家生物医药企业的发展情况，相关资源共享可使全球招商达到事半功倍的效果。另一方面，设立对接海外人才服务机构。例如在美国、英国、以色列等地设立高层次人才服务机构，以提升深圳国际生物医药产业宣传力度。

（二）积极开拓国际市场，加速企业"出海"

面对国内企业市场竞争激烈、集采冲击、创新药医保谈判、三年疫情调整的产业环境下，企业努力寻求"出海"来拓展新市场。对于有海外资源和一定规模的药企来说，可以选择北美和中东地区的商业化权益许可模式，而对于成长型企业，可以选择有更发展潜力、市场准入门槛较低的东盟国家地区作为目标商业授权市场，与竞争激烈的欧美市场相比，进军东南亚市场不失为一种低风险但是有效的出海策略。

（三）加强与香港、澳门国际化城市合作

深圳市在生物医药产业国际化具有一定的先天优势，深圳毗邻国际化程

度较高的香港和澳门两大城市，其中香港可以为深圳生物医药企业提供人才、临床、资金、技术等方面的创新资源，而澳门可以助力深圳企业在中药创新方面探索国际化发展路径，因此，加强深圳与香港、澳门的合作显得尤为重要。

第六篇

多边合作

联合国推动全民健康覆盖

联合国工业发展组织投资和技术促进办公室（中国·北京）

一、联合国通过完善大流行病防范，推动全民健康覆盖

根据联合国世界卫生组织（WHO）的统计，截至 2023 年 10 月 4 日，共报告了 771,151,224 例新冠确诊病例，包括 6,960,783 例死亡病例（见图 1)[①]。

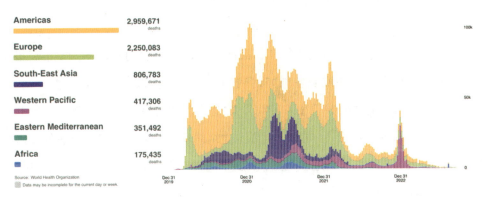

图 1　各区域确认的 COVID-19 累计死亡人数（截至 2023 年 10 月）

资料来源：联合国世界卫生组织。

过去三年，新冠疫情给世界各国带来重大损失，并可能将实现 17 个全球发展目标（SDGs）的期限再后推 10 年，特别是 SDG3：良好健康与福祉，与SDG10：减少不平等。根据世界卫生组织与世界银行联合发布的《2023 年全民健康覆盖全球监测报告》，2021 年，全球至少有 45 亿人没有完全享受到基本医疗服务，超过世界总人口的一半；近 20 亿人在自费购买基本医疗服务时

[①]　世界卫生组织 Coronavirus（COVID-19）Dashboard，World Health Organization，https://covid19.who.int/.

面临经济困难；超过 13 亿人因获取基本医疗服务和药品，重返贫困或贫困加剧①。这凸显了卫生不平等持续扩大的严峻现实，同时体现出全民健康覆盖和完善大流行病防范的紧迫性。

在此背景下，联合国系统从应对新冠疫情和预防大流行病两方面着手，引领后疫情时代恢复工作、完善大流行病防范，推动知识技术共享和全民健康覆盖。

（一）应对新冠疫情

新冠疫情仍然威胁人类健康，新冠病毒先进检测和治疗技术的普及对于实现全民健康覆盖至关重要。联合国系统在积极指导各国如何获取新冠病毒新型疗法的基础上，也持续签署许可协议、扩充新冠病毒技术获取池（C-TAP），增强全球对于新冠知识和技术的可及性。

1. 政策指导

2023 年 4 月，世界卫生组织在药品法律与政策组织的支持下，发布简报解释相关法律文件，并说明各国如何利用上述文件获取新冠病毒新型疗法。简报支持了各国应对公共卫生和知识产权交叉领域的挑战，并为新冠治疗开发了更实惠的供应来源②。同时，世界卫生组织呼吁新冠病毒新型疗法的技术持有者扩大其自愿许可的地理范围，使此类疗法在最有需要的区域发挥作用。

2. 知识共享

在上述简报中，世界卫生组织专列一节，介绍了 C-TAP，该技术获取池是各国转让新冠专有技术、材料和临床数据的平台。2023 年 8 月，世卫组织倡议签署了关于新冠病毒技术的新许可协议，在原 C-TAP 的基础上，通过药品专利池增加三个全球非独占透明许可，对所有制造商开放，旨在促进知识产权共享和多利益攸关方伙伴关系。世界卫生组织总干事谭德塞表示，

---

① 最新报告：在实现全民健康覆盖之路上，全球超一半人口掉队. https://news.un.org/zh/story/2023/09/1121752.

② 改善对 COVID-19 新型疗法的获取. https://www.who.int/zh/news/item/11-04-2023-improving-access-to-novel-covid-19-treatments.

COVID-19 将继续存在，世界仍然需要有预防、检测和治疗它的工具。通过 C-TAP，世界卫生组织与合作伙伴致力于让世界各地的每一个人都能使用这些工具①。

（二）预防大流行病

新冠疫情造成原有的大流行病预防工作中断，导致大流行病防范水平出现历史性倒退。然而，作为大流行病的一种，新冠疫情也充分暴露出全球卫生系统的问题所在，并引起各国对于完善大流行病防范的重视。联合国系统一方面呼吁各国将大流行病预防服务恢复至疫前水平；另一方面也推进相关谈判和系统革新，从根本上强化大流行病防范的技术和人员力量。

1. 应对新冠疫情引发的历史性免疫接种倒退

白喉—破伤风—百日咳三联疫苗的接种率通常被视为全球免疫接种覆盖率的重要指标。联合国公布的数据显示，2019 年，全球共有 1840 万儿童未接种三联疫苗中的一种或多种。2021 年，由于常规免疫接种服务中断，该指标升至 2440 万。2022 年，由于各国加大了工作力度，该指标回落至 2050 万。尽管情况有所改善，但仍未恢复至疫前水平。

2023 年，世界卫生组织和联合国儿童基金会与全球疫苗免疫联盟、比尔与梅琳达·盖茨基金，以及其他《2030 年免疫议程》合作伙伴共同发起了"大追赶"（The Big Catch-Up）行动，通过全球性的沟通和宣传，确保免疫接种的资金来源，帮助疫情期间或之前出生的儿童，加强儿童常规免疫接种服务，建立疫苗接种的信心和接受度。儿基会执行主任拉塞尔表示，我们必须立即加大力度，为错过免疫接种的儿童补种疫苗，将免疫接种服务恢复至疫情前水平，并进一步提高②。

2. 推进关于大流行病预防、防范和应对全球协议的谈判

联合国推进关于大流行病预防、防范和应对全球协议的谈判，预期在

---

① 世界卫生组织倡议签署新的 COVID-19 技术许可协议. https://www.who.int/zh/news/item/29-08-2023-who-initiative-signs-new-licensing-agreements-on-covid-19-technologies.

② 全球免疫接种率呈现疫后复苏趋势. https://news.un.org/zh/story/2023/07/1119867.

2024 年提出一份协议草案供审议①。2023 年 9 月，大流行病预防、防范和应对高级别会议在联合国大会上召开，会上一致通过了《全民健康覆盖：在后疫情世界扩大对健康和福祉的追求》的宣言，承诺采取具体行动并提供必要资金，实现全民健康覆盖的目标。联合国常务副秘书长穆罕默德代表联合国秘书长古特雷斯发言时强调，各国必须投资建立训练有素、待遇优厚的医疗卫生队伍，以便为所有需要的人提供安全、有效的优质医疗服务。穆罕默德呼吁各国增加对包括卫生系统在内的可持续发展投资，使可持续发展目标刺激计划每年的可用资金达到 5000 亿美元及以上②。

3. 启动国际病原体监测网络

世界卫生组织与合作伙伴在世界卫生大会开幕之际，启动了国际病原体监测网络（International Pathogen Surveillance Network，IPSN），通过病原体基因组学分析，帮助保护世界各地的人们免受传染病威胁。世界卫生组织表示将提供一个链接国家和地区的平台，改进收集和分析样本的系统，利用数据推动公共卫生决策，并更广泛地共享信息③。

二、联合国通过健全数字卫生保健机制，推动全民健康覆盖

已有实践表明，数字卫生保健是推进健康成果的加速器，有助于到 2030 年实现全民健康覆盖和 SDG3：良好健康与福祉等可持续发展目标。2023 年，联合国系统提出全球数字卫生保健倡议、建立全球数字认证系统，并呼吁各方重视数字卫生潜在风险，健全数字卫生保健机制。

（一）宣布全球数字卫生保健倡议

在二十国集团峰会卫生部长会议上，世界卫生组织与轮值主席国印度宣

---

① WHO-A/INB/5/6. https://apps.who.int/gb/inb/pdf_files/inb5/A_INB5_6-ch.pdf.
② 缺失全民健康覆盖将导致"大规模的人权悲剧". https://news.un.org/zh/story/2023/09/1121982.
③ 秘书长警告：人类健康的进展"处于危险之中". https://news.un.org/zh/story/2023/05/1118127.

布了一项新的全球数字卫生保健倡议（GIDH），倡议将作为世界卫生组织管理的网络和平台运作，为数字卫生保健转型制定明确投资计划、改善数字卫生保健资源透明度、促进跨区域和国家的知识交流与合作、支持各国政府深度参与数字卫生保健治理，并为实施《2020—2025年全球数字卫生战略》及其下一阶段工作提供更多技术和财政支持。世界卫生组织作为实施该战略的秘书处，汇聚并召集制定全球标准、最佳做法和资源①（见图2）。

图2　GIDH全球数字卫生保健系统示意图

资料来源：联合国世界卫生组织。

（二）建立全球数字卫生保健认证网络

世界卫生组织于2023年6月开始建立全球数字认证系统，以保障全球人员流动的安全，保护世界各地免受大流行病等当前和未来健康威胁的影响。这是世界卫生组织全球数字卫生保健认证网络（GDHCN）的第一块基石，该网络将广泛开发数字产品，为全球提供更优质的卫生服务②。

世界卫生组织总干事谭德塞在世卫组织—欧盟全球数字卫生保健认证网

---

① 世界卫生组织在二十国集团主席国支持下启动新的全球数字卫生保健倡议. https://www.who.int/zh/news/item/19-08-2023-who-launches-a-new-global-initiative-on-digital-health-at-the-g20-summit-in-india.

② 欧盟委员会和世界卫生组织为加强全球卫生安全发起了重大数字卫生保健倡议. https://www.who.int/zh/news/item/05-06-2023-the-european-commission-and-who-launch-landmark-digital-health-initiative-to-strengthen-global-health-security.

络签字仪式上表示，对数字基础设施的投资是卫生系统以及整个经济和社会的重要资源。全球数字卫生保健认证网络将是加强卫生系统、支持各国为下一次流行病或大流行病疫情做好更充分准备的重要组成部分，同时还将在跨境人道主义局势中发挥重要作用，确保人们在因突发事件而跨境流动时获得自己的健康记录和证明①。

（三）呼吁警惕数字技术风险

2023 年 5 月，世界卫生组织发出呼吁，声明世界卫生组织大力支持适当使用包括大型语言模型工具在内的各种技术，协助专业医务人员、患者、研究人员和科学家开展工作，但也根据世界卫生组织关于卫生领域应用人工智能的伦理和治理问题指导方针强调，必须在设计、开发和部署人工智能时，高度重视遵循伦理原则并进行适当管理，体现透明、包容、公众参与、专家监督和严格评估等关键原则②。

三、联合国与中国深化合作，推动全民健康覆盖

中国在推动健康中国建设、医疗服务和医学科技水平持续提高的同时，积极参与全球卫生治理，支持建立有韧性、公平和包容的卫生体系，与各国秉持人类卫生健康共同体理念，共同促进人类健康福祉。2023 年，联合国与中国确立了合作目标及优先事项，并创新合作思路、深化合作模式，进一步推动全民健康覆盖。

（一）联合国与中国确立合作目标及优先事项

联合国与中国携手促进共同战略目标的实现，推行《健康中国 2030》 和

---

① 世界卫生组织总干事 2023 年 6 月 5 日在世界卫生组织—欧盟全球数字卫生保健认证网络签字仪式上的开幕词. https://www.who.int/zh/director-general/speeches/detail/who-director-general-s-opening-remarks-at-the-signing-ceremony-of-the-who-eu-global-digital-health-certification-network--5-june-2023.

② 世界卫生组织呼吁注重健康，确保人工智能安全且合乎伦理. https://www.who.int/zh/news/item/16-05-2023-who-calls-for-safe-and-ethical-ai-for-health.

全民保健计划的实施，共同促进全球卫生，建立全球卫生共同体①。

2023年9月，中国—世界卫生组织卫生合作圆桌会在京召开。双方一致同意进一步加强在卫生体系建设、全民健康覆盖、疾病防控等重点领域的交流合作，共同推动实施《中国—世界卫生组织国家合作战略（2022—2026）》，服务健康中国建设和卫生健康事业高质量发展，提升中国参与全球卫生能力，推动构建人类卫生健康共同体，促进联合国2030年可持续发展健康目标的实现②（见图3）。

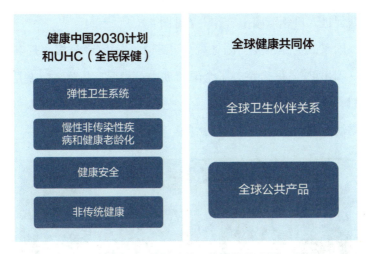

图3　中国—世界卫生组织战略合作目标及优先事项（2022—2026）

资料来源：联合国世界卫生组织。

（二）联合国与中国创新合作思路

在第76届世界卫生健康大会上，中国代表团基于经验提出创新服务建议，将健康与社会、经济、金融和创新政策整合考虑，并且采取以全民保健为基础的系统方法来倡导卫生部门以外的领域共同面对卫生挑战。国家卫生健康委表示，医疗卫生资源扩容是一个长期过程。在短期内资源无法快速增

① CHINA-WHO Country Cooperation Strategy 2022-2026. https://www.who.int/publications/i/item/WPRO-2023-DPM-001.

② 中国—世界卫生组织卫生合作圆桌会在京召开. http://www.nhc.gov.cn/gjhzs/s3582/202309/6cce11db16ca4c7298a1a38f024b33f7.shtml.

加的前提下，建议各国创新服务手段，充分利用数字技术，提高医疗卫生服务可及性①。

（三）联合国与中国深化合作模式

双方在人口健康科学、医药系统和外交领域拓展深化合作，促进各国卫生发展经验的分享，并共同应对当前和未来的全球卫生挑战。

2023 年 2 月，国家卫生健康委与联合国人口基金（UNFPA）一致同意将继续深化合作交流，共同推动各国实施《国际人口与发展大会行动纲领》取得进展，并促进人口领域南南合作②（见图 4）。

同时，国家卫生健康委、国务院妇儿工委、国家乡村振兴局和联合国儿童基金会（UNICEF）联合举办了全国"助力乡村振兴战略——基层儿童早期发展"项目，推广婴幼儿早期发展适宜技术、增强婴幼儿养育人养育照护技能、促进婴幼儿早期发展③。

图4　2023 年 4 月，"助力乡村振兴战略——基层儿童早期发展"项目启动会在京召开

资料来源：澎湃新闻。

---

① 关注世界卫生大会忙碌的"中国身影"，受关注的"中国方案". http://www.nhc.gov.cn/gjhzs/s7952/202305/d8c53ba6a62d426b910890f35041a545.shtml.

② 于学军副主任会见联合国人口基金驻华代表康嘉婷. http://www.nhc.gov.cn/gjhzs/s3578/202302/7de1d540c1364de68cf832ca1d37c645.shtml.

③ 助力乡村振兴战略——基层儿童早期发展项目启动会在京召开. http://www.nhc.gov.cn/fys/s3586/202304/01873bf1ef4f423d8f655b098d42f998.shtml.

另外，国家卫生健康委执行了世界银行贷款"中国经济改革促进与能力加强项目"的子项目"以人为本的整合型医疗卫生服务体系研究（PCIC）"，借鉴国际经验、结合中国实际，对于更好推动构建优质高效的医疗卫生服务体系工作、指导各地深化医改、完善服务体系，具有重要的理论和现实意义①。世界卫生组织正与国家卫生健康委在浙江、广西和山西开展 PCIC 试点。

---

① 体改司关于以人为本的整合型医疗卫生服务体系研究征询意向的公告. http://www.nhc.gov.cn/wjw/yjzj/201905/70f83db8523449cead6581a58a7ba443.shtml.

联合国工业发展组织助力发展
中国家医药产业创新

联合国工业发展组织投资和技术促进办公室（中国·北京）

新冠疫情产生的巨大需求使全球医药产业逐渐恢复。根据《全球制造业生产统计季度报告》（2023 Q2），2023年第二季度，全球制药行业，保持着约3.0%的稳健增速（见图1），在全产业中排名第六。

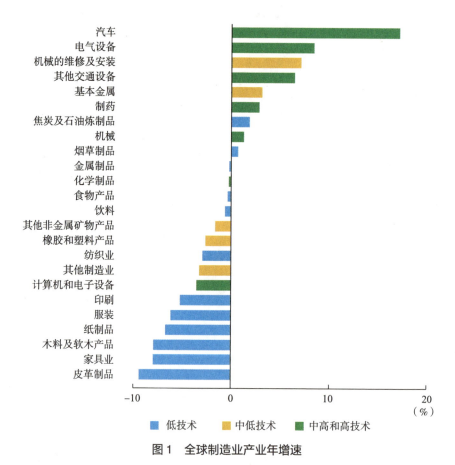

图1 全球制造业产业年增速

资料来源：《全球制造生产统计季度报告》（2023 Q2），联合国工业发展组织。

然而，全球医药产业仍面临着多重挑战，如医疗技术和资源不平等分布，供应链的不稳定性以及医药产品的质量和安全性等问题。联合国工业发展组织（UNIDO）通过南南合作与三方合作、关注药品质量以及推广创新和数字化技术，助力发展中国家应对挑战，促进其医药产业可持续增长。

一、南南合作与三方合作帮助发展中国家疫后重建

支持发展中国家之间开展技术合作一直是联合国工业发展组织的优先事项。2022 年，联合国工业发展组织设立了南南合作和三方合作办公室，通过在发展中国家和最不发达国家之间共享资源、知识和解决方案等方式帮助低收入和中等收入国家提升工业能力，开展基础设施建设。联合国工业发展组织总干事格尔德·穆勒（Gerd Müller）指出："南南合作进一步促进了创新，因为它为发展中国家提供了相互学习和分享最佳实践的机会。"2022 年 9 月，联合国工业发展组织和中国商务部发起一项联合倡议，探讨通过鼓励私营部门参与、南南融资和分享解决方案以减轻 COVID-19 疫情影响的可能性。

伊朗暴发新冠疫情后，首都德黑兰成为重灾区，患者人数激增，随之产生的大量医疗废物超出了当地医疗系统的处理能力。当时每天产生的 110 公吨医疗废物中大约一半有传染性，如果没有得到妥善处理，医护人员就会暴露在危险中。联合国工发组织通过向伊朗特定医院提供医疗废物处理设备，并为有关人员提供培训，提升当地医疗废物处理能力（见图 3、图 4）。在中国生态环境部对外合作与交流中心和当地政府的协助下，医疗废物处理设备顺利在 Imam Khomeini 医院和 Firoozgar 医院完成了交付、安装并投入使用。该项目增强了伊朗医疗废物无害化管理的应急能力，提升了医院及相关政府机构工作人员的医疗废物处置和管理的知识和技能。截至目前，直接、间接从该项目中获益的有 2749 人。有 99 名女性参加了第三阶段的培训，占该阶段所有参训人员的 66%[①]。

---

① Emergency response assistance to the outbreak of the coronavirus disease（COVID-19）in the Islamic Republic of Iran，UNIDO，June 2023，https://www.unido.org/sites/default/files/files/2023-06/Unido%20-%20Fact%20Sheet%20-%20ERA%20to%20the%20COVID-19%20in%20Iran%20-%20Digital.pdf?_ token =813470623，2023-09-27.

图2　联合国工业发展组织联合中伊有关方面开展的

"伊朗新型冠状病毒疫情应急响应援助项目"

资料来源：SSTIC impact story-Emergency response assistance COVID-19，Iran，联合国工业发展组织。

项目培训与分享包括以下三方面内容：

1.经验分享：

通过联合国工业发展组织南南合作平台，中国生态环境部对外合作与交流中心向伊朗卫生与医学教育部介绍了中国在新型冠状病毒疫情期间医疗废物全生命周期无害化管理与处置中所采用的最佳可行技术（BAT）和最佳环境实践（BEP）。

2.编制指南

项目编制了《新型冠状病毒疫情期间伊朗医疗废物管理指南》（法语和英语版本），对最佳可行技术和最佳环境实践进行了介绍说明。该指南基于中国（尤其是在疫情期间）医疗废物处理的最佳实践，为伊朗医院职工阐明医疗废物处理的最佳可行技术和最佳环境实践。

3.职工培训

工发组织和伊朗卫生与医学教育部开展紧密合作。工发组织国家技术顾问Reza与伊朗卫生与医学教育部的官员共同为两家受援医院组织了2次医疗废物管理线下培训和2次线上会议，共计为279名医疗废物处理相关人员提供了培训，其中女性147名，占总培训人数的53%。

图3　对伊医疗援助培训和分享的流程

资料来源：SSTIC impact story-Emergency response assistance COVID-19，Iran，联合国工业发展组织。

二、促进创新和数字化在医疗领域应用

随着第四次工业革命（Fourth Industrial Revolution，4IR）的来临，医疗领域正经历着前所未有的技术变革。高科技和新商业模式的涌现使得生物制药和医疗产业变得更具竞争力和创新性。发展中国家的医药产业和小企业对数字化转型的需求尤为迫切。联合国工业发展组织通过孵化创业项目，提供培训可能和促进产业集群等方式推动发展中国家医药和健康产业发展。

（一）孵化创业项目赋能医疗实验室

疫情期间，联合国工业发展组织与美国国际开发署，意大利发展合作署和惠普基金会在突尼斯共同发起 Mashrou3i（阿拉伯语中"我的项目"）项目。该项目通过提供数字化领域的技术转移和培训赋能当地的青年企业家，支持企业的创建和成长，提高小企业的竞争力。2022 年 9 月，该项目赋能了当地 Gabès 市的一家医学实验室，帮助实验室完成对相关软件的数字化集成，优化任务流程，提高分析速度与准确性，成功实现数字化转型[①]。

（二）推出培训课程促进医药领域知识共享

2023 年 5 月，联合国工业发展组织知识中心面向政府、机构、学术、公司和中小企业工作者和感兴趣的个人推出培训课程，分享第四次工业革命中涌现出的高科技和新商业模式在生物制药和医疗产业的应用。课程主要包括 4 个模块：（1）第四次工业革命技术介绍；（2）第四次工业革命技术在生物制药和医疗价值链中的运用和潜力；（3）七种特定技术（机器人、大数据、云计算、3D 打印、物联网、数字孪生和人工智能）的应用；（4）生物制药和医疗领域的商业模式和市场趋势[②]。该课程希望通过推动生物制药和医疗领域的创

---

① Digitalization is driving entrepreneurship in Tunisia. https://www.unido.org/stories/digitalization-driving-entrepreneurship-tunisia.

② Application of Advanced Technologies and New Business Models in the Biopharma and Medical Sectors，UNIDO，May 2023. https://www.unido.org/events/unido-launches-new-training-application-advanced-technologies-and-new-business-models-biopharma-and-medical-sectors.

新和知识共享，使发展中国家的参与者增加对医药行业新商业模式和市场趋势的了解，识别潜在的风险和相应的解决方案，为实现包容、可持续的工业发展（ISID）和可持续发展目标（SDGs）作出贡献（见图4）。

图4　联合国工业发展组织免费培训课程——第四次工业革命在生物制药和医疗产业的应用

资料来源：联合国工业发展组织。

（三）支持发展中国家设立创新产业集群

2020—2023年，联合国工业发展组织与斯洛文尼亚企业基金和古巴生物医药集团一道，在生物医药和医疗部门创建了斯洛文尼亚—古巴创新集群，推进第四次工业革命的技术进步，促进经济增长，并为两国的总体健康和福祉做出贡献。该集群现包括斯洛文尼亚和古巴的26家公司和机构，并确定了自己的业务模式、服务定义和行动领域、成员和作用。该项目促进了三个优先领域的技术转让和合作机会：与新冠病毒有关的项目、第四次工业革命技术的应用以及生物技术和医疗行业[①]。

---

① 联合国工业发展组织. 2022年年度报告，2023年。

三、关注药品质量，呼吁加强全球医药卫生安全

在全球持续遭受 COVID-19 疫情、俄乌冲突、粮食不安全和气候变化冲击的背景下，确保医药卫生安全变得尤为紧迫。联合国工业发展组织通过发起呼吁和培训赋能等方式助力发展中国家提升医药生产质量，推动全球医药卫生安全。

（一）参与促贸援助全球评估，呼吁打击医疗用品非法交易

2022 年 7 月 27 日，联合国世界贸易组织（WTO）启动了 2022 年"促贸援助"（Aid for Trade）全球评估[①]，重点关注贸易援助如何帮助发展中国家和最不发达国家从多重危机中复苏，并建立抵御能力，确保其经济和贸易长期可持续发展（见图 5）。联合国工业发展组织总干事格尔德·穆勒出席"促贸援助"全球审议大会高级别圆桌会议。会议就多领域打击医疗产品非法交易展开探讨，呼吁国内、国际机构加强协调，展开更密切的合作，强调需要提高公众的认识水平，支持发展中国家采购合法药品，并帮助它们打击医疗产品非法交易。穆勒总干事表示，"低质量和不安全医疗产品的流通对最贫困人口的影响最大。我们需要一个强大的国际组织联盟，以扩大优质药品的生产并打击非法医疗产品的交易"。

（二）培训赋能发展中国家制药集群竞争力

在当前全球持续受到 COVID-19 疫情的威胁，药品质量和安全性成为全球卫生关切的核心问题的背景下。提高药品质量，满足国际市场标准对于发展中国家的制药产业来说尤为重要。

2022 年 5 月，联合国工业发展组织与欧盟合作，为格鲁吉亚制药集群成

---

① WTO high-level event examines how international cooperation can tackle illicit trade, UNIDO, July 2022. https://www.unido.org/news/wto-high-level-event-examines-how-international-cooperation-can-tackle-illicit-trade，2023-09-27.

图5 2022"促贸援助"全球审议大会高级别圆桌会议

资料来源：联合国工业发展组织。

员设计了系列培训计划①。该集群汇聚了噬菌体和草药制药品制造商以及支持机构，培训内容围绕"药物生产质量管理规范"（Good Manufacturing Practice，GMP）设计，通过引入国际认可的质量标准和方案，提高成员制造商的竞争力，扩大销售范围并进一步拓展新市场，从而增强他们遵守质量要求的能力。2022年11月，格鲁吉亚6家制药公司的代表在第比利斯的一家符合药物生产质量管理规范的制药公司实地参观制药生产现场，观察生产设施和实验室，了解和遵守药物生产质量管理规范（见图6）。培训赋能和实地考察切实帮助格鲁吉亚制药集群成员提高药品质量，增加自身竞争力，为其进一步进入国际市场创造机会。

（三）促进非洲本土制药产业的质量提升

2023年2月7日，联合国工业发展组织参加了在阿尔及尔举办的第九届

---

① EU and UNIDO provide training on Good Manufacturing Practice（GMP）to the Georgian pharmaceutical cluster, EU Neighbourseast. https://euneighbourseast. eu/news/latest－news/eu－and－unido－provide－training－on－good－manufacturing－practice－ gmp－to－the－georgian－pharmaceutical－cluster.

图 6　格鲁吉亚制药企业代表学习 GMP 流程

资料来源：eu4georgia. eu。

主题为"让非洲本土制药产业提升质量"的 Maghreb 制药博览会，这是非洲最大的制药技术博览会①。

联合国工业发展组织副总干事兼执行干事邹刺勇指出，扩大药品生产的地理多样性，缩短基本医疗设施的供应链有助于保障居民健康和降低未来经济社会扭曲的风险。联合国工业发展组织自 1960 年以来一直致力于非洲制药部门的发展，向各国政府和私营部门提供技术援助。多年来，联合国工业发展组织加强了与各领域伙伴的合作，不断支持非洲联盟的制药产业计划。联合国工业发展组织利用技术和知识专长，实施了高质量产业和市场塑造战略，支持私营部门发展，加固促进投资和技术转让、能力和技能发展的政策和体制框架。

①　Increasing global health security through strengthened supply chains in Africa, UNIDO, February 2023. https://www.unido.org/news/increasing-global-health-security-through-strengthened-supply-chains-africa, 2023-09-27.

联合国工业发展组织投资和技术促进网络促进医药产业链发展

联合国工业发展组织投资和技术促进办公室（中国·北京）

联合国工业发展组织投资和技术促进网络（UNIDO ITP Network）设于南北两个半球，在全球投资和技术促进办公室和机构伙伴关系司（GLO/ITP）的指导下，致力于促进东道国投资者和技术供应商之间以及发展中国家潜在合作伙伴之间的投资和技术流动。

一、ITP Network：开展全球对话，促进全球医药卫生产业发展

目前，联合国工业发展组织在巴林、中国、德国、意大利、日本、韩国、尼日利亚、俄罗斯 8 个国家设有投资和技术促进办公室（Investment and Technology Promotion Offices，ITPOs）。位于各国的 ITPO 立足于各自办公室的特点和资源，为企业和商务拓展机构提供支持、咨询和技术服务，通过促进国际合作和技术转移，助力实现医药健康领域可持续发展。

（一）ITPO 韩国：促进医药领域政企对话

2023 年 8 月 30 日至 9 月 1 日，联合国工业发展组织韩国投资和技术促进办公室（UNIDO ITPO Korea）成功参加了在首尔 COEX 举办的全球制药、生物和保健品行业展览 CPHI Korea 2023。CPHI Korea 2023 由全球展览组织 Informa Markets 和韩国生物制药协会联合举办，吸引了来自 60 个国家的 8000 多名观众和 366 家公司参会，在整个展览期间共举办了 21 场会议、32 场研讨会和咨询活动。在展览期间，ITPO 韩国成功举办了国际政府与企业（B2G）咨

询活动（见图1）。来自非洲、南美洲和亚洲11个国家的14名政府官员与制药、生物和保健品行业的30多家公司进行了80多次咨询[①]，围绕医药产品和技术介绍以及投资战略等主题，为与会者提供了有关法律框架、政策和相关政府部门的宝贵见解。

图1　CPHI Korea 2023，B2G 咨询活动

资料来源：ITPO 韩国。

（二）ITPO 日本：鼓励日本企业对发展中国家进行技术转移

为加强全球抗击新冠疫情的工作，联合国工业发展组织日本投资和技术促进办公室（UNIDO ITPO Japan）与12家日本公司合作，向非洲和亚洲10个国家转让日本技术并提供技术培训[②]。例如，在肯尼亚，ITPO 日本与内罗毕都市服务公司和日本 KINSEI SANGYO 有限公司合作，在内罗毕 Mutuini 区医院实施了一个小型医疗废物气化焚化炉系统（见图2）。该系统可以去除医

---

① ［CPHI KOREA 2023］B2G Consultancy Service and Overseas Operation Strategy Seminar on Pharma & Bio Industry. http://unidoseoul.org/en/？p＝8425.

② Japanese Technologies for COVID-19 Measures. https://hub.unido.org/news/japanese-technologies-covid-19-measures.

院所处置的有害物质的毒性，从而保护医务工作者和废物处理人员，使其免受二次感染。在项目实施过程中，日本 KINSEI SANGYO 公司为当地 57 名工程师和操作员提供了培训，介绍技术原理和仪器使用说明。通过提供关键医疗基础设施，该项目帮助缩小了高收入国家与低收入和中等收入国家在防治新冠疫情方面的差距，针对该领域的技术改进有助于改善整体医疗保健，帮助当地更好地为卫生领域风险做准备。

图 2　项目工作人员与废物气化仪器合影

资料来源：ITPO 日本。

该项目在 ITPO 日本的可持续技术促进平台（STePP）的示范项目（Demonstration Project）展出。可持续技术促进平台分享能源、环境、农业业务和人类健康等领域的技术信息，促进这些技术向发展中国家和新兴国家的转移。目前在人类健康领域已有 39 个项目和技术，其中 31 项涉及公共卫生领域，8 项涉及评估和检测设备。

（三）ITPO 德国：支持人道主义领域的创新和技术转移

2022 年和 2023 年，联合国工业发展组织德国投资和技术促进办公室（UNIDO ITPO Germany）两次参加迪拜国际人道主义援助与发展会议暨展览会（DIHAD），通过设立展台，组织企业路演和举办专题研讨会等方式支持人道主义领域的创新和技术转移。通过参与 DIHAD 活动，德国水质检测方案提供商 Letztest 成功与苏丹地方相关部门取得联系，为其卫生部提供了 71 个便携式微生物水质实验室，促进当地卫生水平改善[①]。

此外，ITPO 德国于 2022 年底上线了其投资和技术促进平台，为中小企业提供了向潜在合作伙伴、其他联合国机构和援助组织展示其解决方案和项目的机会，以促进与其他公司和融资伙伴的合作伙伴关系。截至目前，该平台在医疗卫生领域共展示 8 个项目和 9 项技术。

（四）ITP Network：开展全球对话，维护第四次工业革命背景下全球产业链稳定

2023 年 9 月 7 日，由联合国工业发展组织全球投资和技术促进网络主办、联合国工业发展组织投资和技术促进办公室（中国·北京，UNIDO ITPO Beijing）承办的"全球投资对话会：第四次工业革命与投资促进 4.0"在厦门第二十三届中国国际投资贸易洽谈会上举行（见图 3）。本次论坛邀请联合国工业发展组织全球多个投资与促进办公室的负责人和专家以及中国相关部委和地方政府领导、国内外数字产业代表、金融投资和科技创新领域领军企业代表参会，围绕可持续供应链、投资促进新路径等议题展开深入讨论，搭建交流合作的平台。论坛通过促进科技创新合作、关注可持续供应链和引导金融投资，为全球医药产业的可持续发展和创新创造了有利条件。

2023 年 6 月，ITPO 北京与 ITPO 德国联合德国国际经济议事会（IWS）、德国商业和法学学院，在德国柏林共同举办 2023 年度中德可持续供应链夏季研讨会。本次座谈会的主题是"我们的供应链可持续性如何？"。德国国际经

---

① ITPO Germany 2022 年年报。

图 3　全球投资对话会：第四次工业革命与投资促进 4.0 主题论坛

资料来源：ITPO 北京。

济议事会主席彼得·努斯鲍姆（PETER NUßBAUM）、中国驻德国大使馆经商处公使翟谦、联合国工业发展组织执行干事甘瑟·贝格（Gunther Beger）、ITPO 北京主任武雅斌教授等出席活动并致辞。

武雅斌教授表示，没有区域价值链只有全球价值链，价值链只能融入或退出，无法分割和阻断。供应链的可持续性既包括经济可持续性，既稳定预期和增强韧性，又包括环境可持续性，强调清洁和智慧能源以及绿色发展。中德作为全球工业制造业大国，应在多领域进一步加强合作，共同维护全球产业链的可持续和稳定性。

二、ITPO 北京：联系多国与中国数字医疗合作

2023 年，全球科技革命和产业变革更加深入，前沿技术继续取得重大进步，以人工智能为代表的新工业革命先进数字制造（ADP）领域核心技术已

成为全球投资热点。数字化医疗通过技术创新和数据驱动的方法，提高医疗服务的效率、精确性和普及性，对于改善患者护理和卫生保健系统发挥关键作用。ITPO北京通过参与全球论坛、开展能力建设、促进投资与技术对接、提供研究咨询、构建伙伴关系等方式，推动中国与全球数字医疗合作。

（一）开展相关研究，促进可持续发展与投资

2023年9月3日，ITPO北京携手MSC咨询公司，在中国国际服务贸易交易会"全球人工智能与可持续投资论坛"上发布了《人工智能赋能可持续发展与投资白皮书》，探讨快速发展的人工智能对良好健康与福祉等联合国可持续发展目标与可持续投资的影响，并在此基础上识别机遇与挑战，为不同利益相关方提供建议与启示，共同促进全球可持续发展（见图4）。

图4 《人工智能赋能可持续发展与投资白皮书》 正式发布

资料来源：ITPO北京。

报告指出，人工智能在推进药物发现与疾病发现、促进化学品风险评估、医学指标快速分析与治疗、识别儿童抑郁情绪、预测重大公共卫生事件、增

进无障碍人群福祉等方面具有广泛应用前景。例如，通过人工智能算法分析临床研究产生的大量数据和图像，以识别传统模式之外的相互关联，使医学影像专业人员能够快速跟踪关键信息。报告引用 Hardin Memorial Health 的急诊室与 IBM 合作实施"患者概要"的案例，通过 AI 识别和分析患者的诊断和医疗程序、实验室结果、病史和现有过敏症等图像信息，向放射科医生和心脏病专家提供侧重于这些图像背景的摘要，辅助医生决策。同时报告也指出，人工智能的不合理应用也可能带来医患矛盾加剧、医疗过度干预、自我诊断风险、社交隔离、心理压力及错失早期症状等挑战[①]。

在论坛上，真格基金联合创始人王强发表主旨演讲，呼吁关注人工智能等先进技术在医疗、教育、农业等领域的应用，使投资更精准地向可持续发展领域聚焦，实现更长足的发展。真格基金始终是新技术和创业精神的坚定支持者，从 10 年前就持续关注并布局人工智能领域，投资了多家涉及 AI 制药与合成药物、体外诊断等医疗器械等医药健康领域的创业企业。

（二）参与健康论坛，推动医药领域交流对话

ITPO 北京积极主办、参与国际论坛和研讨会等，促进中国和国际医药产业观点碰撞，推动形成合作。

博鳌亚洲论坛全球健康论坛是健康领域的政商产学研结合、高端对话与务实合作、具有广泛代表性和权威性的综合性平台。2023 年，ITPO 北京拟与博鳌亚洲论坛全球健康论坛大会合作举办人工智能专题论坛，聚焦人工智能诊断、医疗机器人、AI 辅助研制创新药三个赛道。

2023 年 3 月，ITPO 北京与中国国际跨国公司促进会成长型企业发展委员会共同主办了跨国公司与成长型企业合作发展研讨会，深入探讨"第四次工业革命时代，跨国公司与成长型企业在包容性可持续发展中的作用"等议题。瑞士贸易投资协会代表在会上发言，表示中瑞企业双方在生命健康有关的医疗器械、生物科技等领域，有很广的合作发展空间；韩国 SK 集团则指出，SK

---

① 《人工智能赋能可持续发展与投资白皮书》. https://unido－itpo－beijing. cn/detail/20230902195431m7ac?lang＝zh.

集团在生物医药和生物制造等领域，与中国的央企和成长型企业都有广泛合作，SK 希望与中国企业一起，拓展中国市场、实现国际化发展，达成互利共赢①。

（三）组织企业参访，对接产业前沿技术

ITPO 北京积极访问国际医药行业先进企业，介绍中国医药领域发展情况，探讨合作机会。

2023 年 5 月 27 日至 6 月 3 日，郑州市代表团访问日本与韩国。ITPO 北京协助郑州市代表团对接日韩当地资源，并委派项目专员陪同访问韩国。专员拜访了韩国明家医疗财团（MEDIFLOWER MEDICAL GROUP），向其常务理事详细介绍郑州航空港区生物药产业园，探讨合作事宜，积极推动明家医疗财团在郑东新区发展医美业务②。

2023 年 6 月 14 至 16 日，ITPO 北京率代表团访问德国柏林，期间参访了德国拜耳股份公司（Bayer AG），参观了拜耳实验室，深入了解德国医药发展情况。此外，代表团与拜耳公司战略与政策规划总监 Jan Uhlemann 进行了座谈，双方共同表达了向发展中国家分享先进经验从而推动其医药行业进步的愿景，并就拜耳在中国的发展状况以及中国研发部门的发展策略进行了深入探讨和交流③。

---

① 探索包容性可持续发展，跨国公司与成长型企业合作发展研讨会在京召开. https://unido-itpo-beijing.cn/detail/20230324221255m42f?lang=zh.

② ITPO Beijing 协助郑州市代表团对接日韩资源. https://unido-itpo-beijing.cn/detail/20230719150343m4f6?lang=zh.

③ ITPO Beijing 率团访问柏林. https://unido-itpo-beijing.cn/detail/20230628153517mf7c?lang=zh.

第七篇

国别市场

"一带一路" 十周年，
中国药企"走出去" 成绩与展望

中国医药保健品进出口商会　张小会

2023 年是共建"一带一路"倡议提出 10 周年。目前，中国已与 151 个国家和 32 个国际组织签署 200 余份共建"一带一路"合作文件，形成 3000 多个合作项目，投资规模近 1 万亿美元，包括医药健康在内的各领域合作取得了丰硕成果，在"五通"中的民心相通方面开展了重要实践。

本文梳理近十年中国医药健康企业在东盟、中东、中东欧、非洲、拉美等"一带一路"沿线重点区域市场"走出去"取得的成绩，并对未来进行展望。

一、医药产品出口保持稳步发展

在关税减让等利好政策的驱动下，中方优势医药产品出口总体保持增长。综合分析 2013—2022 年数据，中国医药产品对"一带一路"市场出口情况分析如下：

从贸易总额看，出口额由 2013 年的 170.12 亿美元，增至 2022 年的 447.22 亿美元，复合年增长率为 10.15%（见图 1）。

从产品大类看，以西药类、医疗器械类产品为主，两者合计占比九成以上。其中，西药类出口增至 2022 年的 229.94 亿美元，较 2013 年增长近 2.5 倍。同期医疗器械类出口为 197.85 亿美元，增长近 3 倍；中药类出口为 19.42 亿美元，增长近 2 倍（见图 2）。

从区域看，东盟成为我国第一大医药产品出口地区，由 2013 年的 48.32 亿美元，增至 2022 年的 136.78 亿美元，增长了近 2 倍；拉美地区紧随其后，

图1　2013—2022年对"一带一路"市场出口总额

资料来源：中国医保商会根据中国海关数据统计。

图2　2013—2022年出口产品大类情况

资料来源：中国医保商会根据中国海关数据统计。

2022年出口额为112.39亿美元（见图3）。

二、本地化生产合作实现快速发展

得益于"一带一路"倡议在机制建设、平台搭建、资金配套等务实举措的落实，医药本地化生产合作实现快速发展，总体呈现出投资活跃度高、合

单位：亿美元

图 3　"一带一路"沿线主要区域出口增长情况

资料来源：中国医保商会根据中国海关数据统计。

作方式多样、合作技术含量提升等特点。

（一）东盟成为近年最热投资目的地

东盟区域配套设施完善，RCEP 等政策红利足，区位优势独特，中国药企赴当地开展投资合作热情高涨。据不完全统计，仅 2022 年启动的本地化生产合作项目近 10 起，例如，康希诺生物股份公司、云南沃森生物技术股份有限公司等在印度尼西亚开展创新疫苗产品联合开发与商业化合作。国药集团与印度尼西亚签署两国首个医药产业上游生产合作——对乙酰氨基酚本地化生产项目，年产能有望达到 5000 吨。复星医药出资 10.54 亿元收购新加坡专科医生人数最多、规模最大的私立肿瘤专科医疗中心之一等。

（二）中东地区正成为下个投资热土

该区域经济基础较好，尤其重视包括医药健康产业在内的经济多元化发展，吸引着不少中国药企赴当地寻求合作。例如，国药集团与 G42 集团合作在阿联酋启动第一个灭活疫苗三期临床试验并获批在阿注册使用；旗下新冠疫苗 "Hayat-Vax" 原液灌装生产线在阿落地。华大集团在阿联酋建设了 "火眼" 新冠病毒检测实验室，参与 "阿联酋全民基因组计划" 并提供基因测序技术支持等。

（三）中东欧地区医药合作正迈向新阶段

2012 年中国—中东欧国家合作机制建立，2021 年中国—中东欧国家公众健康产业联盟成立，给双方医药健康合作注入了更多动力。据不完全统计，截至 2021 年底，双方医药领域投资额累计超过 10 亿美元，主要投融资合作案例有：中国汉德资本（AGIC）收购福托纳公司；宁波东仁、亿帆医药先后收购波兰 BIOTON 公司股权等交易均超过 1 亿美元；亿帆医药收购波兰佰通公司（Bioton S. A.）31.65% 的股权；中东欧基金全资收购斯洛伐克老牌医疗耗材 Ceres 公司；中国国际医药卫生有限公司在波黑开展中东欧地区第一个医疗"交钥匙"项目——多博伊医院建设项目；成都康弘药业在中东欧等国开展国际多中心临床试验；华大集团与塞尔维亚国家分子遗传与基因工程研究所共同开展基因测序和生物信息合作等。

（四）医药健康合作成为中非经贸务实合作最具发展潜力的领域之一

医药健康合作成为近几届中非合作论坛后续举措中的热词，相应利好政策不断加码，加之非洲医药市场潜力大、非方开展医药投融资合作意愿强烈等利好因素，中国药企在非开展医药投融资合作方兴未艾。例如，复星医药、昆药集团等积极在非洲设立子公司，旗下青蒿素类抗疟药品已成为非洲抗疟的明星产品。人福药业在马里和埃塞俄比亚、上海医药在苏丹投资的医药公司生产的抗疟疾类、抗感染类、糖尿病类、心血管类、消化系统类、神经系统类用药等产品，深受当地市场欢迎。华大集团在埃塞俄比亚投产建设新冠病毒核酸检测试剂盒生产厂，在安哥拉建设"火眼"新冠病毒检测实验室，以及科兴公司在埃及建设合作生产疫苗的本土化工厂等为提升非洲本土抗疫能力发挥了积极作用。

（五）拉美地区医药健康合作潜力逐步释放

拉美地区产业配套基础较好，医疗技术较发达，医药市场规模可观，不少中国药企已在当地开展合作。例如，万孚生物与墨西哥当地检验企业开展了 POCT 本地化生产合作。绿叶制药集团与 Moksha8 制药公司旗下两家子公司达成协议，授予其在巴西、墨西哥独家推广中枢神经药物思瑞康和思瑞康缓释片。中国科兴在巴西、智利及康希诺生物在墨西哥积极开展疫苗生产合作。中国医药在墨西哥成立分公司，开展本公司及其他中国医药企业的项目合作。

（六）中亚成为新的关注热点

中亚地区是"一带一路"首倡之地和西向首站，在医药健康领域合作潜力较大，不少中国药企已在中亚落子布局，特别是 2022 年 11 月成立的中国—中亚健康产业联盟给未来合作提供了更多交流与合作的平台。例如，科伦药业在哈阿拉木图建成投产科伦药业哈萨克斯坦工厂，主营输液制剂等产品，现已发展为当地知名品牌。甘肃省农垦集团公司和甘肃农垦亚兰药业集团在哈阿拉木图投资经营甘草酸原料生产和提取等产品。智飞生物在乌兹别克斯坦开展新冠重组蛋白疫苗联合生产合作。绿叶生命科学集团在乌兹别克斯坦开展创新疫苗中心项目合作等。

三、中国创新药出海提速发展

近年来，中国创新药出海方兴未艾，中国药企在瞄准欧美成熟市场的同时，也更加关注"一带一路"等新兴医药市场，在项目许可授权（License-Out）、联合研发、临床试验等外包服务方面开展了不少合作，部分合作案例如下：

（1）斯微（上海）生物科技股份有限公司自主研发的新型冠状病毒mRNA 疫苗、智飞生物等研发的重组新冠疫苗，分别在老挝、印尼等国成功开展临床试验。

（2）药明康德计划在新加坡投资 14.3 亿美元建立研发和生产基地，用来拓展其在海外的 CRDMO（合同研究、开发与生产）和 CTDMO（合同测试、研发和生产）业务模式。

（3）科兴集团在新加坡投资 100 亿元人民币，开设实验室并与当地合作研究新型病原体以及解决方案等多个项目。

（4）君实生物与 Hikma 签署独占许可与商业化协议，将授予 Hikma 特瑞普利单抗注射液在约旦、沙特阿拉伯、阿联酋、卡塔尔、摩洛哥、埃及等中东和北非地区共 20 个国家开发和商业化的独占许可，可获得合计最高达 1200 万美元的付款，外加销售净额近 20% 的阶梯分成。

（5）华东医药子公司中美华东与阿联酋海湾制药公司（Julphar）达成合作，将旗下利拉鲁肽注射液的糖尿病和减肥两个适应证在阿联酋、沙特阿拉伯等中东和北非地区 17 个国家的开发、生产及商业化权益授予 Julphar 公司。

（6）复宏汉霖将利妥昔单抗、曲妥珠单抗、贝伐珠单抗三款产品在 16 个拉美地区国家的开发、生产和商业化权益授权给 Eurofarma 公司。早在 2018 年，复宏汉霖曾将其利妥昔单抗在阿根廷、巴拉圭、乌拉圭等南美国家开发和商业化权益独家授给 Biosidus 公司。

（7）百泰生物在古巴成立合资公司，开发了中国第一个人源化单克隆抗体尼妥珠单抗（泰欣生）。

（8）百济神州核心产品 BTK 抑制剂泽布替尼（Zanubrutinib）的商业化范围已覆盖全球超 50 个市场，其中就包括了中东、非洲等多个新兴市场和地区。

四、综合施策才能实现更好发展

中国药企"走出去"是一项复杂的系统性工程，相较于能矿开发、基础设施、交通运输、电力通信等领域合作，"一带一路"医药合作体量仍较小，且在政策配套、监管准入、资金支持、渠道建设等方面面临着不少困难，须综合施策才能实现更好发展。

（一）更加重视"一带一路"市场的开拓

据统计，在全球医药产品消费市场中，美国、中国、欧盟五国、日本、其他地区分别占市场 38.7%、18.3%、12.6%、7.5%、22.9% 的份额。欧美日等主流国际医药市场，准入门槛高、竞争激烈，相比之下，"一带一路"医药市场人口众多，有着庞大的用药需求和未被满足的临床需求，具备成本存在比较优势、合作意愿强烈且市场潜力大等利好条件，"一带一路"市场理应成为中国药企"走出去"重点深耕区域。

（二）更加重视"走出去"生态环境建设

据观察，中国药企"走出去"往往是受国内市场竞争激烈、产品价格低等因素影响而被动"卷出去"，尚未完成由创新主导的主动"走出去"的转变。而实现这一转变的关键在于打造"走出去"生态环境。比如，重点加快落实《"十四五"医药工业发展规划》，让具体配套政策更具针对性和可操作性；探讨设立"一带一路"医药合作基金，协助解决企业融资难问题；深入推进药品医疗器械审评审批制度改革，为更多创新药械上市提供便利；加大基础研究、医药创新科技重大专项投入，培育更多专业人才，加大对企业作为创新主体的扶持力度，推动实现由跟随创新到源头创新的转变等。

（三）更加重视药品标准建设与协调工作开展

中国积极参与了世界卫生组织（WHO）、国际药品监管机构联盟（ICMRA）、国际人用药品注册技术协调会（ICH）、药品检查合作计划（PIC/S）、国际医疗器械监管机构论坛（IMDRF）、全球医疗器械法规协调会（GHWP）、国际化妆品监管联盟（ICCR）等国际组织有关工作，为全球药品监管事业贡献了中国方案。可尝试与"一带一路"共建国家探讨签署医疗产品监管领域开展合作的谅解备忘录，重点开展在监管协同助力药物可及性、药品不良反应监测、打击假劣药品、疫苗和药品认证、药品标准等领域的双多边沟通与协调工作，通过共建合作中心、开展能力建设、推动人员交流等方式不断深化合作。

（四）更加重视医药行业商协会组织的作用

医药行业商协会具备联系中外政府部门、国际组织、国内外行业企业的天然优势，在政策协调、信息沟通、人员交流、项目对接、资源整合方面发挥着不可替代的作用，可进一步发挥商协会在帮助企业"走出去"方面的独特作用。以中国医药保健品进出口商会为例，商会秉持"服务产业链、助力国际化"的宗旨，作为中国药典的观察员单位以及美国药典全球大会成员单位，先后支持举办了两届中日药典研讨会，每年举办包括"一带一路"共建国药典、药监等部门参与的国际药政答疑会。作为中方牵头单位，成立了由国家领导人在重大外交场合倡议的"中国—中东欧国家公众健康产业联盟""中国—中亚健康产业联盟""上合组织传统医药产业联盟"，以及执行东盟"10+3"应急医疗物资储备库项目，为中外医药健康产业合作搭建新的沟通交流合作机制；同时，作为中国与多个国家双边经贸合作机制下医药工作组牵头单位，积极为双边医药合作开展反应诉求、提供建议。作为中非合作论坛医药卫生领域后续举措参与落实单位，积极开展中非医药健康服务平台建设，承办中非经贸博览会医药健康发展论坛，开展中非医药合作研究等。此外，与世界卫生组织、联合国儿基会、人口基金、艾滋病规划署等联合国机构、全球基金、盖茨基金会、无国界医生组织以及重点出口市场国家的行业协会保持了紧密工作联系，通过组织专业会议与培训等形式，帮助企业加快拓展国际市场等。

中国医药产业：开拓东南亚市场的策略和挑战

艾社康（上海）健康咨询有限公司

2022 年，我国医药健康产品出口额为 1295.5 亿美元，其中对东盟 10 国的出口金额达 136.8 亿美元，使其位居欧盟、美国之后，成为我国医药健康产品第三大出口市场[1]。

随着全球化的深入发展，东南亚这个拥有超过 6 亿人口的地区，已经逐渐成为全球医药产业的新兴市场。独特的地理位置、多元的文化背景和不断增长的经济实力使其成为医药企业拓展国际市场的重要战略高地。而中国，作为世界上最大的医药生产国之一，与东南亚有着深厚的历史、文化和经济联系。两者之间的紧密关联为中国医药企业开拓东南亚市场提供了独特的机遇。

中国医药产业在技术、研发和生产方面的积累，与东南亚市场的巨大需求和增长潜力，形成了互补关系。但如何有效地将这种互补转化为实际的市场机会，是中国医药企业面临的关键挑战。

一、东南亚医药市场的规模和潜力

（一）市场规模

2022 年东南亚市场的药品销售额为 275 亿美元[2]，尽管在全球 1.5 万亿美元的市场总量中占比相对有限，但根据市场研究机构的预测，2023—2027 年间，以东南亚国家为代表的新兴国家医药市场年均复合增长率将维持在 5%~8%，高于发达市场的 2.5%~5.5%，东南亚市场无疑将是未来全球医药发展最具潜力的市场之一。

（二）市场潜力

东南亚医药市场的增长潜力得益于该地区的人口规模结构、经济发展水平、健康筹资机制以及医药监管政策等多种因素。

首先，人口规模的增长和结构的调整深刻影响着医药产品的需求。东南亚地区包括11个国家，2022年人口总数达到6.8亿，占全球总人口的8.5%，是世界上人口第四多的区域，并且是近年来新增人口贡献最多的地区之一。与此同时，在人群的年龄结构上，除新加坡和泰国的老年人口占比较高外，其他国家65岁以上老年人口的占比全部低于世界平均水平，相较于其他发达国家和地区，东南亚国家的人口结构目前还比较年轻。但印度尼西亚、菲律宾、越南、缅甸等人口较多的国家都在面临迅速加剧的老龄化问题。人口增长叠加老龄化的加速，意味着对于医疗保健的需求将进一步增加（见表1）。

表1 东南亚国家人口数据

国家/地区	人口总数（百万）	粗出生率（每千人）	人口年龄中位数（岁）	15~64岁人口占比（%）	65岁以上人口占比（%）	城镇人口占比（%）
印度尼西亚	275.50	16.2	29.6	67.9	6.9	57.9
菲律宾	115.56	21.6	24.7	64.2	5.4	48.0
越南	98.19	14.7	32.4	68.5	9.1	38.8
泰国	71.70	8.8	39.7	69.3	15.2	52.9
缅甸	54.18	16.8	29.3	68.5	6.8	31.8
马来西亚	33.94	15.0	30.3	69.8	7.5	78.2
柬埔寨	16.77	19.0	26.8	65.3	5.8	25.1
老挝	7.53	21.5	24.1	64.9	4.5	37.6
新加坡	5.64	7.1	42.3	73.0	15.1	100.0
文莱	0.45	13.5	32.3	71.7	6.2	78.9
东帝汶	1.34	24.6	20.6	60.1	5.2	32.1
东南亚合计	680.8	16.2	30.1	67.6	7.9	51.2
亚洲合计	4722.6	14.2	31.6			
全球合计	7975.1	16.8	30.2	64.9	9.8	56.9

资料来源：世界银行、世界卫生组织。

其次，经济的高速增长。20 世纪 70 年代之后，东南亚国家相继开启了工业化进程，普遍保持了较高的经济增速。即使是在全球受到新冠疫情影响的几年中，东南亚国家的经济复苏也明显好于其他国家和地区。2022 年，主要的东南亚经济体都实现了快速复苏和高速增长，马来西亚、越南的国内生产总值（GDP）增幅分别达到了 8.5% 和 8.02%，菲律宾（7.6%）、印尼（5.31%）、柬埔寨（5.1%）、新加坡（3.8%）和泰国（3.2%）也表现不俗。经济增长催生中产阶级的壮大，有研究预测在 2022 年，印度尼西亚、马来西亚、菲律宾、泰国和越南、新加坡的全新中产阶级人口达 3.5 亿人，可支配总收入达 3000 亿美元。中产阶级的扩张意味着有更多的人可以负担得起更高水平的医疗保健。

最后，政府对医疗保健的投资增加。东南亚政府正在增加对医疗保健的投资，这将有助于改善医疗保健的质量和可及性。东南亚是全球热门的医疗旅游目的地，并成为推动全球医疗旅游业发展的主要参与者，泰国、新加坡、马来西亚、菲律宾等国的政府都在积极地将医疗旅游作为国家经济转型或产业升级的重要抓手。政府对医疗保健的投入增加直接推动了医疗需求尤其是中高端医疗服务需求的释放，进而对药品的质量和可及性提出更高的要求。

二、东南亚医药市场的机遇与挑战

（一）机遇

1. 本土创新药产业薄弱，进口依赖程度高

庞大的人口基数、不断提升的消费水平以及医疗旅游产业的发展等因素共同推动了东南亚医药市场需求量的迅速扩大，但东南亚本土的医药产业普遍并不发达，自主研发能力严重不足，各国的制药企业以生产仿制药或草药为主，创新的化学药和生物制药主要依赖进口。印度尼西亚和泰国分别是东南亚排名第一和第二的医药市场，而印度尼西亚 97% 的药品来自进口[3]，泰国 90% 的原料药也需要进口[4]。

2. 中国—东盟经贸合作持续深入

30 多年来，中国与东盟的经贸关系实现了跨越式的发展并且仍在持续深入。2002 年《中国与东盟全面经济合作框架协议》的签署正式启动了中国—东盟自贸区的建设进程；2019 年《中国与东盟关于修订〈中国—东盟全面经济合作框架协议〉及项下部分协议的议定书》对所有成员全面生效，形成了中国—东盟自贸区 2.0 版；2022 年 1 月 1 日，《区域全面经济伙伴关系协定》（RCEP）正式生效，为中国与东盟的经贸往来带来了新的制度红利，通过降低关税、便利投资等措施推动经济技术合作，有望为中国的医药产业扩大市场，并降低对外投资合作的风险。同年 11 月，中国—东盟领导人会议上宣布启动中国—东盟自贸区 3.0 版升级谈判。此外，中国与东盟在基础设施互联互通、数字经济发展、医药监管、医疗服务、医学教育培训以及疫情防控等方面已经开展了广泛的合作，这些项目都有利于中国医药企业进入东南亚市场。

3. 药物临床试验热点地区的地位日益强化

凭借庞大且不断增长的患者群体、远低于发达国家的临床试验成本、持续改进的临床试验监管框架以及日益完善的临床研究基础设施，东南亚已经成为开展药物临床试验的热点地区。世界卫生组织的数据反映，2022 年在东南亚国家开展的临床试验项目共有 1881 个，占当年全球临床试验总项目的 3.54%，这些项目主要由泰国、新加坡、马来西亚、越南、印度尼西亚和菲律宾 6 个国家承担。并且自 2000—2022 年间，在这些国家开展的临床试验数量均呈现高速增长的趋势[5]。

此外，从临床试验设计的角度，同属亚洲原本就有较小的人种差异，加之华人是东南亚最大的少数民族之一，上述 6 个主要国家中都有大量华人，因此东南亚国家对中国新药的临床数据认可度更高，这也是中国医药产业在东南亚的机遇之一。根据 Informa 的数据，2018—2022 年间，中国申办方在东南亚开展药物临床试验的项目数年复合增长率达到 32%，其中Ⅲ期临床项目占比达到 67%。

（二）挑战

1. 分散的市场提高了进入市场的成本

尽管东盟自 1967 年成立以来，一直致力于融入全球化、推动区域一体化，并且成效显著，但整个东南亚地区的 11 个国家之间经济发展水平高低不一、政治制度和营商环境参差不齐以及历史文化传统各异等现象仍然客观存在，名义上东南亚是一个看似统一的市场，实则企业需要面对的仍然是各国相对独立的分散市场。

即使是在一国之内，但由于人口分布的不均匀，加之印度尼西亚、菲律宾、马来西亚等国家岛屿林立，各国人口在少数大城市聚集的同时，也有大量人口分散在农村甚至岛屿地区，在基础设施尚不完善的情况下，人群的分散也导致了市场的分散。

2. 药品监管环境尚未实现统一

为了加强区域内药品监管的协调以及药物的流通，东南亚国家之间开展了不少区域合作，包括成立治疗标准咨询委员会和药品生产工作小组，提出应用于药品注册申请的东盟通用技术文档要求（ACTD），签署关于药品生产企业 GMP 检查的多部门互认协议（MRA）等。但药品注册属于各国政府重点监管的领域，因此都由各自独立的部门负责，如新加坡的卫生科学局（HSA）、泰国的食品和药物管理局（FDA）、马来西亚的国家药监局（NPRA）、印度尼西亚的食品和药品管理局（BPOM）、老挝的药品和食品监督管理局（DLMPS）等。各国在对药品注册的分类、流程、审批时效等方面都有各自的要求，即便是 ACTD 也并非强制要求，各国在药品注册过程中都可接受外国临床数据，通常不再需要提交基于本地患者的临床数据，但各国之间的注册没有明确的互认机制，企业只能逐一进行国别注册，流程复杂且耗时较长。

3. 创新友好型的营商环境还有待提升

除新加坡之外，东南亚国家普遍在政府廉洁执法、知识产权保护等事关营商环境营造方面还有较大的改善空间。根据《东盟营商环境报告 2022》的调研数据，53.89% 的受访企业认为当地政府法律法规的执行透明度有待提高^[6]。

4. 需要面对先发国家的激烈竞争

受限于本土医药研发和生产能力的长期不足，东南亚国家的医药市场已经形成了基本固定的格局，原研药主要由欧美发达国家的创新药企业把持，仿制药市场则被印度的药企大量占领。印度仿制药占全球供应量的 20%，被称为"世界药房"，其在东盟的低价仿制药市场上也长期占有很高的份额。因此，在进入东南亚市场时，中国企业势必要在产品的疗效、质量、安全性或价格等方面具备相应的竞争力。

三、中国医药产业在东南亚的策略与建议

（一）选择单一或少数国家切入

尽管东盟的经济一体化正在持续推进，各项制度的一致性也在逐步增强，但对于要进入东南亚市场的国内企业而言，仍然需要对进入的成本和效率进行有效的评估。例如新加坡药品监管体系发达，药品注册周期仅需 180 天左右，且政府鼓励医药创新，这更适合作为中国医药企业进入东南亚市场的首选突破口。相比之下，柬埔寨药品注册需 2 年左右才能批准，在这里进行首次尝试风险较大。因此，新加坡、马来西亚、泰国等经济发展水平较高、医药监管体系较为完善的东南亚国家理应被优先考虑，用来作为市场突破口，以降低企业的进入门槛，并获得一定的时间窗口以积累经验，为后续进入更多的国家做好准备。

（二）明确市场需求和产品定位

面对东南亚这样一个潜力巨大的市场，原料药、仿制药和创新药都有一定的市场空间，对于化学药、生物药以及传统中药也都有很大的需求。在资源有限的情况下，企业选择进入一国或多国市场时，必须基于对市场需求的深入了解和自身产品的清晰定位做出决策。当地的流行病学数据、医疗服务

利用情况、医保政策覆盖范围、医务人员的用药偏好等都会影响后续产品的定位和营销策略制定，因此都需要进行全面的了解和分析。例如部分国家的医疗保险覆盖率较低，患者支付医药费的比例偏高，对药品价格较为敏感，利用国内集采带来的规模和价格优势选择仿制药进入或许更容易获得较大的市场份额；而一些筹资机制比较完善，对创新药品需求更大的国家，竞争对手尚未形成规模的创新生物药或许是更好的选择。

（三）加强经营的本地化或本土化

尽管东南亚各国普遍鼓励吸引医药产业的投资，但考虑到文化的差异以及高度分散的市场，中国医药企业在进入东南亚市场时必须面对本地化或本土化的挑战。一款药品进入市场涉及临床试验、注册审批、医保准入、政府采购等多个环节，每个环节都与当地的政策高度相关。因此拥有一个熟悉当地政策的团队就显得至关重要。为此，可以采取与当地药企进行战略合作，成立合资公司的方式，利用当地企业的销售网络和市场知识，加快本地化进程。或者通过收购当地医药企业的方式快速获取本地资源和品牌，获得其在当地的市场影响力。与此同时，也要加强对不同东南亚国家的市场研究，制定个性化的市场策略。

参考文献

［1］ 中国医保商会. 全球外贸大变局，复盘中国药械进出口态势［EB/OL］. 微信公众平台.［2023－08－17］. http://mp.weixin.qq.com/s?＿＿biz＝Mzg3MzkzNjE5Mg＝＝&mid＝2247483843&idx＝2&sn＝ada54723e9f93905fb0f7de4c8f96c5c&chksm＝ced925ecf9aeacfac191bc9da8cfbecbeb7161792fba4876aedf9193b57b32465e2c7edc2cb2#rd.

［2］ Drugmakers To Increasingly Capture Southeast Asia's Pharmaceutical Market Opportunities［EB/OL］. Fitch Solutions，（2023－09－05）［2023－08－17］. https://www.fitchsolutions.com/pharmaceuticals/drugmakers－increasingly－

capture-southeast-asias-pharmaceutical-market-opportunities-09-05-2023.

[3] Indonesia produces3percent of drugs, imports97percent: Minister [EB/OL]. Antara News, [2023-08-15]. https://en.antaranews.com/news/176654/indonesia-produces-3-percent-of-drugs-imports-97-percent-minister.

[4] Industry Outlook 2021—2023: Pharmaceuticals [EB/OL]. krungsri.com [2023-08-15]. https://www.krungsri.com/en/research/industry/industry-outlook/chemicals/phamaceuticals/io/io-pharmaceuticals-21.

[5] Number of clinical trials by year, country, region and income group [EB/OL]. [2023-08-16]. https://www.who.int/observatories/global-observatory-on-health-research-and-development/monitoring/number-of-clinical-trials-by-year-country-who-region-and-income-group.

[6] 中国国际贸易促进委员会. 东盟营商环境报告2022 [R].

后疫情时期，如何在非洲医药市场
"抢先一步"

中国医药保健品进出口商会　张小会

2023 年 6 月，第三届中非经贸博览会在湖南长沙举办，同时还举办了中非医药健康发展论坛等配套活动，在此次活动中医药健康再次被列为博览会重点合作领域。

随着中国等世界主要经济体先后选择与疫情"共存"，非洲医药市场开拓也成为"放开"后的热点区域之一。后疫情时期，"抢先一步"，收获更多中非医药合作红利，具有重要的现实意义。

一、认清五个"不变"，是把握非洲医药市场发展趋势的基础

（一）市场规模保持增长态势不变

受非洲制药工业欠发展等因素制约，非洲药品依赖进口的局面短期内难以改变。世界贸易组织（WTO）数据显示，非洲医药产品进口额由新冠疫情暴发前 2019 年的约 170 亿美元增至 2020 年的约 185 亿美元，同比增长 8.8%；2021 年则升至约 218 亿美元，同比增长 17.8%。另据非洲联盟发展署统计，非洲大陆药品和医疗耗材的进口率高达 80%~100%。

此外，在非洲工业化进程加快、人口增加、民众健康意识提高等多种因素的驱动下，非洲医药市场规模有望继续保持增长态势。综合考虑各方面因素，结合国内外多方数据，2023 年非洲医药市场规模有望突破 750 亿美元大关，未来五年将以约 5%的复合增长率继续保持增长。

（二）外来资金投入热度不变

从外来投资看，对非医药卫生投资继续保持增长。根据联合国数据，2021年包括医药卫生在内的外来对非直接投资达到830亿美元，同比增长113%，创历史新高。2022年12月召开的第二届美非峰会上承诺对非提供的550亿美元资金中的200亿美元将被投入医药健康合作等项目中。

从外来援助资金看，非洲往往是热点援助区域之一。以新冠疫情卫生援助为例，世界新冠疫情卫生援助的三分之一投入了非洲，2020年受援额达到26.3亿美元。其中，尼日利亚接受额度为2.4亿美元、南非为2.1亿美元、肯尼亚和埃塞俄比亚均为2亿美元。

从资金来源国看，美欧等西方国家对非医药卫生是主要援助国。以美国为例，据美国国际开发署（USAID）公开数据，2020年美国对非医药卫生援助金额超过31亿美元，2021年更是超过了54亿美元。

（三）市场竞争基本格局不变

受产业政策制定及执行、基础设施建设、人才培养和技术积累等多重因素制约，非洲本土医药产业发展较落后。据统计，2020年非洲约有600家制药企业，非洲54个国家和地区中多达22个非洲国家完全不具备药品本地生产能力。总体来看，非洲本土医药企业当前对非洲医药市场竞争格局尚难施加显著影响。

欧美等国药品不仅拥有专利技术优势，更具有注册、认证及准入便利的特点，非洲高新尖药品市场基本为欧美等国药品所垄断。比如，雅培、赛诺菲、诺华、辉瑞、葛兰素史克等制药巨头最早从20世纪上半叶开始深耕非洲市场，其疫苗、抗感染、糖尿病、心血管等创新及仿制药产品占据了大部分私立市场。

印度医药企业主要通过非政府组织和公立市场招标的方式进入非洲市场，西普拉、兰伯西、印度血清研究所、瑞迪博士等印度公司在以英语为母语的非洲国家市场中表现优异，不仅已拥有较完整的供销网络等优势，加之其在仿制药领域的领先地位，非洲中低端药品市场几乎全部被印度产品所占据。

中国的原料药、制剂、疫苗、医疗器械等产品凭借其质优价好的优势，在非洲医药市场占据了越来越重要的地位。中国逐渐成为不少非洲国家药品进口主要来源国。如以青蒿素为代表的抗疟药品已成为非洲治疗疟疾的首推药品，在东非及部分疟疾高发国家市场占有率居首位。此外，中国医药企业在非投资合作也迈上了新台阶，涉及药品本地化生产、疫苗生产、医疗服务和投融资并购等领域，为推动非洲本土医药工业发展发挥了重要作用。

（四）非洲国家重视本国医药产业发展政策导向不变

非洲联盟 2019 年资料统计，共有科特迪瓦、埃塞俄比亚、加纳、肯尼亚、摩洛哥、马拉维、卢旺达、南非 8 个国家明确把制药行业列入国家中长期发展规划，并予以重点支持。例如，埃塞俄比亚把制药行业在内的七大制造业列入国家"增长与转型"计划，并积极推进医药工业园建设；南非把制药行业列入"产业政策行动计划"；尼日利亚将制药产业连同其他 69 个细分产业给予先锋地位，制药行业企业投资可享受 5 年免税期；肯尼亚将药品及医疗设备生产列为政府引导出口促进计划下的优先行业等。

作为非洲大陆内部区域合作组织，南部非洲发展共同体（SADC）、东非共同体（EAC）、东南部非洲共同市场（COMESA）和西非国家经济共同体（ECOWAS）均把制药业列入本区域发展规划，在政策、资金等方面给予大力支持。此外，在《2063 年议程》框架下，非盟鼓励成员国加强协作，在扩大卫生健康领域财政支出的同时，采取必要措施鼓励私人投资该领域。

（五）中非合作日益成为重要驱动力的趋势不变

综合考量政策支持、贸易与投资、疫情防控三个领域的合作，可以说中非合作已日益成为非洲医药市场向前发展的重要驱动力之一。

在政策支持方面，中非合作论坛机制自 2000 年创建以来，推动包括医药在内的中非各领域合作取得了显著成绩。特别是最近三届中非合作论坛的

"十大合作计划""八大行动""九项工程"等合作举措，均把卫生健康合作列为重点领域，推动药品本地化生产、医疗卫生援助、医疗监管体系合作等利好医药合作的政策红利不断释放，为中非医药合作深入开展提供了重要保障。

在贸易与投资方面，中非医药贸易总体保持增长，2022年达到47.7亿美元，同比增长10.11%。中国医药企业赴非开展药品本地化生产合作步伐加快，如复星医药、昆药集团等积极在非洲设立子公司，旗下青蒿素类抗疟药品已成为非洲抗疟的明星产品；人福药业在马里和埃塞俄比亚，上海医药在苏丹投资的医药公司生产的抗疟疾类、抗感染类、糖尿病类、心血管类、消化系统类、神经系统类用药等产品，深受当地市场欢迎；华大集团在埃塞俄比亚投产建设新冠病毒核酸检测试剂盒生产厂，在安哥拉建设"火眼"新冠病毒检测实验室，以及科兴公司在埃及建设合作生产疫苗的本土化工厂等为提升非洲本土抗疫能力发挥了积极作用。

在疫情防控合作方面，自新冠疫情发生以来，中国政府已向53个建交国及非盟提供抗疫援助，其中包括新冠疫苗1.89亿剂，派出5个医疗专家组，常驻非洲的46支医疗队也积极支持当地抗疫工作，为非方来华商业采购医疗物资提供便利，以及积极落实G20缓债倡议等。此外，中国在非企业积极履行社会责任，踊跃为非洲国家捐赠抗疫物资及钱款等。

二、认清四个"不足"，是明确非洲医药市场挑战的关键

（一）非洲营商环境先天不足

非洲地区并不太平，一直深受选举动荡、疫情频发、恐怖活动和贫困持续困扰，"选情、疫情、恐情、困情"构成的"四情"是造成非洲营商环境较差的主要原因之一。世界银行《2020年全球营商环境报告》显示，仅毛里求斯、卢旺达两个国家在全球190个经济体中排名中位列前50名，另有肯尼亚等8个非洲国家进入前100名。撒哈拉以南非洲营商环境平均得分为51.8分，远低于世界平均得分63分，电力短缺、融资困难、审批程序复杂

等软硬营商环境问题给赴非开展医药合作的企业带来了不少显性和隐性阻碍。

（二）有效需求不足

总体看，非洲医药市场规模还算可观，未来发展潜力较好。然而，非洲是世界上贫困国家和贫困人口最集中的地区之一，最穷的 50 个国家中的 33 个，以及人均 GDP 最低的 10 个国家中的 9 个均在非洲大陆，由此造成民众吃饭的"生存"需求远在就医治病的"健康"需求之上，医药产品支付能力薄弱程度可见一斑，由此造成医药产品有效需求不足。仅以非洲民众购买力为例，联合国非洲经济委员会研究报告显示，非洲每日收入低于 1.25 美元，全球贫困线标准的极度贫困人口不降反增。其中，撒哈拉以南非洲极度贫困人口由 1990 年的 2.9 亿人升至 2010 年的 4.14 亿人，同期占全世界极度贫困人口比例也由 15% 升至 34.1%。

（三）监管合作程度不足

非洲国家在语种上包括阿拉伯语、英语、法语、葡语国家，在医药产业政策、标准制定、监管准入及产品消费等方面深受前宗主国影响，且各具特色，加之各国医药工业发展程度参差不齐，造成非洲医药市场总体割裂、分散，虽然非洲药品管理局（AMA）已经成立，但药品监管政策一体化仍处于起步阶段，给医药投资准入、产品认证、产品销售带来了不少困难。

（四）配套资金支持不足

医药产业本是高技术、高资本投入行业。非洲大陆国家自身财力有限且深受债务困扰，美西方国家资金附带条件较多，部分国际机构资金口惠而实不至，以及非洲本土融资渠道狭窄等原因，使不少医药企业在非开展投资合作时，不同程度地存在资金短缺和融资困难等问题。有关调查显示，企业把融资问题、安全问题、政治风险、汇率波动和竞争激烈并列为在非投资遇到的前五大障碍。

三、落实五个"策略"，是确保在非洲医药市场"抢先一步"的保障

（一）政策层面：战略布局紧跟利好政策

中非医药合作起步晚、基础弱，对政策敏感度较高。2021 年 11 月，中非合作论坛第八届部长级会议确定了"九项工程"，把卫生健康工程列为首位，重点开展疫苗生产等疫情防控合作，对口医院合作机制及友好医院建设等卫生援助，医疗队派遣等医药合作，以及加强医疗体系监管合作等。2024 年，新一届中非合作论坛将在中国举办，有望出台更多健康领域合作举措。

把握中非共建"一带一路"，共同打造中非卫生健康共同体的政策大趋势，充分发挥利好政策对具体合资合作项目的指引作用，具有重要意义。

（二）市场选择：主要国别市场仍需深耕细作

非洲国家众多，政策法规多样，市场割裂明显，需要发挥重点国别的区位优势和辐射作用。总体看，尼日利亚、阿尔及利亚、埃及、肯尼亚、乌干达、南非等国在政策环境、人口规模、工业水平、市场容量、营商环境、区位优势、准入限制及合作意愿（如医药工业园建设）等方面具有一定的基础和优势，可在品牌建设、渠道营销、社会责任等方面深耕细作。

（三）产品策略：分析、前瞻非洲市场需求

虽然非洲国家在疫情防控方面取得了一定成效，但新冠疫情远未结束，非洲地区疫情仍持续发酵。根据非洲疾控中心截至 2023 年 1 月 2 日统计，非洲新冠病例累计超过 1220 万，死亡病例超过 25.6 万，加之可能的变异毒株带来的危害，非洲应对疫情仍然存在不小的压力。为有效应对包括新冠肺炎在内的各类传染病，非洲国家十分关注包括新冠疫苗在内的各类疫苗生产。根据非洲疾控中心预测，2040 年非洲疫苗需求将达到 27 亿剂以上，公共疫苗市场预计达到 60 亿美元。具备价格低廉、方便存储、易于运输和接种使用的

疫苗产品市场前景十分看好，可提前做好布局。

此外，根据世界银行的数据，非洲超过 90% 的医疗器械产品依赖进口，医疗设备和一次性耗材相当短缺，可结合具体区域和国别的实际配套情况，选择准入门槛低、技术含量适中和市场需求较大的产品开展投资合作。

（四）资源整合：借力国际组织、行业组织等资源

非洲医药市场也有其自身的特点，要发挥国际组织、行业协会、投融资机构以及细分领域龙头企业的资源整合优势，可以利益共享、风险共担，是深耕非洲医药市场的核心竞争力之一。

比如，在开展具体合资合作项目时，可考虑借助世界卫生组织等国际组织在适配国际标准方面的便利，获得中非发展基金、丝路基金等投融资机构的融资支持。

又如，非洲药品管理局（AMA）已于 2021 年 11 月正式成立，是继非洲疾控中心第二个非盟专设的大陆卫生机构，有望在协调立法、监察协调、市场准入授权以及支持当地制药公司开拓和扩大市场等方面发挥重要作用，可充分借助该组织相关职能，为相关业务开展创造便利。

再如，中国医药保健品进出口商会作为开展对非医药合作走在前列的行业组织，积极开展中非医药健康合作服务平台建设工作，与世界卫生组织、全球基金、联合国艾滋病规划署、联合国儿童基金会、联合国人口基金会、盖茨基金会、帕斯、无国界医生等国际机构开展国际药政答疑、报告研究、抗疟产品国际市场研讨、中国供应商采购培训以及疫苗冷链项目咨询等工作，为人福医药、上海医药、华大基因、圣湘生物、深圳迈瑞、东软医疗等企业开展药品本地化生产、医院建设、产业园区等合作提供服务，特别是在今年第三届中非经贸博览会期间承办中非医药健康发展论坛，为中非医药合作深入开展再添助力。

（五）拥抱创新：用创新解决合作中的难点

2019 年召开的首届中非经贸博览会，在政策交流、项目洽谈、成果展示

和机制建设等方面，给包括医药合作在内的中非各领域合作创新打下了坚实基础。特别是在第二届中非经贸博览会期间成功举办的首个医药健康领域专业配套论坛——中非医药健康发展论坛，为中非医药健康合作提供了新的政策沟通、产品与技术研讨、成果展示及合作对接平台。2020年9月，湖南自贸试验区开始正式建设中非经贸深度合作先行区，在中非跨境人民币结算、易货贸易、经贸孵化、供应链金融支持、综合服务以及物流通道等方面进行创新建设。此外，以网上中非经贸博览会、Kilimall为代表的线上合作平台发展势头良好。综合来看，先行区建设可在机制体制、线上平台可在供需对接及物流交通等方面，为中非医药合作中遇到的投融资、供需对接、物流准入等方面的难点问题提供新的解决路径。

2020—2022年中非医药贸易总额见图1，2022年中非医药贸易主要产品见表1。

此外，目前卫生援外与医药产业"走出去"融合发展仍存在不足，既不利于援外事业的可持续发展，也不利于中国医药产业的国际化开展。在进一步完善和优化援外政策的同时，作为援外产品主要供给方的企业，应发挥主观能动性，在资金投入、产品研发、售后服务等方面做更多探索和开创性工作，为医药产业更好地服务国家卫生援外大局作出新的贡献。

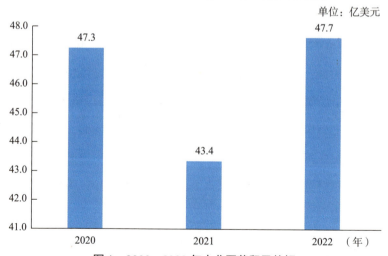

图1　2020—2022年中非医药贸易总额

资料来源：中国医保商会根据中国海关数据统计。

表 1　2022 年中非医药贸易主要产品

产品	金额（亿美元）
西药原料	24.5
医院诊断与治疗	8.7
一次性耗材	5.7
生化药	4.1
西成药品	3.8
氨基酸及其衍生物	3.3
医用敷料	2.4
抗感染药品	2.1
保健康复用品	1.8
青霉素类药品	1.3

资料来源：中国医保商会根据中国海关数据统计。

第八篇

国际采购

确保每一名儿童都能健康成长
期待更多合格的药品供应，助力联合国
儿童基金会守护每一名儿童的健康

联合国儿童基金会（UNICEF）

在 2023 年 6 月 29 日于中国长沙举办的中非医疗卫生与发展论坛上，联合国儿童基金会（UNICEF）驻华代表桑爱玲（Amakobe Sande）女士强调："我们必须确保所有儿童不仅能够生存，还能够苗壮成长，并充分发挥潜力。"

75 年来，联合国儿童基金会一直致力于在全球范围内为挽救儿童生命提供服务，并支持强化卫生、教育和社会保护系统，同时支持儿童和社区提升其应对气候冲击的韧性。然而，由于数以亿计儿童仍然缺乏基本卫生保健服务，包括免疫接种、营养和清洁用水，所以我们需要实施更多的工作，确保每名儿童均能获得生存和苗壮成长的机会，加速实现可持续发展目标，确保不让任何一个人掉队。

联合国儿童基金会开展商品和服务采购活动，以支持实现与儿童及其家庭相关的目标和优先事项。我们致力于在采购活动中保持最高水平的诚信、透明度和问责度，并与遵守最高道德行为标准的供应商合作①。

2022 年，联合国儿童基金会供应和物流部门为 162 个国家和地区的儿童采购了价值 73 亿美元的商品并提供服务。

其中：

• 55 亿美元用于医疗用品（为采购份额最大的品类），这一部分中有 37 亿美元用于疫苗（覆盖 108 个国家、占全球儿童人数 45% 的儿童）。

• 3.92 亿美元用于营养用品（包括即食治疗食品、维生素 A 胶囊、蛔虫

---

① https://www.unicef.org/supply/suppliers-and-service-providers.

药片、微量营养素粉和叶酸片）。

- 另外还有 3.22 亿美元用于各种医疗设备，如注射器，用于存放已使用过的针头的安全盒，疟疾和艾滋病检测试剂盒，个人防护用品等。

- 1.887 亿美元用于水和环境卫生用品，包括净水片。

- 0.38 亿美元用于蚊帐。

- 1.49 亿美元用于药物制品，包括为儿童提供的 2.21 亿片阿莫西林片剂（为五岁以下儿童提供约 2000 万个肺炎治疗疗程），160 万盒抗逆转录病毒药物，2420 万份青蒿素联合疗法（ACT）疟疾治疗药物，8880 万片治疗细菌感染的氨苄西林片，4700 万袋口服补液盐和 1070 万片磺胺二氧嘧啶化学预防药物。

这些数字彰显了联合国儿童基金会应对不断增长的需求的能力与决心。

我们想借此机会分享关于联合国儿童基金会药品采购工作的细节，希望越来越多的制药企业能成为联合国儿童基金会的合格供应商，助力我们在全球开展人道主义和发展工作。

在接下来的内容中，我们将分享联合国儿童基金会自中国市场采购药品的数据、介绍如何采购药品以及提供如何参与到未来采购机会的建议。

一、联合国儿童基金会自中国市场采购药品信息

联合国儿童基金会自中国供应商所采购药品的金额在 2019 年至 2021 年间下降了 70%。与 2021 年的采购金额相比，联合国儿童基金会在 2022 年自中国供应商采购药品的金额增长超过一倍（见图 1、图 2）。

抗贫血药物的采购金额占 2022 年联合国儿童基金会自中国采购药品金额的 64%。

二、联合国儿童基金会药品采购介绍

药物可以预防和治疗威胁儿童、青少年及其照料人生命和福祉的疾病。

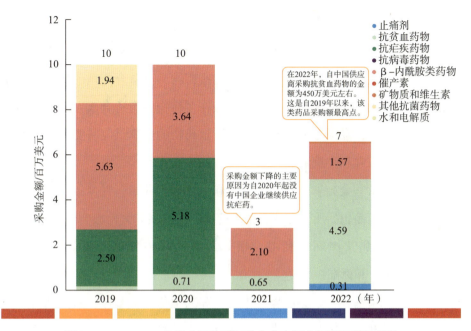

图1　2019—2022年联合国儿童基金会自中国市场采购药品情况

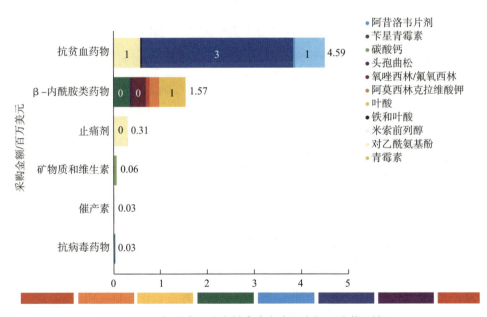

图2　2022年联合国儿童基金会自中国市场采购药品情况

但是，若缺乏质量可靠、安全和有效的药物，儿童将面临可预防和可治疗的疾病的威胁。肺炎、腹泻病和疟疾是对五岁以下儿童的生命威胁最大的几种疾病。对于处于资源有限、冲突和灾难中的弱势儿童来说，药物的缺乏不仅会损害他们的健康，还会影响他们的生存和发展能力。有时，虽然市场上有安全且满足质量要求的药物，但是确保这些药物具有适合儿童的配方也可能面临挑战。准确给儿童用药非常关键，但许多药物只有适合成人而不适合儿童的配方。因此，确保有适合儿童的高质量药物的可靠供应需要具备专业知识，做到恪尽职守和注重细节。

联合国儿童基金会采购药品以预防和治疗影响儿童、青少年及其照料人的疾病。这些药品包括用于急性呼吸道感染、败血症和其他影响新生儿感染、腹泻病、疟疾和艾滋病的药品。相关药品的采购均基于世界卫生组织（WHO）的指南和标准。

联合国儿童基金会还与世界卫生组织和其他伙伴们合作，以推动医药儿科配方药物的开发，包括可在水或少量母乳中溶解的片剂。我们要求所采购的药品不仅要符合良好生产规范要求，而且必须满足质量和监管标准。

我们的采购工作的开展旨在向 100 多个国家及时供应药品，包括直接从供应商供应至目的地国家，或者从位于哥本哈根的库房进行采购与配送。新的采购重点领域包括非传染性疾病的药物（如糖尿病、心血管疾病、癌症和心理障碍），以及用于改善公共卫生项目的药物（如丙型肝炎）[①]。

我们致力于确保每个孩子都能拥有健康的未来。这意味着我们必须增强能力建设，以具备应对新兴全球卫生优先事项的能力。

（一）技术标准与要求

联合国儿童基金会采购药品需要严格遵守技术要求，以确保采购药品的质量、安全和功效。联合国儿童基金会采用国际标准和监管框架，以确保儿童产品的安全和质量。联合国儿童基金会是药品检查合作计划（PIC/S）的合作伙伴，其使命是"在医药产品领域中，领导良好生产规范（GMP）标准和检查机构质量体系的国际开发、实施和维护"。

---

① https://www.unicef.org/supply/medicines.

为联合国儿童基金会供应药品的制药厂必须确保符合良好的生产规范，通过世界卫生组织的预认证审核，且必须通过联合国儿童基金会质量保证团队进行的良好生产规范（GMP）检查。此外，联合国儿童基金会通过审查文件和样品测试来评估其采购的所有药品。联合国儿童基金会质量保证评估所需的产品质量文件可能包括以下内容，但不限于此：产品规格、分析证书、稳定性研究、符合药典标准。

请访问此网站以查找有关药品技术要求的更详细信息：https://www.unicef.org/supply/documents/technical – requirements – pharmaceutical – and – nutrition–products.

（二）包装和标签

除符合制造的国际标准外，药品必须按照联合国儿童基金会的包装和标签标准进行包装和标记。

包装必须满足以下要求：

（1）在运输和存储过程中保护产品免受损坏；

（2）防伪；

（3）使用时具有儿童防护功能；

（4）标签上应包括产品名称、规格、剂型、批号、有效期、制造商名称和地址等信息。

请访问此网站以查找有关包装和标签要求的更详细信息：https://www.unicef.org/supply/technical–specifications–packing–packaging–and–labelling.

（三）收货检验

联合国儿童基金会对药品实施严格的质量控制机制，以确保收到正确和优质的产品。在交付环节中，联合国儿童基金会直接或授权第三方机构进行收货检验。

我们在哥本哈根的库房已获得丹麦药品管理局的许可，可用来存储和分发药品。在库房的管理活动中，我们对产品进行抽样检查以检查药品的规格并确认是否符合质量标准。我们按照年度检测计划对随机样本进行质量检查，并将其转交给外部认可的实验室进行分析。

对于直接自采购国运送至全球各地的国别办公室的订单，我们会对所采购的药品进行交付前检验和分析测试，以确保其符合规格和质量标准。

三、采购机会

联合国儿童基金会致力于增加供应商的多元化，并鼓励更多的供应商参与到我们的采购项目中，以提供具备价格优势且符合质量要求的不同种类的优质产品。

中国制造业的潜力将促进联合国儿童基金会与中国的合作，以增加更多挽救儿童生命及提供治疗方案的宝贵机会。一些中国制造商已成功获得世界卫生组织的"预认证"，因此有资格参与联合国儿童基金会的采购机会。对于药品生产商而言，通过世界卫生组织的预认证是成为联合国儿童基金会供应商的好机会。

以下是如何成为我们的新供应商或服务提供商，来参与为全球儿童服务的工作。参见以下内容，了解如何成为联合国儿童基金会的供应商以及如何为投标机会做好准备。

（一）在哪里可以浏览采购机会

在联合国全球市场（UNGM）的网站上：在该网站上不仅可以浏览到联合国儿童基金会的招标信息，还可以浏览到其他联合国机构的招标公告。要查看联合国儿童基金会的采购机会，请点击"显示更多条件"，然后选择"联合国儿童基金会"。所有成为联合国儿童基金会供应商的申请都需要通过在联合国全球市场网站上进行。在这个网站中企业可以免费注册成为供应商。

在联合国儿童基金会供应司和联合国儿童基金会驻各国办事处的官方网站上可以看到所发布的招标日历、关于优先治疗组的市场说明、信息征询机会和其他投标机会。其中，招标日历仅供参考，与实际招标可能存在差异。

请注意，即使潜在供应商在信息征询机会中已经表达了对某个招标机会感兴趣，也该意向表达并不能确保我们会将其邀请参与至后续正式的招标过程中。联合国儿童基金会保留要求遵守其他条件的权利。

（二）作为潜在供应商，需要提前了解哪些信息

1. 联合国儿童基金会的政策和程序

如果企业有意成为联合国儿童基金会的药品供应商，我们建议大家提前了解我们的采购流程和要求。

大家可以在网站上查阅我们的采购介绍和文件。在参与投标之前，企业应提前熟悉联合国儿童基金会的采购政策。不仅如此，我们还建议大家系统地浏览联合国儿童基金会的政策、与供应商签订合同的通用条款和条件，然后再争取任何采购机会。了解联合国儿童基金会的政策和程序是与联合国儿童基金会合作的第一步。

此外，建议参加我们组织的供应商和联合国及联合国儿童基金会举办采购研讨会，了解更多有关采购实践和机会的信息。另外，有意与联合国儿童基金会合作的供应商必须遵守联合国供应商行为准则，并在联合国全球市场网站上进行供应商信息注册。注册方法和联合国供应商行为准则均可在联合国全球市场网站上找到。我们也十分重视那些展示出承诺道德和可持续商业实践的供应商。我们鼓励所有潜在的供应商查看联合国儿童基金会的供应商行为准则，以明确我们对供应商履行负责行为的期望。

2. 我们所需要的产品及相关技术参数信息

产品细节和参考信息（产品编号）可在联合国儿童基金会供应目录中获取。

联合国儿童基金会采购药品技术规格概述在每次采购发布的招标文件中会进行展示。通过积极参与联合国儿童基金会的招标，公司将有机会参与到联合国儿童基金会的药品采购中，为全球儿童及其家庭的健康做出贡献。我们期待与支持我们履行改善全球健康环境承诺的供应商合作。

此外，我们期待在未来几年中，加强建设与中国政府的合作伙伴关系，

共同设计一个敏捷且适用于中国市场的供应链。我们有信心，可以和合作伙伴共同找到可持续、高效和有效的解决方案，确保优质产品从中国出口，造福全球儿童及其家庭。

我们期待更多的制造商、供应商、公共和私营部门加入我们的行列，确保每个孩子都有公平健康成长的机会，确保他们获得教育并受到保护。

相关网站：

1. 联合国儿童基金会供应目录 UNICEF's Supply Catalogue：https://supply.unicef.org/all-materials/pharmaceuticals.html.

2. 供应商须知信息页 Resources page for suppliers and service providers：https://www.unicef.org/supply/suppliers-and-service-providers.

3. 采购机会公告 Tender calendar：https://www.unicef.org/supply/tender-calendars.

4. 技术标准与要求 Technical standards and requirements：https://www.unicef.org/supply/technical-standards-and-requirements.

5. 合同授予信息 Contract awards：https://www.unicef.org/supply/contract-awards.

6. 联合国全球市场网站 United Nations Global Marketplace（UNGM）：https://www.ungm.org/.

联合国采购：虽健康产品稳居榜首，但中国企业参与份额锐减，未来 ESG 合规将成必由之路

中国医药保健品进出口商会　潘越

联合国在 ungm 网站（www. ungm. org）发布的 2022 年联合国采购年度统计报告（ASR），披露了 2022 年联合国采购总体情况。2022 年，联合国采购总额为 296 亿美元，其规模与去年基本持平，但由于新冠疫情平复，防疫物资、疫苗等产品采购量下降，健康类产品采购份额为 76 亿美元，同比下降 28%，中国参与联合国采购份额的排名也下降至第 15 名，采购额为 5 亿美元。

一、2022年总体采购情况

2022 年，联合国 41 个机构报告的采购总体份额为 296 亿美元，较 2021 年下降了 0.03%。

从采购机构来看，联合国儿童基金会（UNICEF）、世界粮食计划署（WFP）、联合国秘书处（UN Secretariat）[①]、联合国开发计划署（UNDP）、联合国项目事务署（UNOPS）为前五大采购机构。UNICEF 已经连续四年位列第一，2022 年采购额为 73.8 亿美元，其主要采购药品、避孕药具和疫苗（38.8 亿美元）、医疗器械及设备（9.2 亿美元）等产品（见表1）。

[①] 联合国秘书处（UN Secretariat）：2022 年，ECLAC、ESCAP、ESCWA、IRMCT、ITC、UNAKRT、UNECA、UNOG、UNON、UNOV、UNPD 联合以联合国秘书处为单位提交采购结果。

表1　2022年联合国主要采购机构采购情况

机构	采购额（亿美元）	同比（%）	主要采购产品
联合国儿童基金会（UNICEF）	73.8	2.8	药品、避孕药具、疫苗；医疗器械及设备；运输、仓储、邮寄
世界粮食计划署（WFP）	60.2	22.5	食品与饮品；运输、仓储、邮寄；管理服务
联合国秘书处（UN Secratariat）	31.3	14.6	运输、仓储、邮寄；燃料与润滑剂；建筑与维护服务
联合国开发计划署（UNDP）	28.3	7.8	管理服务；工程与调查服务；医疗器械与设备
联合国项目事务署（UNOPS）	17.5	−54.3	药品、避孕药具、疫苗；医疗器械和设备；建筑与维护服务
世界卫生组织（WHO）	16.3	−1.4	管理服务；工程与调查服务；医疗器械与设备
联合国难民事务高级专员公署（UNHCR）	14.3	6.9	管理服务；金融和保险服务；工程与调查服务
泛美卫生组织（PAHO）	13.5	−18.6	药品、避孕药具、疫苗；管理服务；运输、仓储、邮寄
国际移民组织（IOM）	11.9	19.6	运输、仓储、邮寄；建筑与维护服务；管理服务
联合国粮食及农业组织（FAO）	7.2	60.5	活植物与动物材料；运输、仓储、邮寄；管理服务

从采购领域来看，前五大领域分别是健康（75.6亿美元），食品与农产品（42.4亿美元），建筑、工程与科学（35.3亿美元），运输与仓储（29亿美元），管理与运营（25.3亿美元）。在健康产品采购中，近20%来源于药品、避孕药具和疫苗。

从采购产品类别来看，药品、避孕药具和疫苗（56.9亿美元），食品和饮品（36.6亿美元），运输、仓储和邮寄服务（35.6亿美元），管理服务（25亿美元），工程和调查服务（17.9亿美元）是前五大主要采购产品。自2010年以来，药品、避孕药具和疫苗就是采购需求最大的品类。

从供应地区和国家来看，2022年欧洲第一次成为最大供应地区，供应了102亿美元的采购份额，较2021年增长了11亿美元，增长主要由比利时、英国的健康产品及服务供应。乌克兰和丹麦也贡献了 2.6 亿美元和 1.85 亿美元的增长额。亚洲位列第二，供应 95 亿美元份额，其中主要增长来源于对阿富汗、巴基斯坦、阿联酋的粮食及农作物供应。而自中国采购降低了 12 亿美元，自印度采购降低了 1.3 亿美元。非洲贡献了 52 亿美元的采购额，主要增长来源于联合国粮食及农业组织在刚果金、肯尼亚和埃塞俄比亚的采购。

从采购国家来看，2022 年联合国从 222 个国家及地区进行采购，前 10 名国家采购额为 125 亿美元，占总额的 42.4%。与 2021 年相比，有 8 个国家持续稳定在前十，土耳其和阿富汗跃升在列，代替了中国和墨西哥。美国以 236 亿美元稳居第一，比利时、英国提升较快都是因为药品、避孕药具和疫苗的供应增加，而瑞典、印度对该类产品的供应却有所减少（见表 2）。

表2 2022 年联合国采购的前十大国家

供应国	采购额（亿美元）	占比总额（%）	同比（%）
美国	236	8.0	1.3
比利时	17.5	5.9	77.0
英国	13.05	4.4	79.9
丹麦	13.01	4.4	16.6
瑞典	12.2	4.1	−28.8
印度	11.2	3.8	−10.6
阿联酋	10.2	3.5	28.6
土耳其	8.8	3.0	25.9
法国	8.4	2.8	2.4
阿富汗	7.5	2.5	113.1

二、健康产品采购及中国企业参与情况

（一）健康产品采购领跑，新冠疫情相关采购锐减

健康板块始终是联合国采购中所占份额最多的部分，2022 年健康产品采

购额为 76 亿美元，占采购总额的 25.6%，其中药品、避孕药具和疫苗占 19.2%，医疗器械及设备占 5.7%，卫生健康服务占 0.4%，其他占 0.2%。联合国儿童基金会（UNICEF）一直以来都是健康产品最大的采购机构，采购额达到 48 亿美元，泛美卫生组织（PAHO）以 9.7 亿美元位居第二，联合国项目事务署（UNOPS）以 5.5 亿美元位列第三。比利时、美国、印度、英国为主要供应国，其采购额分别为 14.2 亿美元、9.6 亿美元、8 亿美元和 7.9 亿美元。

2021 年，受新冠疫情影响，以防疫物资、疫苗等为代表的健康产品采购创造了历史新高，采购额达 106 亿美元，2022 年随着各国宣告新冠大流行结束，相关采购需求回落，健康类产品总采购额较 2021 年减少了 24 亿美元。造成该类产品降幅有以下几个原因：一是 UNOPS 在 2021 年为墨西哥的项目采购了 22 亿的健康产品，导致 2021 年采购额激增，到 2022 年采购需求回落。二是疫情期间所需的防疫物资、新冠疫苗采购需求锐减，以中国为代表的相关供应国参与健康产品采购份额降低。

在健康产品中，自 2010 年以来，药品、避孕药具和疫苗一直以来都是采购量最大的产品类别，2022 年这三大产品采购额达 57 亿美元。UNICEF 一直是最大的采购机构，2022 年采购额为 39 亿美元，其中 37 亿美元都用于采购包括疫苗在内的免疫调节药物。PAHO 采购额为 8.9 亿美元，UNOPS 采购额为 3.3 亿美元。此外，UNICEF、PAHO 也减少了对于新冠肺炎疫苗的采购。大多数主要采购机构对于药品、避孕药具和疫苗的采购都呈下降趋势，只有世界卫生组织（WHO）和联合国人口基金（UNFPA）分别增加了 490 万美元和 3700 万美元的采购。

（二）后疫情时代，中国份额锐减，但较疫情前仍保持增长

2022 年，中国在联合国采购中贡献了 5 亿美元，占联合国采购总额的 1.69%，排名由 2021 年的第 3 名跌至第 15 名，有 28 个联合国机构从中国进行采购。自中国主要采购为医疗器械及设备，采购额为 1.4 亿美元，其后是药品、避孕药具和疫苗，采购额为 8800 万美元。UNICEF、PAHO、WFP 为主

要采购机构，采购额分别为 2.3 亿美元、7200 万美元、6500 万美元。

虽然 2022 年中国参与联合国采购份额与 2020 年、2021 年相比呈下降趋势，但与 2019 年相比采购额实现增长了 103%，说明中国企业更多参与到联合国采购中，中国产品也因为疫情期间的突出表现得到了世界的关注和认可。2023 年 5 月 5 日，WHO 宣布"新冠疫情不再构成国际关注突发公共卫生事件"，各国也进入了疫情常态化阶段，国际社会对于防疫相关的呼吸机、防护服、新冠疫苗、药品等健康产品的需求骤降，使中国在联合国采购中参与度减少。2021—2022 年间，中国在联合国采购的舞台上大放异彩，既有足够供给全球基础医疗物资的产能，也有达到国际标准的研发能力，2021 年三款中国自主研发的新冠灭活疫苗通过 WHO EUL 认证，被联合国机构采购。以联合国采购为代表的国际公共采购吸引了越来越多中国企业的关注，公立市场成为中国企业出海的又一关注热点，拓展了企业的商务布局思路；同时，为了进入国际公立市场，产品质量、生产场地及 GMP 符合性达到国际标准是"敲门砖"，企业越发关注欧、美、日、WHO 等 SRA 评估标准以及 ISO 等国际标准，对于提高中国产品竞争力，增加中国企业话语权有着重要推动意义。中国企业一直在积极探索加入联合国采购的机遇，在 ungm 平台上注册的中国供应商数量持续增加，至 2022 年已达 8927 家。

三、热点关注

（一）ESG 目标及可持续采购（Sustainable Procurement）

2004 年，联合国发布 Who Cares Wins 报告，正式提出 ESG 概念，其核心要义是统筹兼顾环境（Environmental）、社会（Social）和治理（Governance）的和谐可持续发展。自 2015 年《2030 年可持续发展议程》通过、联合国可持续发展目标（SDGs）设立以来，联合国系统被要求在政策、业务和行政方面将 SDG 内部化。

可持续采购（Sustainable Procurement）可以被视为一种"软"治理机制，

鼓励市场生产更多可持续的产品，并推动全球提升资源转化率、应对气候变化以及促进人权与性别平等。"联合国可持续发展目标 12"中提道："确保可持续的消费和生产模式"及其目标 12.7 提到需要"根据国家政策和优先事项，促进可持续的公共采购做法"，明确指出公共采购是实现可持续发展目标的战略之一。ESG 即通过环境、社会和治理三方面的评估，对企业的可持续性进行评估，从而引领全球可持续性投资、加强环境保护、促进社会公正。

ESG 的主要评价因素如下：

（1）经济因素：性价比、价格、质量、可用性、功能。

（2）环境因素（即绿色采购）：产品/服务从诞生到消亡的整个生命周期对环境的影响。

（3）社会因素：购买决策对消除贫困、国际资源分配公平、劳动条件、人权等问题的影响。

随着全球对可持续发展的共识日益深入，社会对企业在绿色发展、节能减排、社会责任、诚信经营和合规管理等方面的要求也越来越多、越来越严格，联合国在采购流程中将持续关注碳中和、清洁能源使用、绿色供应链建设、物流网络优化等方面的因素。2022 年，24 个联合国机构报告在采购过程中运用了可持续采购政策，同比增加 14%，有 16 个机构报告在过去 3 年中对供应商进行了 ESG 培训。2022 年在采购需求中要求纳入 ESG 标准的联合国机构增长 4%，达到 90%。如世界知识产权组织（WIPO）将环境标准纳入了在其日内瓦总部进行清洁服务供应商招标程序中。中标的供应商需确保清洁用品、设备和清洁技术对环境友好。WIPO 在 2022 年采购了 71 万美元的工业清洁服务和清洁设备。

中国企业应积极参与到全球 ESG 实践中，参与更多中国政府与医药商会等行业组织举办的公共采购及 ESG 合规培训，学习和借鉴最佳行动，并以更高标准和更严谨的态度推进 ESG 实践，持续提升自身的 ESG 绩效水平以实现经济、社会和环境效益的平衡和持续发展。

（二）合作采购（Collaborative Procurement）

根据联合国大会关于四年期全面政策审查的第 71/243 号决议，自 2016 年起合作采购得到关注。该决议呼吁各组织加强协同合作。它请联合国系统各实体进一步探索在全球、区域和国家各级进行协作采购的机会，许多联合国组织都签署了该声明。合作采购是由多个联合国组织联合进行采购，或共享采购结果。合作采购的目标是通过扩大规模实现价格降低，或得到更优服务，并减少组织之间的流程重复。

2022 年，共有 25 个联合国机构报告了合作采购，较 2021 年增加了 5 个，联合国机构的合作采购总额达到 15 亿美元，较 2021 年增长 3.9 亿美元，其中药品、避孕药具和疫苗的采购额为 1.6 亿美元，是第二大采购产品类别，医疗器械和设备的采购额为 9100 万美元。UNDP、WHO、UNOPS 是合作采购的主力。

四、中国企业的挑战与机遇

中国企业参与国际公共采购面临着一定的挑战和困难。在信息获取方面，由于国际组织采购信息较为分散，需要企业主动关注和了解；在质量标准方面，国际公共采购一般对于供应商有着 ISO 等资质认证的要求，对药品、医疗器械有着 WHO PQ、CE 认证、SRA 认证、EUA、WHUO EUL 等硬性要求，而许多中国企业仍在进行国际认证的路上；对于复杂的招投标规则、合同，企业往往缺乏兼具招投标知识和外语能力的专业人才团队；即使拿到订单，在搭建海外本地化团队提供售后服务方面，对于企业也有不小的挑战，如药品需要安全使用、药物警戒等全生命周期管理，医疗器械产品需要安装、维修等售后服务；国际组织的采购项目往往周期较长，且需求不稳定，成为长期供应商后需要签订几年内价格固定的合同，且付款方式一般没有预付定金，回款周期较长，企业需要根据自身的经济及产品储备状况提前做好金融应对方案；国际公共采购往往对于环保要求较为看重，而国内企业在可持续采购方面仍处于探索阶段，如何适应相关要求也是企业需要综合考量的因素。

对于想要参与到国际公共采购领域的企业来说，对于自身能力建设的要求只增不减；同时，企业在面对国际公共采购的同时，应该积极运用资源整合能力，往往国际组织对于供应商的考量不只看重其生产能力，对于配套的物流、仓储、售后服务都有要求，因此，生产商和海外运营经验丰富的贸易商、物流公司可以合作提供全产业链的服务，国内的供应商和国外的代理商可以合作提供售前售后一条龙的服务；在要求企业积极完成自身建设的同时，我们也呼吁国际组织探讨产品采购的替代质量标准，如是否可以在中国已加入 ICH 和 IMDRF 等国际监管协调机制并积极发挥作用的情况下，认可中国药械监管机构的认证、检查结果，为国际公共采购市场引进质优价美的中国产品探索新路径。

第九篇

企业案例

华海药业：国际化坚定不移，
"品质+创新"双轮驱动

华海药业始终坚持"品质+创新"的核心价值观，从 2004 年开始坚定不移地实施制剂国际化战略，已形成了与国际接轨的高效研发能力，是国内质量体系通过中国及多个国际主流市场官方认证最多的制药企业之一，在制剂出口以及国际化发展领域均走在国内制药行业前列。截至 2023 年 9 月，已累计 93 个制剂产品取得美国 ANDA 文号（含暂时批准），形成了心血管类、中枢神经类、抗病毒类等系列产品，是全球心血管、中枢神经类药品主要制造商。

华海药业主营医药制剂、原料药，形成了以心血管类、精神障碍类、神经系统类、抗感染类为主导的产品系列，与全球近千家制药企业建立了长期稳定的合作关系，产品销售覆盖 100 多个国家和地区。

一、转型升级，全面形成垂直一体化优势

2004 年，华海药业拉长产业链，从原料药向制剂转型，按国际高标准要求进军美国市场。经历十余年卧薪尝胆，创造了行业内的"四个首家"：中国首家制剂通过美国 FDA 认证、首家自主拥有 ANDA 制剂文号、首家实现制剂规模化出口美国市场、首家挑战美国原研专利的制药企业。通过兼并收购完善在美国的研产销链条，进入美国仿制药销售前 20 强。

2018 年，华海药业又成立了欧洲公司，加速推进全球化布局。目前，华海药业有 31 个产品在美国市场份额占有率位居前三，其中有 5 个产品市场份额位居第一。为加速商业化进程，早在 2012 年，华海药业便收购了美国药品商业流通公司寿科健康，搭建起海外自主营销渠道，目前已在美国市场形成包括自主销售、大批发商、终端连锁店和商业公司等多渠道的营销体系，销

售网络基本覆盖美国大中型药品采购商，主要客户覆盖95%的美国仿制药市场。如今，华海药业已形成了覆盖国内外的自主营销体系，在全球14个国家设立了海外办事处，并在美国、德国等地设立了子公司，积极推进全球销售网络建设。

在上游原料药方面，华海药业是国内特色原料药的龙头企业，在国际原料药市场也处于行业领先地位，与全球近千家制药企业建立了稳定的合作关系，销售覆盖全球106个国家和地区，特别是心血管药物领域，是全球主要的普利类、沙坦类药物供应商。

华海原料药和制剂两大产业链日趋成熟，具有从原料药到制剂的垂直一体化产业优势。2016年，华海药业于美国北卡罗来纳州收购了拥有70亿片产能的制剂工厂，实现在美国布局生产基地的战略，进一步提高规模化产能。目前已经形成了年产8000多吨的原料药产能、年产300亿片的制剂产能，并已通过欧美CGMP认证，拥有抗肿瘤固体制剂车间、水针车间及冻干粉针车间。同时，华海药业还具备强大的供应链保障能力，可在质量、供应链保障、服务的多重优势下快速满足市场需求，提高药品的可及性。

先发优势是华海药业制剂国际化速度与效率的保证，而"原料药+制剂"垂直一体化也为华海药业立足全球市场奠定了"护城河"。在众多药企仍在追求出海从"0"到"1"的突破之时，海外制剂业务已成为华海药业的增长引擎。

二、双轮驱动，积极推动高质量发展

华海始终秉持"品质+创新"双轮驱动，致力于在制药领域进一步做精、做大、做强，向综合型、国际化、高技术的大型制药企业迈进。华海大力引进各类高精尖人才，加大研发投入，形成创新优势。公司拥有国家重点联系专家15人，省重点联系专家22人，硕博人才700余人，海外高层次人才100余人。华海药业承担的国家重大科技专项、国家重点研发计划、浙江省重点研发计划等各类科技项目共计58项。

目前，公司建有与国际接轨的创新研发体系，包含全球注册中心、集团科技管理中心、创新研发体系、工艺开发体系和临床研究体系，以华海（美国）为前沿技术信息平台，上海张江研发中心为自主仿创平台，临海总部技术中心为基础技术创新和科技转化平台，湖北武汉研发中心为抗病毒药物研发平台，杭州、南京研究院为复杂制剂和改良型新药的开发平台，有效实现了信息、人才、技术等研发资源的互动与整合。

在多制剂平台上，华海不断加强高端制剂、特色制剂、复杂制剂的研发，新产品不断产出。同时缓释片、纳米片、胃漂片、微丸技术、高致敏、半固体制剂的成功申报体现了研发向高附加值、特色仿制药倾斜。

依托具有国内外资深从业经验的研发及管理团队，专注于自主研发国内领先、国际先进的生物药，包括单克隆抗体、双靶点抗体、融合蛋白和 ADC 药物等。目前研发技术平台涵盖先导药物发现、基因工程改造、稳定细胞株开放、生产工艺开发、质量控制、制剂处方开发、临床前研究、临床研究及药品注册申报等药物研发全产业链环节；建立了丰富的生物药研发管线，品种覆盖眼科疾病、肿瘤及自身免疫疾病等领域；截至 2022 年 12 月 31 日，在研项目 20 余个，累计已有 11 个产品获得临床许可，其中 1 个产品进入Ⅲ期，5 个产品处在临床 Ib/Ⅱ 期，5 个产品进入 I 期。截至 2023 年 7 月，华奥泰/华博共获得 24 个临床批件，其中中国临床批件 17 个、美国临床批件 5 个、新西兰临床批件 2 个。

华海始终坚守品质之道，遵循"全面质量管理理念"，生产区符合中国及美国、欧盟、WHO、澳大利亚、日本、墨西哥等多个国际主流官方质量体系认证。坚持以高标准、严要求把关药品生产，持续加大环保投入，助力可持续发展。能同时符合中国及多个国际主流官方质量体系要求，拥有完备的生产设备体系、质量控制体系、物料控制体系和公用系统控制体系及领先的质量研究平台，在制剂的研发和产业化方面具备竞争优势。

三、面向未来，深度构建新发展格局

面向未来，华海积极构建原料药、制剂两大产业链，打造立足中国、辐射全球的垂直一体化医药产业格局，在临海新建面积 1200 亩，总投资 100 亿元的与国际高端医药市场接轨的高科技医药产业园区。同时，高起点布局生物药、新药板块，现已有多个新药、生物药产品进入临床阶段，预计在 2025 年实现生物药新品上市，2030 年实现生物药、新药系列发展。在全球化方面，加强国际市场布局的宽度和深度，充分利用先行优势，通过与国外企业合作、投资收购、自建子公司等方式，利用已有的出口优势和规范市场经验，快速覆盖更多海外市场，扩充业务规模、打造品牌影响力。以战略为考量，进行多层次、多维度的销售、研发、注册、运营等合作，将本土化出口与属地化生产相结合，丰富产品管线，打造面向全球的战略运营生态圈，形成差异化、特色化竞争优势。

持续全球市场开发，加快全球化布局。扩大合作形式，培育新兴市场，加强资源积累和基础打造，实现业务突破。裂变式地调整组织架构，根据区域市场的综合医药产业发展空间，拓展潜力大、空间大、周边辐射力强的市场，加大推进力度，建立属地化、细分化市场拓展团队。

以业务发展为导向的组织创新和优化，加强组织优化、业务整合、团队建设和分工细化，完善产品销售策划、内外部衔接、客户拓展、市场服务、信息反馈、标的分析等，加快高素质、高战斗力人才队伍的扩容，健全激励机制，加强贸易风险管控，提增业务拓展能力。

三生制药：致力于成为全球领先的中国生物制药公司

三生制药是中国最早进军国际市场的生物制药公司之一。公司国际市场开发始于 2004 年，逐步与中东、独联体、拉美及亚洲国家的当地代理合作全面扩展国际业务。2007 年，三生制药在纳斯达克上市，引起全球业界关注。2015 年三生制药在香港上市，陆续开始兼并收购、产品引进等国内外合作，2020 年，集团子公司三生国健成功登陆上交所科创板，得到资本市场的青睐。目前三生制药已经成为中国领先的生物制药企业。

公司下属基地曾获得多个国家药品监管机构的 GMP 证书，包括但不限于 ICH 成员国巴西，PIC/S 成员国乌克兰、墨西哥、土耳其、印尼等。同时公司核心产品已经获得超过 50 个，涵盖二十多个国家的上市批文，超过 70 个品规等待相关药政监管机构的批准，国际化布局初见成效。同时，公司也积极利用自身的海外渠道优势以及国际业务经验优势，为不少国内企业提供代理出口服务，实现互惠互利的长期合作，是国内为数不多进行生物制剂海外出口平台搭建的先锋企业。

随着全球范围内对本地生产保护的增强，药政法规的要求也变得更加严格。除在欧美寻找创新药合作机会，布局前沿的生物技术研发和临床之外，三生制药在全球主要新兴市场也进行了广泛布局，包括中东北非、南亚、东南亚、拉美、独联体等区域。公司适应国际化的战略要求，积极在核心新兴医药市场进行本地化生产和建立当地合资项目的机会。涉及区域包括墨西哥、泰国、土耳其、摩洛哥、印尼、巴基斯坦、孟加拉国等，帮助当地企业提高本地生物制药生产和质量管理能力，同时降低生产成本，提高药物可及性，惠及当地病患，也间接提高两国制药行业的合作水平，加深两国人民友谊。为公司致力于成为全球领先的中国生物制药公司而努力！

一、国际业务拓展模式

（一）制剂产品出口

通过中国已经上市的产品进行海外推广，寻找合适的目标国家合作伙伴，进行代理销售。

（二）原液产品出口—技术转移

通过出口生物制剂原液，进行当地化灌封生产，通过技术转移，帮助客户建立当地化生产能力，提升双方合作的深度。

（三）国际多中心临床布局

通过在研产品和已上市产品国际多中心临床设计和布局，提高产品的核心数据和资料整合能力，建立中美"双报"功能，同时应对不同国家对当地临床的特殊要求，打通注册壁垒和销售赋能，提高产品在当地的可及性。

（四）CDMO 业务

通过 CDMO 业务平台，接收国内外不同类型、不同背景的合作，提高公司参与全球竞争的优势。

（五）License In-Out

通过自身优秀产品的海外授权，快速达到产品利益最大化。同时提高产品研发效率以及增强和国外优秀公司的合作经验。通过引进和自身核心领域优势互补的国外优秀产品管线，增强公司核心领域优势。

（六）战略投资

对国内外优秀的临床阶段管线或者平台进行技术或者股权投资，为集团未来成为全球化生物制药企业积极储备更多优势。同时，公司也在积极探索合适的目标国家进行生产，研发和商业化平台落地的可行性。在条件成熟的时候，进行本土化布局。

二、国际化经验分享

三生制药有 20 年的海外出口经验，尤其是在生物制剂出口方面，开创了国内生物药出口的先河，同时也经历了艰难的过程，以下经验、教训与中国药品国际化同仁共享。

（一）内部建设

1. 产品立项，研发体系的国际化

目前大部分国内企业的立项主要考虑的是国内市场，因此从产品的临床方案设计，特别是人种、适应证、临床中心选择等方面都以国内为中心，很多产品在国内上市后再瞄向海外市场，就会出现很多方面的水土不服问题，包括产品无法及时快速进行目标国家的注册准入，即便通过补充各种资料（包括但不限于产品的 BE 或者原研药参照品选择，稳定性的方案，当地临床要求等）完成了准入，也很难在当地市场进行快速布局上量。

因此产品立项的国际化主要取决于公司的顶层设计，是否真的愿意做国际化的产品。按照国际化的基本要求和标准对产品进行立项，设计和开发。当然，充分理解在现在行业竞争日益加剧的情况下，确保国内快速获批无可厚非。同时，也有责任将现有已经上市的中国产品用最小的二次开发投入快速地进行海外市场推广和销售。

2. 生产质量体系的国际化

基于公司的原始基因，大部分的国内企业目前都是按照中国版 GMP 的要求来进行厂房和设备的配套。但是国际化的布局要求企业有国际化的生产体系进行配合和支持。虽然能通过欧美认证当然最好，但是投入和产出风险也大。目前国际主流适合大部分中国药企进行海外业务布局的 GMP 体系为 PIC/S（药品检查合作组织）。当然疫苗或者一些艾滋病、肺结核等药物最好通过

WHO 的 PQ 认证。

生产质量体系的国际化还包括研发上市产品的质量标准、稳定性考察等基本内容。终归是要以目标市场为导向进行公司生产质量体系的打造。

3. 人才的国际化

人才的国际化毋庸置疑，就是涉及进行国际业务的各条功能版块人员的国际化。从组织架构的设立到实战的一线人才的招聘，培养和使用都息息相关。国际化不仅是具备英文沟通能力，还有对医药行业的整体认知，对医药产品的专业知识，对国际商务谈判的专业知识和训练等。人才是企业永远的核心竞争力，再怎么谈人才的价值也不过分。

（二）外部开发

需要对目标市场的相关信息进行充分的调研，认知和执行。

1. 市场准入

好的国际注册将为国际销售保驾护航。

目标市场的注册法规要求，特别是对 GMP、CTD 的文件要求，要进行充分的学习和对比，基本确保现有文件体系或者通过适当增补的文件体系能够满足目标市场的注册法规要求，并且快速推进注册的各个节点。早一天获批，就能早一天实现销售。当然也包括后续的注册维护，新增适应证的要求，当地的药品警戒的要求和上市后临床的配合等。

2. 选择合适的产品，市场和合作伙伴，以及业务合作模式的变通

基于对市场的充分调研和认知，需要对目标市场的药品使用偏好，公立和私立市场的竞争态势和游戏规则进行了解，以此来确定什么样的产品可以出口或者以什么方式出口合作。中国是一个单一的大市场，游戏规则基本一致，但是海外市场多而且杂，要求我们有一定的市场调研和分析能力，为企业的国际业务尽可能提供周全完善的策略信息。

国际化不是一蹴而就的，需要企业、行业、甚至是国家层面给予足够的重视，是一项体系化、长期化的工程，也是一把手工程，同时企业业务团队

也需要进行国际化和专业化的训练，这样才能达到我们的使命。

路且长，行必至！我们真心希望，有志于进行国际化布局的中国制药同人们能够一起努力，在风云变化的国际形势下，为企业、为行业构建内外双驱动的长期护城河。

科兴制药：廿余载沉淀特色平台
"三高一快"惠及全球患者

在中国医药行业发展和政策驱动下，"走出去"成为中国医药企业发展的必然选择。然而，海外市场环境的复杂性，使得医药企业的出海之路可谓跋山涉水。像科兴制药这类已拥有 20 多年出海经验的行业先行者，自身的优势在当下就显得尤为突出，其海外商业化已逐步形成平台型发展模式，在同行中走出了自己的出海之路，并逐步进入属于科兴的出海"收获期"。

一、国际化发展战略：20余载积淀，长坡厚雪

科兴制药在 1998 年就开始布局海外市场，是国内第一批生物药出海企业。自 1996 年上市国产第一支基因工程创新药——α1b 干扰素以来，科兴制药就坚持自建商业化团队，在多年积累的商业化经验、立体营销网络和渠道资源的充分运用下，公司几款核心产品迅速占据医药市场。经过 20 多年的全球商业化布局，目前已覆盖国内 2 万多家终端，实现海外包括巴西、秘鲁、埃及、菲律宾、印尼等近 40 多个国家和地区的市场准入及销售，并启动 60 多个新市场和客户的注册推进，已建立稳固且长期合作的客户超过 100 个。

在国际化的进程中，时间是最好的老师。从最初的出海探索，到现在构筑起的坚实的海外商业化平台，科兴制药的组织能力随着时间积累已日趋成熟，海外营销团队在公司上市后也进一步扩大。近年来，科兴制药频繁与国内优秀的生物药企合作，引进高端生物药品，扩充公司产品管线，海外商业化平台效应逐步显现。针对产品注册，公司实行市场区块化策略，将目前已有的成熟资源市场分为南美、东南亚、欧洲等区域，成立专门的法规准入部、市场部和商务部，并对重点市场进行深度开发，目前已在新加坡、墨西哥、

埃及、巴西设立子公司，以不断提升公司在国际市场的商业化竞争力。

公司具有丰富的国际 GMP 现场审计经验，现场 GMP 审计通过率 100%。国外营销团队具有与国外药监注册部门丰富的沟通协调经验，能加速市场准入进度。累计通过韩国 KFDA、巴西 ANVISA、埃及 MOH、秘鲁 DIGMIED、印度尼西亚 BPOM、巴基斯坦 DRAP、俄罗斯 ABBOTT 等几十次官方或客户审计。最近的 2022 年 12 月，公司 EPO 和 G-CSF 原液成功通过 PIC/S 国家（巴西）GMP 注册更新，俄罗斯合作伙伴对 EPO 原液产品的远程在线 GMP 审计圆满完成。

企质量管理方面，科兴制药主动对标国际标准并取得质量管理体系（ISO 9001：2015）、环境管理体系（ISO 14001：2015）、职业健康安全管理体系（ISO 45001：2018）、国际能源管理体系（ISO 50001：2018）4 个体系证书。在厂房、设备、智能化、精益化管理方面持续投入，不断提升产能建设和精益管理意识，提高质量管控水平，以实际行动践行"精益制药、精益用药、守护健康"的理念使命。多年来，"高品质"已成为科兴制药出品的代名词，也是科兴制药在海外市场走稳走强的原动力。

在销售方面，根据海外不同国家对药品的需求和准入政策的不同，科兴制药以自有品牌、标单市场和原液出口等进行立体化销售布局。其中，在菲律宾、埃及等市场的推广以自有品牌为主，并在产品质量把控上下功夫，通过不断迭代优化的工艺手段，从质量及成本上取得优势，逐渐在当地市场占据主流地位；在秘鲁、斯里兰卡等市场则针对该国标单要求制定竞标策略，获取标单；另外，针对不同国家对药品的不同准入要求，科兴还能提供定制化产品，以专业的服务、过硬的产品质量获得客户肯定，多年来已与多国客户形成坚实的合作伙伴关系。

二、国际化进展与成果：风起东方科创引领，春华秋实奔向未来

作为一家科创驱动型的国际化制药企业，科兴制药的海外商业化实力近

年来开始引发同行业的关注。公司着力于将海外商业化打造成行业标杆平台，将科兴打造为独特的 Big pharma 公司，全力贯彻的这套商业战略已卓见成效。2022 年公司全力贯彻海外商业化战略，实现海外销售收入 1.61 亿元，较上年同期增长 61%，创历史新高。埃及子公司已于 2022 年 11 月份正式启动运营，未来将持续通过深入和贴近埃及及中东北非本土市场，为公司的国际化发展提供强力支撑。

产品引进方面，科兴制药对如何让国产高品质创新药尽快进行海外商业化，有自己的理解和思考。科兴制药以市场需求为导向，坚持以"高临床价值、高技术水准、高国际质量管理及注册标准、快速商业化"的"三高一快"标准开展商业化项目的引进工作。以 Whole in One 合作模式，与国内同人携手出海，实现全球同步布局，努力实现中国生物创新药从"In China for China"向"In China for Global"转变。

随着海外高品质生物药市场需求加强，科兴制药凭借自身 20 多年的商业化经验、全球性的立体营销网络和渠道资源，以及快速的海外注册能力，积极与国内外生物科技公司建立战略合作，不断通过产品引进发力海外商业化，在其他药企忽视的南美、东南亚、非洲等地区，科兴制药已对全国人口超一亿或 GDP 排名前 30 的新兴市场国家实现全覆盖，科兴旗下促红素产品也已连续 10 余年居国内同类产品出口销量前列。同时，科兴制药积极响应国家"一带一路"倡议。特别是东盟国家地区，其拥有庞大的人口基础但医疗水平不及发达国家，科兴制药以自身产业优势助力当地药品可及性，造福更多患者，为推进"人类命运共同体"而努力，并在此过程中不断扩大自身的国际化业务版图。近年，开始深度挖掘新兴市场的潜在容量，科兴制药海外商业化成绩亮眼。

战略的清晰和坚定，使科兴制药海外商业化步伐稳健有力。公司以首个引进产品——白蛋白紫杉醇的欧盟认证为突破口，逐步向欧美成熟市场延伸，探索并建立在法规市场的商业化体系。其他引进的包括英夫利西单抗、贝伐珠单抗、阿达木单抗、利拉鲁肽注射液等在内的产品，也将在多个国家逐步实现注册和销售。

春华秋实虽硕果累累，但中国医药出海任重道远，科兴制药坚持长期主义的发展理念，以科创引领未来战略，积极推进可持续的海外商业化进程，实现海外业务的快速突破，致力于成为高品质生物药领导者！

科兴制药国际化发展历程：

- 1998 年 EPO 上市

- 2000 年实现海外销售

- 2003 年通过巴西 ANVISA 审计

- 2005 年 EPO 和 Filgrastim 在菲律宾、印尼上市

- 2007 年通过巴基斯坦 DRAP 审计，EPO 单品出口量居国内第一

- 2011 年通过埃及 MOH 审计

- 2015 年通过印尼 BPOM 更新审计及韩国 KFDA 审计

- 2016 年通过巴西 ANVISA 更新审计

- 2017 年连续十年 EPO 国内出口销量第一

- 2018 年通过埃及 MOH 更新审计，巴基斯坦更新审计

- 2019 年通过秘鲁 MOH 更新审计，斯里兰卡更新审计

- 2020 年实现 30 多个国家的准入与销售，布局除欧美外的全球空白市场

- 2021 年引进白蛋白紫杉醇、英夫利西单抗，布局欧洲及海外新兴市场

- 2022 年引进贝伐珠单抗，全球除中国、欧盟、英国、美国、日本外的独家商业许可

- 2022 年引进阿达木单抗，重点布局五大洲七个重点国家

- 2023 年引进曲妥珠单抗，实施首批海外 12 国的商业化权益

- 2023 年引进奈拉替尼，实现新兴市场 6 个国家的商业化权益

科伦药业：多元国际化稳步推进

近年来，科伦药业稳步推进国际化战略，公司主导产品已实现批量出口，在 50 多个国家和地区享有盛誉。同时，公司也已实现多项创新专利海外授权，海外项目开始持续发展。

一、海外授权破纪录

2022 年 5 月、7 月、12 月，科伦子公司科伦博泰与国际制药巨头默沙东（MSD）完成三笔 ADC（抗体偶联药物）项目交易，合同总金额高达 118 亿美元，标志着科伦的药物研发已进入"仿制推动创新，创新驱动未来"的良性循环阶段。2023 年 1 月中旬，据全球顶级期刊自然（Nature）杂志子刊 Nature Reviews Drug Discovery 报道，科伦和默沙东的交易位居 2022 年全球制药行业合作授权交易榜首。

与默沙东达成授权合作是对科伦博泰 ADC 技术平台及 ADC 项目的重要认可，将默沙东深厚而广泛的全球开发能力与科伦博泰的创新能力结合，将为合作项目的开发和商业化产生巨大的协同效应。这些合作有利于将科伦博泰建立成为一家全球性的创新型生物制药公司。

据科伦 2022 年年报显示，公司另外多个项目的国内外授权工作已进入商务条款谈判阶段，公司将持续推进在研项目的海外权益授权工作，以提升项目的市场价值和国际竞争力。

二、海外项目：科伦 KAZ 药业稳定发展

2012 年 8 月 9 日，科伦药业在哈萨克斯坦注册成立了 KELUN-KAZPHARM

（科伦 KAZ 药业有限责任公司），于 2012 年 11 月正式启动工厂建设，项目占地面积 5 万平方米，建筑面积 2 万平方米。2014 年 7 月竣工投产，项目总投资 5000 万美元。按欧盟 GMP（药品生产质量管理规范）标准建设的塑瓶输液生产线和抗肿瘤小水针生产线，第一期已经建成年产塑瓶输液 1 亿瓶，针剂产品 500 万支生产能力的两条生产线。

KELUN-KAZPHARM 实现了良好的经济效益和社会效益。

在经济效益方面，KELUN-KAZPHARM 现已注册完成 28 个品种，60 个品规，其中抗肿瘤针剂产品 14 个。在哈萨克斯坦市场占有率超过 80%，满足了哈萨克斯坦本国人民的用药需求。公司先后开拓中亚及俄罗斯市场，在吉尔吉斯斯坦市场占有率超过 30%，在俄罗斯输液制剂领域已拥有超过 10% 的市场占有率，年销售额近 3 亿元人民币。

在社会效益方面，公司解决了哈萨克斯坦 350 余人社会就业的问题，创造了良好的经济效益和社会效益。经过 10 年的建设与发展，目前已发展成为中亚地区规模最大、制剂品种最全、现代化程度最高、员工文明富裕的大型医药公司，为"一带一路"倡议树立中国企业良好的口碑和形象。

KELUN-KAZPHARM 是科伦为融入"一带一路"倡议而作出的重大布局，同时也是良好对接哈萨克斯坦"光明之路"的新经济政策，该项目已被纳入"哈萨克斯坦工业发展扶持计划"和《2050 发展战略》规划。公司依托先进技术承担的"输液关键共性技术研究及产业化示范"项目，帮助哈萨克斯坦掌握输液产品生产的核心技术，培养制药行业专业技术人才，填补了哈国医药生产领域的空白。因此，该项目获得了我国科技部 2014 年度对发展中国家科技援助项目的立项支持，深受两国政府重视。

在"一带一路"倡议下，公司响应国家"一带一路"倡议针对中亚、俄罗斯以及东欧市场作出重要战略布局，以欧亚大陆桥连接处的哈萨克斯坦为基点，在满足哈萨克斯坦市场需求的基础上，撬动和辐射拥有 2 亿多人口的国家市场。中亚各国制药工业相对落后，目前暂无大型国际医药集团在中亚投资建厂，独联体国家医药市场被认为是价值大约在 300 亿美元和年增长率为 20% 的药物市场，前景广阔。

随着"一带一路"建设合作的深入，自 2017 年起，中国开始对哈萨克斯坦农产品开放市场。科伦药业积极构建中哈两国农业领域合作平台，在新疆伊犁霍尔果斯自贸区投资建设了年加工能力为 50 万吨农作物的生产基地，在哈萨克斯坦设立科伦现代农业有限责任公司，计划从哈萨克斯坦进口黄豆、小麦、油葵等农产品进行深加工，延伸科伦药业产业链，巩固伊犁川宁生物项目的综合竞争优势，彻底解决抗生素产业链的源头问题。科伦现代农业有限责任公司在哈萨克斯坦已建设完成粮食收储基地、农业种植基地，为中哈农业合作开辟新篇章。

乘着中国"一带一路"倡议的东风，借势哈萨克斯坦新经济政策，凭借科伦集团"三发驱动"战略的创新优势，科伦 KAZ 药业将再接再厉，创建更美好的未来。

传奇生物：国际化"四重奏"

在中国药企国际化征程中，传奇生物无疑是一个成功的典范。

这家 2014 年起步于中国南京的生物技术公司，通过推进国际化战略，在全球市场稳扎稳打，成功跻身于全球免疫细胞疗法第一方阵，正向着更高目标迈进。

传奇生物的国际化战略可以概括为：以产品国际化为先导，以研发国际化为核心，以融资国际化为主线，以人才国际化为支撑，全面提升企业核心竞争力。

一、以产品国际化为先导，实现"借船出海"

传奇生物成立之初，就确立了"In China, For Global"的理念，立志不仅要做中国创新药，更要做全球创新药。对于任何一家创新药企而言，叩开全球竞争大门的"敲门砖"，是开发出一款具备巨大价值且拥有自主知识产权的新药，而新药的市场价值则取决于市场前景。基于全球临床需求的市场调研，公司最终选择了号称"不可治愈的肿瘤"的多发性骨髓瘤作为适应证。

而差异化创新是新药获得国际化核心竞争力的"试金石"，也是企业面临的最大挑战。传奇生物坚持原始创新，在西达基奥仑赛的产品设计上独辟蹊径地选择了当时冷门的 BCMA 靶点，并在 CAR 结构上采用双特异性抗体与 CAR-T 技术相结合的创新设计，同时靶向 BCMA 蛋白两个不同表位。此外，传奇生物在病毒载体选择、细胞工艺等方面都做到了差异化创新。

在产品研发的同时，传奇生物围绕渠道可及性、注册成本、监管法规等重点，分析了产品中美"双报"的可行性。作为一家中国初创的 Biotech，公司对海外准入制度和上市监管政策都缺乏了解，也缺乏出海所需要的大量的时间和资金成本等。通过授权交易开展国际合作，"借船出海"，是相对稳妥的路径。

而促成国际合作的决定性力量，则在于自身产品是否具备同类首创（FIC）或同类最佳（BIC）的能力。在2017年的美国ACSO年会上，传奇生物首次公布西达基奥仑赛的早期临床数据，以100%的总缓解率惊艳全场，迅速引起众多国际医药巨头的关注。在对数据真实性进行尽调后，强生表达了对传奇创新能力的肯定并展现了合作的诚意。传奇则看重强生在海外临床、全球商业化及国际监管机构沟通合作等方面的强大优势。2017年12月，传奇与强生旗下杨森公司签订全球合作和许可协议，共同开发和商业化西达基奥仑赛。

此次合作为传奇的产品研发提供了急需的资金支持，加速了产品国际化的进程。西达基奥仑赛于2018年在美国获批临床，并获得中国首个细胞治疗产品IND批件。自2019年2月起，先后获得中国CDE、美国FDA、欧洲EMA等权威机构的孤儿药资格认定、优先药物认定、突破性疗法等国际资质认可，为全球商业化发展打开了通路。2021年西达基奥仑赛上市许可申请获得美国、欧盟受理并纳入优先审评，并于2022年在美国、欧盟和日本获批上市。从签约到产品"出海"仅用了4年多时间，西达基奥仑赛的上市成为全球业内达成合作共赢的经典案例之一。

"借船出海"让传奇生物快速实现了产品生产和销售的国际化。为满足快速增长的全球市场需求，传奇生物分别在中国、美国、比利时建设符合临床和商业化需求的GMP生产基地，并扩展对病毒载体的生产投资。2023年4月，传奇与诺华达成协议，进一步扩大西达基奥仑赛的生产和临床供应能力。依托杨森在多发性骨髓瘤领域显著的销售渠道优势，西达基奥仑赛（商品名为CARVYKTI®）上市以来，截至2023年第三季度，已累计销售达4.75亿美元，且销售额稳步攀升。

为构建创新"护城河"，传奇早已推进知识产权国际化的进程。截至2023年7月，传奇生物共申请国际专利95件，在全球已申请专利539件，已授权专利60件。

二、以研发国际化为核心，发挥比较优势

传奇生物作为一家 Biotech，研发的国际化始终是其国际化战略的核心。其中，临床试验是产品早研到申报上市中最耗时、最昂贵的关键一环。

美国 FDA、欧洲 EMA 等海外监管机构对临床数据质量和全球临床试验设计和执行的高要求，考验着传奇的国际化战略与执行能力。传奇生物采取"两步走"的组合路径，优化临床开发策略和试验方案设计，采取灵活高效的开发路径，通过合作节约资源成本，提高研发效率。

第一步，在中国通过研究者发起的临床研究（IIT）推进早期临床。即充分利用中国在药物早期研究方面的时间和成本优势，和国内医疗机构的研究者进行合作，对新产品、新理念进行早期探索性临床验证。

第二步，开展全球多中心临床试验。在中国通过 IIT 获取早期数据，如疗效和安全性得到初步确认，可以尽快扩展到海外临床。以西达基奥仑赛为例，共开展 7 项主要临床试验。LEGEND-2 与 CARTIFAN1 于国内开展，CARTI-TUDE-1、CARTITUDE-2、CARTITUDE-4、CARTITUDE-5、CARTITUDE-6 在全球多中心开展。

西达基奥仑赛成功闯关 FDA，证明了传奇生物全球化临床开发能力已显著提升，尤其是在临床方案设计、患者入组标准、临床运营能力等方面实现了质的跨越。从 2017 年首次亮相 ASCO，传奇生物已连续 7 年在该年会以及 ASH、EHA 等国际学术会议上公布了西达基奥仑赛的最新数据，高质量的研究数据有力地证明了该产品在同类中最优的实力。

在西达基奥仑赛成功实现商业化后，传奇生物在研发策略上进一步细化布局，建立了全面系统的 CARTITUDE 临床开发计划，积极探索产品前线治疗的潜力。目前，3 个国际性的Ⅲ期临床在全球十多个国家同时开展。2023 年 5 月末与 6 月初，基于 CARTITUDE-4 研究的临床数据，传奇生物向欧盟 EMA、美国 FDA 分别递交了扩大适应证的申请。

此外，为助力实体瘤细胞疗法管线研发，2022 年 6 月传奇与爱尔兰都柏

林圣三一学院、圣詹姆斯医院（SJH）达成一项关于探索实体瘤 CAR-T 疗法研发的 3D 模型合作。

三、以融资国际化为主线，助力研发创新

十年研发周期，至少有 10 亿美元投入研发，这是生物医药行业的"双十定律"。只有具备强大的融资能力，才能为产品创新提供源源不断的资金。

传奇生物在成立初期，就积极引进海内外风险投资，利用资本赋能技术创新。2017 年传奇生物与杨森达成全球合作和许可协议，创造了 3.5 亿美元的当年最高首付款和 50% 的最高分成比例的佳绩，同时，传奇生物研发技术实力强大、商业前景明晰，被资本市场和投资者普遍看好，传奇生物也因此开始积极筹备 IPO。

相比国内大多数的创新药企选择在港股上市，传奇生物最先瞄准的就是美股市场。对比港股市场，美股市场规模更大，国际化程度更高，以投资机构为主，具备创新力和差异化优势的创新药企更容易获得国际资本青睐。

2020 年 3 月，传奇生物完成 1.5 亿美元的 pre-IPO 轮融资。2020 年 6 月，传奇生物在美国纳斯达克成功上市，募集资金 4.87 亿美元，达成了融资国际化的里程碑。公司上市后，股价表现呈稳步上升态势。2021 年 5 月，再获高瓴资本 5 亿美元投资。2022 年产品西达基奥仑赛获批上市后，股价更是呈阶梯式上涨。2023 年以来市值一路走高，顺利突破百亿美元大关。

西达基奥仑赛超预期的销售额及其扩展适应证后的良好临床数据结果，让传奇生物仅在 2023 年 4 月 19 日至 5 月 19 日的一个月内，成功融资逾 7 亿美元，近 3 个月股价涨幅超过 50%，最高市值达 137.08 亿美元，成为名副其实的"中国 CAR-T 海外上市第一股"。其中，普徕仕集团、高瓴、RA Capital 等头部投资机构均为传奇生物股东。近三年来，传奇生物的研发投入高达 8.8 亿美元，强大的融资能力、充足的现金储备为公司高速发展提供了坚实保障。

四、以人才国际化为支撑，推进跨国经营

传奇生物的国际化不仅是产品出海和技术转让，还包括技术、管理、品牌、人才、组织架构等全方位国际化。其中最具活力的一环，正是人才国际化。传奇以企业战略发展的需求为导向，建立国际化人才支持体系，致力于打造具备国际视野、创新意识和管理才能的人才梯队，以满足海外拓展的目标。

一是聘用全球精英人才，组建核心团队。通过招揽来自中国、美国、加拿大、英国、德国、法国、荷兰、爱尔兰、比利时、日本、澳大利亚等具备专业化背景和国际化视野的国际人才，共同促进团队业务能力的提升，帮助企业掌握前沿科技成果，吸收先进管理理念，对标全球行业最佳实践，快速成长为名副其实的国际化公司。

二是海外人才本土化。传奇生物于 2017 年下半年成立美国传奇，2021 年 6 月成立比利时传奇，广泛吸纳本土人才，组建专业团队，实行本地化运营，利用当地员工熟悉当地政策法规、市场动态、风俗习惯的天然优势，使企业能更好地融入当地社会，规避海外派遣人员跨文化风险。2017 年与杨森开展合作之前，传奇生物只是一个不足 20 人的研发团队。迄今，全球雇员已逾 1500 人，其中传奇生物中国员工约 500 人，美国、比利时等海外公司约 1000 人，均以本土雇员为主，为实现产品全生命周期的跨国运营管理提供了人才支撑。

三是尊重文化差异性，加强跨文化管理。传奇生物的中外团队分属不同文化背景，管理理念和方法存在差异，在日常工作中难免产生文化冲突。对此，公司倡导基于共同的企业价值观，以开放包容心态，尊重文化差异，吸纳发挥各自的文化优势，打造兼收并蓄的企业文化，开展跨文化沟通培训，有效促进中外团队的融合与协作。

四是创于中国，服务全球。传奇生物基于未覆盖的临床需求，以技术创新为驱动，以新药研发为突破，以国际合作为桥梁，以人才团队为支撑，走出了一条独具特色的国际化之路。未来，传奇生物将继续推进国际化发展战略，不断提升企业核心竞争力，在国际舞台上续写新的传奇。

九洲药业：厚植创新优势，布局 CDMO 国际化服务平台

浙江九洲药业股份有限公司（以下简称九洲药业），致力于为全球药企提供创新药定制研发、生产（CDMO）"一站式"服务，是行业领先的创新药 CDMO 企业，也是国内传统仿制原料药业务转型为创新药 CDMO 的典型企业。凭借深耕行业多年积累的研发竞争力、成熟的工艺放大和商业化生产体系，公司始终恪守国际最高质量监管标准，向全球客户提供创新药临床前 CMC，临床Ⅰ、Ⅱ、Ⅲ期，NDA 至全球上市全产业链的"一站式"优质服务。服务客户包括 Novartis、Roche、Zoetis、Gilead、第一三共等国际知名制药企业，以及贝达药业、和记黄埔、艾力斯、海和药物、绿叶制药、华领医药等国内知名研创药企，是全球创新药研发企业最值得信赖的合作伙伴之一。九洲药业服务的 CDMO 项目涉及抗肿瘤、抗心衰、抗抑郁、抗帕金森、抗肺癌、抗病毒、抗糖尿病、抗呼吸系统感染等治疗领域。

一、探索 CDMO "一站式服务"商业模式

CDMO 模式最早应用于欧美市场。20 世纪 80—90 年代，欧美传统药企创新药研发成本持续上升，药品上市后销售竞争激烈。国外诸多小型制药公司、Biotech 公司缺少生产厂房设备，选择将更多研发和生产内容进行外包，因此在新药研发、生产、销售等产业链各个环节上的专业服务外包公司应需而生。

2005 年以后，随着 CDMO 业务逐步从发达国家市场向新兴国家市场转移，中国 CDMO 行业也迎来了快速发展的黄金时期。受益于成本优势和工程师红利，国内一大批从事医药外包的企业纷纷建立起来。形成了以药明康德、凯莱英、九洲药业等为代表的 CDMO 商业模式。

2008 年前后，医药合同外包业务（CDMO）在国内虽然还是新兴产物，但其未来市场空间广阔。作为国内较早进入 CDMO 领域的企业之一，九洲药业在持续巩固自身特色原料药竞争优势的基础上，于 2008 年在国内同行中较早地构建创新药 CDMO "一站式" 服务的商业模式，拉开了从特色仿制原料药业务向 "API+CDMO" 双轮业务驱动转型发展的序幕。基于多年向海内外客户提供创新药 CMC 研究至 NDA 上市的成功经验，九洲药业根据客户在创新药不同阶段的注册需求制定相应的项目实施策略，高效推进客户的创新药开发，九洲药业一跃成为国内创新药 CDMO 企业的主力军。这一商业模式于 2012 年步入迅速发展轨道，平均每年收入增速达 20%。通过全球战略布局，公司 CDMO 业务遍及全球主要医药市场及新兴市场（国外市场业务占比超过 80%）。

二、国际化布局先进产能

产能是决定 CDMO 企业业务发展规模的重要因素。九洲药业通过 "自建+并购" "投资+合作" 等方式，布局全球业务版图，进一步开拓国内外市场。自 2010 年以来，九洲药业在国家化学原料药基地建成国内一流、国际标准的创新药 CDMO 工厂，加速构建 CDMO "一体化服务生态圈"；2012 年开始服务于美国跨国公司；2016 年搭建海外服务平台并向日本跨国公司提供服务；2018 年在欧洲（丹麦）投资设立子公司，加强与欧洲药企间的沟通和合作；2019 年，九洲药业创新药 CDMO 业务迎来快速发展的高光时刻。同年 9 月收购美国两家 CRO 公司，成立美国研发中心，布局北美研发承接能力，这是九洲药业上市以来首次完成跨国收购项目。同年 12 月收购诺华集团苏州工厂，这是九洲药业上市以来收购的第一家跨国集团下属外商独资企业，为打响九洲创新药 CDMO 业务全球化品牌注入强劲动力；2021 年收购 Teva 集团杭州工厂，并实现对南京康川济医药的控股；2022 年收购山德士集团中山制剂工厂，不仅大幅提升 CDMO 产能，还完成了从原料药到制剂的一体化布局。

目前，九洲药业已在浙江台州、杭州，江苏苏州、盐城、南京，中国广东中山、美国北卡罗来纳州、日本东京、欧洲丹麦等地建立了多个研发、生产基地及办事机构，为九洲药业未来在创新药 CDMO 领域业务的快速拓展提供了有力保障。

三、持续锻造 CDMO 品牌优势

九洲药业始终秉承"客户至上"的服务理念，推进"做深"大客户战略，以创新化、国际化的眼光布局品牌建设，持续锻造品牌实力，厚植品牌竞争优势。如组建全球研发技术 BD 团队，亮相海内外学术会议，进一步加强业务拓展能力，不断扩充新兴客户池。2022 年随着子公司四维医药制剂生产平台和商务拓展工作的展开，依托丰富的客户资源，公司已承接来自日本、英国、中国多个制剂项目的定制生产。目前，九洲药业已注册了包含俄罗斯、美国、丹麦等国际商标在内的注册商标，利用国际展会、行业论坛、研讨会等渠道大力宣传品牌形象。公司连续四届承办创新药物研究论坛，深度探讨前沿技术，引领医药行业新发展，品牌美誉度持续提升。近三年，公司共参加 31 场各种专业展会，举办海内外沙龙、研讨会 20 余场，学术直播 10 余场，极大提升了品牌知名度。九洲药业是浙江省首批"品质浙货"出口领军企业、入选"浙江出口名牌"、台州医药企业首家海关 AA 类企业，成功获得海关 AEO 高级认证企业的对外贸易的"金字招牌"，不仅提升了海外客户的信任度，还提高了企业国际市场竞争力，为产业发展蓄势赋能。

九洲药业历经 15 年深耕 CDMO 业务，已具备成熟完善的创新药合同定制研发生产"一站式"服务体系，并已成为行业领先的创新药合同定制研发和生产服务商。基于多年对全球市场战略开发布局，CDMO 项目管线日益丰富，已形成可持续的临床前/临床Ⅰ、Ⅱ、Ⅲ期的漏斗型项目结构，同时所服务的客户项目中最优项目占比越来越大。截至 2023 年上半年，公司承接的项目中，已上市项目 29 个，处于Ⅲ期临床项目 66 个，处于Ⅰ期和Ⅱ期临床试验 839 个。

四、领先的绿色制药创新技术领导者

九洲药业始终坚持创新驱动引领，将自主研发创新视为驱动企业发展的核心动力。与国内外知名科学家合作，不断引进新技术，持续保持手性合成、氟化学、连续化反应和生物催化等技术领域的领先优势。新建多肽、制剂、连续流电化学技术等新兴研发平台，赋能新药研发。截至 2022 年末，公司已获得全球专利 213 项。历年来，公司多次通过美国 FDA、欧盟、日本、中国等官方的 GMP 审计，并多次通过跨国公司客户的 EHS 审计。

截至 2022 年，九洲药业已建成包括手性催化技术平台、连续化反应技术平台、氟化学技术平台、生物酶催化技术平台、原料药结晶技术平台、多肽药物开发平台等 6 个国际领先技术平台。通过领先的创新技术手段和先进制造方法，开发高效、环保、可持续的药物生产工艺，为全球创新药企提供先进的绿色制药技术和生产服务，从源头上减少或消除药物生产对环境的污染，最大限度地减少副产物，降低生产成本、减少三废排放，保证了药品质量的稳定性和市场竞争性。

五、逐梦未来展望远景规划

（一）构建小分子和大分子 CDMO 全业务链服务能力

随着近年全球医药行业在基因和细胞疗法，以及 RNA 等新技术方面的突破，大分子生物药在新药研发中的比重越来越大，预计未来全球的新药创新将呈现小分子和大分子平分天下的局面。因此，为了及时顺应全球创新药研发外包需求的变化，九洲药业将组建大分子 CDMO 服务能力，构建覆盖小分子量化学药物到多肽、核酸以及大分子药物的 CDMO "一站式" 服务能力，将从小分子 CDMO 服务商升级为小分子和大分子药物创新全覆盖的生物医药 CDMO 服务企业。同时，为了进一步满足医药行业对于新药更高效早期发现的需求，公司将把服务能力向新药发现阶段（CRO）拓展，从而能够在新药发现的早期阶段帮助客户提高新药分子发现和筛选的效率，逐步构建 CRDMO 服务能力，最终形成从分子发现、临床前工艺开发和质量研究、临床各阶段的工艺优化和放大、工艺验证、注册上市以及新药上市后的商业化委托生产的全业务链服务平台，努力成为全球第一梯队的 CRDMO 服务企业。

（二）全球布局先进的研发和生产服务平台

CDMO 的服务对象是全球的研创药企，优质、高效和高技术附加值是客户对 CDMO 服务商的核心诉求。因此，充分利用全球的人才资源和装备资源，在全球范围内打造一流的研发服务平台和生产服务平台对于公司的长期可持续发展至关重要。目前，九洲药业通过并购已在美国构建了一流的研发服务以及中试级别生产服务平台，未来公司将在亚太和欧美进一步扩充新的研发和生产服务平台，为全球客户提供高技术附加值的高效服务，力求将九洲药业打造成为全球药物创新解决方案的卓越生命健康企业，为人类健康事业作出更大的贡献。

联影医疗：数字医疗燃起希望之火

一、中亚"火神山"里不断升降的检查床

与死神竞速，有可能获胜吗？

2020年3月在乌兹别克斯坦塔什干电台主持人纳兹拉·伊诺亚托娃的回忆里是非常美好的："每个人都计划好了未来一周的活动，许多人都期待着纳吾鲁孜节（春分，相当于汉族的春节）的庆祝活动。"

然而，一瞬间，面目全非。塔什干地区的新冠确诊患者数量持续呈井喷式增长，医疗系统面临着前所未有的挑战，疲惫的医护人员仍坚持在岗位上已成为常态。为收治病人，政府建造了承载病人量超过2000人的"国家防疫中心"（Republican Specialized Hospital of Zangiota-2）。

呼啸而来的新冠疫情让乌兹别克斯坦医疗系统遭受前所未有的冲击。没有足够高效的设备，病人们只能焦虑地等待。另一个难题，也是医生们的"心头病"——普通设备无法捕捉微小狡猾的病灶，是诊断途中的绊脚石，而没有确凿清晰的医学影像，就无法对病人进行诊断。

马鲁夫琼·萨洛希季诺夫（Marufjon Salokhiddinov）临危受命出任国家防疫中心放射科主任。他说："患者感染率很高，随时有生命危险，需要随时注意院内防护，避免医患交叉感染。超过70%的新冠肺炎患者肺部有感染，我们放射科每天要为超过400例患者进行CT扫描，负担很重。"

在此关键时刻，联影医疗CT、MR设备进驻国家防疫中心，帮助医生们抓住了跑胜死神的可能性。

萨洛希季诺夫表示："在疫情期间诊断压力极大的情况下，中国公司的设备真的帮了我们的大忙。联影医疗的CT、MR设备是我们这里最先进的扫描

设备。CT 可承载超过 150 人次的日扫描量，极大地加快了我们的诊断效率。我们原本对无症状患者很难进行诊断，但这些设备能清晰地反映出患者肺部感染的情况，着实令我们松了一口气"。

2021 年 10 月，萨洛希季诺夫医生被当地政府授予"乌兹别克斯坦独立三十周年总统勋章"，他在获奖感言中提道，"感谢这枚奖牌背后，所有给予我帮助的人。没有联影医疗的支持，我的梦想也不可能成真。联影医疗智能天眼 CT 与人工智能不仅能用于肺炎检测，未来还能用于肿瘤学、神经病学、创伤学等临床研究"。

二、授人以渔，解一生之需

在柬埔寨特本克蒙省医院，一群年轻的医护人员正围成一圈，争先学习使用新入驻医院的"大家伙"——这是来自千里之外的中国的数字化医疗设备。

在建设之初，柬埔寨特本克蒙省医院便定位为本省规模最大、医疗水平最高的现代化综合医院，旨在提升柬埔寨人民的医疗条件。因此，配备与时俱进的先进数字化医疗设备是必行之举。

经过多方考量后，来自联影医疗的 CT 和 MR 设备从上海发往特本克蒙省。设备完成安装调试后，中国工程师们迅速组织集中操练，培训与实践课程持续了 5 天，每天长达 10 小时，尽力将两台设备的使用方法毫无保留地教授给柬埔寨当地的医护人员，以确保在工程师离开后，他们还能够熟练使用设备对病人进行检查。联影医疗工程师郁乐天说："能为柬埔寨人民快点用上中国医疗设备贡献自己的一份力量，我感到非常荣幸。"

授人以鱼，不如授之以渔，授人以鱼只救一时之急，授人以渔则可解一生之需。2022 年 3 月 15 日，特本克蒙省医院正式启用 CT 和 MR 设备。在医院的启用仪式上，时任柬埔寨首相洪森表示："柬埔寨医疗卫生部门将利用好中国赠送的先进硬件设施，切实加强医护人员的培训，提升医疗技术和水平，对民众的健康负起责任。"

如今，在医院的影像科、检验科里，MR、CT 等设备仪器一应俱全。急诊科医生今颂说："这些设备都是中国提供的，给了我们很大的帮助。"

两台医疗设备不仅服务于特本克蒙省医护与人民的生命健康，作为特本克蒙省规模最大、医疗水平最高的现代化综合医院，也为北部的桔井省、上丁省、蒙多基里省等广大百姓提供了更好的医疗卫生服务。据院长伊克恩介绍，特本克蒙省医院自运营以来，极大地改善了本地区的医疗条件，当地患者外出就医的情况越来越少了。

住在附近的患者塔娜说："以前，很多人得了重病都选择去首都金边治疗。现在，我们这里也有了现代化的医院和设备，不用再去外地看病了，花销也大大降低。"

三、驰骋在生命之路上

"行车 20 年，这是最具挑战性的一次。亲眼看到路上被落石击中的车体遗骸，感觉开这条路就像玩命一样。"如今，回忆起当年送医疗设备到尼泊尔的那段路时，司机师傅仍不禁胆寒。

2020 年 6 月，尼泊尔新冠疫情严重，全境确诊新冠肺炎 9026 例，且新增病例数还在不断刷新。其国内现存的医疗设备无力满足日益增长的诊断需求。

为响应尼泊尔的请求，联影医疗紧急调动 30 台数字化移动 X 光机送往尼泊尔。

受疫情影响，空运通道全线关闭，只得选用陆运。从 5000 多公里外的中国东部出发，沿西藏 318 国道延长东线，经由樟木口岸进入尼泊尔。路上，抬头可见海拔几千米的壮观雪峰，但扭头平视，应接不暇的却是一个接一个的陡坡与急弯，司机不得不贴着峭壁驾驶。当时正值雨季，高原天气变幻莫测，塌方损毁路段随处可见，篮球般的石头从 60 度的斜坡滚落，狠狠地砸在路面上，留下一个个石坑，叫人胆寒。运输司机回忆道："当时一边猛甩方向盘，一边还得打起十二分的精神，心里想着护送的是救急用的高端仪器，生怕设备淋了雨、受了颠，必须小心、小心再小心。"

自樟木口岸到尼泊尔首都加德满都的道路亦极其险峻，由于地形从高原陡降至谷地，运输道路多为下坡路，且很多路段无隔离防护栏，脚下每一道力度都有可能影响司机与整车设备，乃至更多等候诊断的患者的命运不容有一丝差池。

经过近 20 天的艰难跋涉，联影医疗的 30 台移动 X 光机终于顺利运至加德满都，分发至尼泊尔各医院。成为一线抗疫的支柱，帮助当地医院解决了设备不足的燃眉之急。

如今，曾经的抗疫主力仍在发光发热，成为尼泊尔基础医疗体系的"排头兵"。

数字经济时代，数字技术正在医疗健康领域，重塑人类健康的可能性，切实提升当地医疗水平。如今，联影医疗已在约 1/3 的"一带一路"共建国家落地，助力各国医疗建设，以数字医疗技术赋能"一带一路"共建国家健康事业。

振德医疗：ESG 助力
国际业务发展，从 Care 到 We Care

ESG 即环境（Environmental）、社会（Social）和治理（Governance）单词首字母的缩写。ESG 指标分别从环境、社会以及公司治理角度，来衡量企业发展的可持续性。2004 年，联合国全球契约组织发布《有心者胜》（*Who Cares Wins*）报告，首次提出 ESG 概念。

2023 年 10 月 1 日开始，欧盟《碳边界调整机制》（Carbon Border Adjustment Mechanism，CBAM）正式生效，在可预见的未来，碳边税将从目前的少数几个高能耗行业向包括医疗健康行业在内的其他行业扩展，并将对后续国际贸易产生深远的影响。

一、振德 ESG 实践：从"I Care"到"We Care"

2022 年是振德第二个五年战略发布实施的第二年。一年来，振德秉承"保障医疗安全、降低医护成本"的企业使命，聚焦"医疗+健康"主业不断创新实践，实现了多个领域的业务突破：院线业务覆盖全国 7000 家医院，其中三甲医院超过 1000 家；电商粉丝量超过 800 万，药店百强连锁覆盖 98%；国际业务方面，造口及现代伤口护理产品同期增长 145%。在过去 30 年的发展历程中，除了为客户提供优质的服务和产品，公司一直非常关注组织能力建设和社会公共事业。吸收这些年来公司的发展经验，先后发布了组织发展"Care"理念模型和员工发展"I Care"理念模型，并在此基础上创造了"We Care"理念模型作为可持续发展战略的指引。

（一）组织可持续发展——Care 理念

振德始终认为业务发展的可持续性与组织发展息息相关。结合业务战略，

图1　振德医疗 ESG 战略暨"WE CARE"理念模型

公司发布了组织发展策略——《Care 理念模型》，其核心内容是企业必须立足长期战略，要从重"机会"转为"机会"和"能力"并重，即公司要通过"聚焦业务、激活组织、关爱员工、用心赋能、共创价值、共享成功"逐步走向"团队成功和组织成功"，2025 年实现团队成功，2030 年实现组织成功。

（二）员工可持续发展——I-Care 理念

振德始终认为组织关注员工成长的同时，员工反过来会哺育企业。在"I-Care"理念的指导下，员工的工作标准不仅仅是完成本职工作，还包括：在同一个岗位上我做和别人做有什么不同？我会做出什么样的改善？我因为做成什么事而感到自豪？员工更加积极主动承担课程开发、兼职讲师、精益/流程/质量/职代会/环境/健康/安全等改善项目是非常重要的绩效行为表现。2022 年，基层员工参与多种项目，其中：提案改善 5093 项、课程开发 142门、职代会提案落实 117 项……

（三）社会可持续发展——We-Care 理念

振德始终认为组织、员工和社会是不可分割的，只有企业和员工成长了，才能对社会做出更大的贡献，也才能承担更多的社会责任。2023 年，公司成立了 ESG 决策委员会和 ESG 常设办公室，对标全球报告倡议组织 GRI 标准和联合国可持续发展目标 SDGs，对公司可持续发展战略进行了全面升级，并明确纳入了公司发展战略中。升级后的可持续发展理念为《We-Care 理念模型》。公司可持续发展战略方针为"关注员工成长、促进绿色发展、做值得信赖的合作伙伴"。结合安全与健康、员工权益与福利、共同成长、环境责任管理、创新与绿色产品开发、气候变化减缓与适应、客户和产品责任、助力行业发展、社会贡献等实质性议题，公司制定了明确的 2030 年目标和行动。

从 Care 到 I-Care 再到 We-Care，从企业关爱员工到员工关心企业，再到企业与员工共同关注社会可持续发展，这才是一个完整的、良性循环的 ESG 模式。

二、ESG 助力国际化

在当今世界全球化与逆全球化复杂演进、中美贸易摩擦、文明冲突等时代背景下，ESG 是少有的可以达成共识、进行合作的领域。

振德 ESG 体系建设得到了国际关键客户的高度认同和支持：持有共同的可持续发展理念的长期大客户每年订单增长量超过 20%；与关键大客户达成战略合作，促成了我们在海外建厂，开拓新市场，进行国际供应链布局；开发上市了更多可降解的产品和环保的包装材料，降低碳排放；加强对关键供应商的 ESG 支持与监督，减少范围 3 的温室气体排放，加强供应商在企业社会责任方面的表现。

为应对气候变化，降低温室气体排放，结合中国政府"30·60"双碳目标，根据企业的实际情况，振德医疗设立了公司的温室气体减排目标：以 2020 年为基准年，在 2030 年实现与生产相关的温室气体（范围 1~2）排放量下降 30%。与此同时，将对公司产量最大的主要产品先后开展 IOS14067 碳足迹调查与认证，进一步对范围 3 的温室气体排放进行管控，力争将范围 3 温室气体减排计划也纳入企业的可持续发展战略上来。

附　录

附表 1 2022 年中国医药保健品进出口统计

商品名称	出口额 （亿美元）	同比（%）	进口额 （亿美元）	同比（%）	进出口额 （亿美元）	同比（%）
中药类	56.89	13.97	28.80	5.15	85.69	10.85
提取物	35.28	16.79	7.84	−18.60	43.12	8.24
中成药	3.77	23.61	4.28	18.70	8.05	20.95
中药材及饮片	14.02	3.54	6.14	13.77	20.16	6.46
保健品	3.82	22.51	10.54	20.37	14.36	20.93
西药类	643.11	−5.01	504.28	16.99	1147.39	3.55
西药原料	517.86	24.04	97.11	5.26	614.97	20.64
西成药	66.05	9.95	228.34	−4.14	294.39	−1.30
生化药	59.21	−70.32	178.84	77.78	238.04	−20.67
医疗器械类	595.49	−23.04	379.30	−9.10	974.79	−18.16
医用敷料	72.63	−58.43	6.13	−30.29	78.77	−57.08
一次性耗材	96.73	−29.86	44.90	−6.31	141.62	−23.78
医院诊断与治疗	306.19	−7.01	299.46	−8.56	605.65	−7.78
保健康复用品	101.06	−10.23	16.80	−13.91	117.86	−10.77
口腔设备与材料	18.88	−2.19	12.02	−11.49	30.89	−6.03
合计	1295.49	−13.67	912.39	4.19	2207.88	−7.09

资料来源：中国医保商会根据中国海关数据统计。

附表 2 2023 年 1—6 月中国医药保健品进出口统计

商品名称	进出口额 （亿美元）	出口额 （亿美元）	进口额 （亿美元）	进出口额 同比（%）	出口额 同比（%）	进口额 同比（%）
医药保健品合计	999.70	520.03	479.66	−13.84	−26.13	5.11
中药类	43.97	29.16	14.83	3.52	3.63	3.31
提取物	21.33	17.99	3.34	−0.62	2.85	−15.89
中成药	3.90	1.70	2.20	−4.93	−17.95	8.30
中药材及饮片	10.59	6.94	3.66	7.02	−0.12	23.83
保健品	8.15	2.53	5.63	16.19	55.6	4.32
西药类	543.37	264.44	278.94	−9.31	−23.42	9.89
西药原料	263.51	213.17	50.34	−19.02	−23.21	5.30

续 表

商品名称	进出口额（亿美元）	出口额（亿美元）	进口额（亿美元）	进出口额同比（%）	出口额同比（%）	进口额同比（%）
氨基酸及其衍生物	20.62	18.39	2.23	−24.05	−25.35	−11.31
氨基糖苷类	0.58	0.58	0.00	−15.04	−15.13	19.13
大环内酯类	1.42	1.42	0.00	30.46	33.37	−99.77
呼吸系统用药	0.07	0.04	0.04	52.23	−24.82	3317.07
激素类	13.01	6.39	6.61	111.60	11.34	1529.50
解热镇痛药	3.98	3.89	0.09	−9.92	−10.77	60.41
林可霉素类	0.68	0.68	0.00	−3.19	−3.17	−16.95
氯霉素类	0.83	0.83	0.00	−33.34	−33.38	正无穷大
麻醉用药	0.63	0.63	0.01	−8.96	−8.51	−35.77
其他抗感染类	9.92	7.86	2.06	0.85	−9.29	75.82
其他西药原料	179.54	142.63	36.91	−24.33	−27.33	−9.96
青霉素类	7.59	7.53	0.06	39.49	39.54	33.37
四环素类	1.90	1.77	0.13	−18.08	−21.87	160.87
头孢菌素类	4.73	3.71	1.02	5.44	4.71	8.18
维生素类	15.80	14.90	0.90	−24.28	−23.92	−29.84
消化系统用药	0.39	0.35	0.04	−28.30	−26.39	−42.55
心血管系统用药	0.06	0.02	0.04	−0.57	453.14	−30.11
中枢神经系统用药	1.76	1.55	0.20	−27.26	−30.40	10.86
西成药	**164.40**	**30.75**	**133.66**	**12.67**	**−8.04**	**18.83**
激素类药品	25.45	5.42	20.04	6.37	−28.20	22.28
其他抗感染药品	14.82	5.39	9.43	−1.16	−12.52	6.78
其他西成药品	117.44	16.53	100.91	16.75	0.50	19.93
青霉素类药品	2.13	1.62	0.50	13.58	8.33	34.55
头孢菌素类药品	2.53	1.40	1.13	10.60	−0.13	27.62
维生素类药品	2.03	0.39	1.65	−9.33	1.82	−11.62
生化药	**115.46**	**20.52**	**94.94**	**−9.68**	**−40.14**	**1.48**
医疗器械类	**412.35**	**226.45**	**185.90**	**−20.50**	**−31.49**	**−1.21**
医用敷料	24.43	21.51	2.91	−45.41	−48.29	−7.35
一次性耗材	65.42	45.26	20.16	−7.87	−5.60	−12.59
医院诊断与治疗	250.87	102.65	148.22	−23.95	−43.69	0.42
保健康复用品	55.42	47.21	8.20	−5.12	−5.52	−2.73
口腔设备与材料	16.22	9.81	6.41	10.56	12.32	7.97

资料来源：中国医保商会根据中国海关数据统计。

附表 3　2020.1.1—2023.8.29中国企业持有的 GMP 证书(在 EudraGMDP 数据库中)

序号	场地名称	所在城市	检查结束日	GMP 证书 签发日期
1	Aurovitas Pharma Taizhou Co., Ltd.	Taizhou	2023-06-08	2023-08-17
2	Sichuan Huiyu Pharmaceutical Co., Ltd.	Neijiang	2023-05-16	2023-07-18
3	HainanSimcere Pharmaceutical Co., Ltd.	Haikou	2023-04-21	2023-06-07
4	Baxter Healthcare (Shanghai) Co., Ltd.	Shanghai	2023-04-21	2023-07-28
5	Boehringer Ingelheim Biopharmaceuticals (China) Ltd.	Shanghai	2023-03-17	2023-05-22
6	Fresenius Kabi Sspc	Wuxi	2023-02-16	2023-05-16
7	Anqiu Luan Pharmaceutical Co., Ltd.	Weifang	2023-02-14	2023-05-08
8	Xellia (Taizhou) Pharmaceuticals Co., Ltd.	Taizhou	2023-01-18	2023-07-07
9	ShanghaiKyowa Amino Acid Co., Ltd.	Shanghai	2022-11-18	2023-04-27
10	Sinopharm Zhijun (Shenzhen) Pharmaceutical Co., Ltd.	Shenzhen	2022-11-15	2023-04-24
11	ZhejiangJingxin Pharmaceutical Co., Ltd.	Shaoxing	2022-11-04	2022-11-08
12	ShenzhenTechdow Pharmaceutical Co., Ltd.	Shenzhen	2022-10-27	2023-01-23
13	ShenzhenTechdow Pharmaceutical Co., Ltd.	Shenzhen	2022-10-27	2023-01-25
14	Shouguang Fukang Pharmaceutical Co., Ltd.	Shouguang	2022-10-13	2023-01-04
15	Astrazeneca Pharmaceutical Co., Ltd.	Wuxi	2022-09-09	2023-02-20
16	Pucheng Chia Tai Biochemistry Co., Ltd.	Nanping	2022-09-01	2022-12-15
17	Anqiu Luan Pharmaceutical Co., Ltd.	Weifang	2022-08-19	2023-01-09
18	Qilu Pharmaceutical (Hainan) Co., Ltd.	Hainan	2022-08-04	2023-01-13
19	Hybio Pharmaceutical Co., Ltd.	Pingshan	2022-08-03	2023-04-27
20	Wuxi Biologics Co., Ltd.	Wuxi	2022-07-29	2022-09-15
21	SichuanXieli Pharmaceutical Co., Ltd.	Pengzhou	2022-06-17	2022-12-07
22	ShenzhenHepalink Pharmaceutical Group Co., Ltd.	Shenzhen	2022-06-10	2022-09-09
23	Zhuhai United Laboratories Co., Ltd.	Zhuhai	2022-05-05	2022-09-01
24	Shenzhou Jiheng Pharmaceutical Co., Ltd.	Hengshui	2022-04-22	2022-09-08
25	Shenzhou Jiheng Pharmaceutical Co., Ltd.	Hengshui	2022-04-22	2022-09-08
26	Sinopharm Zhijun (Shenzhen) Pharmaceutical Co., Ltd.	Shenzhen	2022-04-04	2022-06-07
27	Chengdu Baiyu Pharmaceuticals Co., Ltd.	Chengdu	2022-03-25	2023-05-22

续 表

序号	场地名称	所在城市	检查结束日	GMP 证书签发日期
28	Nanjing King-Friend Biochemical Pharmaceutical Co., Ltd.	Nanjing	2022-03-25	2022-05-19
29	Shandong Anxin Pharmaceutical Co., Ltd.	Jinan	2022-03-24	2022-04-25
30	Guangdong Sunho Pharmaceutical Co., Ltd.	Zhongshan	2022-03-18	2022-06-17
31	Jiangsu Hengrui Pharmaceuticals Co., Ltd.	Lianyungang	2022-03-07	2022-09-13
32	Titan Pharmaceutical Co., Ltd.	Heyuan	2022-01-28	2022-06-02
33	Ferring Pharmaceuticals (China) Co., Ltd.	Zhongshan	2022-01-14	2022-04-11
34	Livzon Group Fuzhou Fuxing Pharmaceutical Co., Ltd.	Fuzhou	2021-12-10	2022-01-20
35	Shandong Xinhua Pharmaceutical Co., Ltd.	Zibo	2021-12-10	2022-05-16
36	WuhanWuyao Pharmaceutical Co., Ltd.	Huangshi	2021-12-03	2022-05-31
37	Beijing Novartis Pharma Co., Ltd.	Beijing	2021-11-30	2022-01-19
38	Qilu Pharmaceutical Co., Ltd.	Jinan	2021-11-26	2022-05-10
39	Zhejiang Wild Wind Pharmaceutical Co., Ltd.	Dongyang	2021-11-22	2022-03-14
40	WuxiSta Pharmaceutical Co., Ltd.	Wuxi	2021-11-12	2022-02-18
41	Zhejiang Huahai Pharmaceutical CO., Ltd	Linhai	2021-09-30	2022-01-20
42	Jiangsu Grand Xianle Pharmaceutical Co., Ltd.	Yancheng	2021-09-16	2021-10-25
43	Shandong New Time Pharmaceutical Co., Ltd.	Linyi	2021-09-14	2022-07-04
44	Ningbo Green-Health Pharmaceutical Co., Ltd.	Ningbo	2021-09-09	2021-12-02
45	Qilu Antibiotics Pharmaceutical Co., Ltd.	Jinan	2021-08-11	2022-09-08
46	Wuxi Biologics (Shanghai) Co., Ltd.	Shanghai	2021-08-10	2021-11-22
47	SichuanRenan Pharmaceutical Co., Ltd.	Jiulong Town, Industrial Park, Yuechi	2021-08-04	2021-10-11
48	Shouguang Fukang Pharmaceutical Co., Ltd.	Shouguang	2021-07-29	2021-11-16
49	Youcare Pharmaceutical Group Co., Ltd.	Beijing	2021-07-25	2021-11-15
50	Wuxi Biologics	Wuxi	2021-07-16	2021-09-20

序号	场地名称	所在城市	检查结束日	GMP 证书签发日期
51	Shenzhen Techdow Pharmaceutical Co., Ltd.	Shenzhen	2021-07-09	2021-10-04
52	Zhejiang Shenzhou Pharmaceutical Co., Ltd.	Taizhou	2021-06-28	2021-12-21
53	Jiangsu Hansoh Pharmaceutical Group Co., Ltd. (Workshop HS108)	Jiangsu	2021-06-14	2021-10-25
54	North China Pharmaceutical Group Semi-syntech Co., Ltd.	Shijiazhuang	2021-06-02	2022-01-07
55	North China Pharmaceutical Group Semi-syntech Co., Ltd.	Shijiazhuang	2021-06-02	2022-01-07
56	Jiangsu Hansoh Pharmaceutical Group Co., Ltd.	Lianyungang	2021-05-27	2021-08-09
57	Linyi Dongcheng Dongyuan Biological Engineering Co., Ltd.	Linyi	2021-05-12	2021-08-12
58	HunanYuantong Pharmaceutical Co., Ltd.	Changsha	2021-05-06	2021-07-27
59	Wuxi Biologics Biosafety Testing (Suzhou) Co., Ltd.	Suzhou	2021-04-30	2021-05-28
60	Shenzhen Lijian Pharmaceutical Co., Ltd.	Shenzhen	2021-04-16	2021-07-03
61	Qilu Pharmaceutical Co., Ltd.	Jinan	2021-03-25	2022-07-22
62	Shenzhen China Resources Gosun Pharmaceutical Co., Ltd.	Shenzhen	2021-02-01	2021-05-25
63	Wuhan Grand Hoyo Co., Ltd.	Ezhou	2021-01-22	2021-07-09
64	GE Healthcare (Shanghai) Co., Ltd.	Shanghai	2021-01-15	2021-07-02
65	Beijing Institute of Biological Products Co. Ltd.	Beijing	2021-01-15	2022-06-09
66	Beijing Institute of Biological Products Co., Ltd.	Beijing	2021-01-15	2021-04-01
67	CanSino Biologics Inc.	Tianjin	2021-01-13	2021-05-21
68	CanSino Biologics Inc.	Tianjin	2021-01-13	2021-05-21
69	Tianjin Tasly Sants Pharmaceutical Co., Ltd.	Tianjin	2020-12-09	2020-12-10
70	Tasly Pharmaceutical Group Co., Ltd	Tianjin	2020-12-09	2020-12-20
71	NovoNordisk (China) Pharmaceuticals Co., Ltd.	Tianjin	2020-11-19	2021-02-15

序号	场地名称	所在城市	检查结束日	GMP 证书签发日期
72	Shandong Anxin Pharmaceutical Co., Ltd	Jinan	2020-10-02	2020-11-19
73	Guanghan Jinghuang Meat Product Co., Ltd.	China	2020-01-21	2020-04-24
74	Shenzhen Hepalink Pharmaceuticals Group Co., Ltd.	Shenzhen	2020-01-17	2020-03-05
75	Yantai Dongcheng Biochemicals Co., Ltd.	Shandong Province	2020-01-17	2020-04-27
76	Shenzhen Hepalink Pharmaceutical Group Co., Ltd.	Shenzhen	2020-01-13	2020-03-05
77	Zhejiang Guobang Pharmaceutical Co., Ltd.	-	2020-01-10	2020-04-08

＊NAI=No Action Indicated，未指示行动（这是最理想的 FDA 检查结论）；VAI=Voluntary Action Indicated，指示了自愿行动（即签发了 483 表，由被检查方主动整改）；OAI=Official Action Indicated，指示了官方行动（例如签发警告信、进口禁令等）。